Theoretical Outline
of High-quality
Economic
Development

经济高质量发展 理论大纲

高培勇 ◎ 主　编

刘霞辉　袁富华 ◎ 副主编

人民出版社

导　言

一

　　读者眼前的这本《经济高质量发展理论大纲》是一本关于经济高质量发展的理论著作。立足于从理论研究而非政策解读的立场讨论经济高质量发展问题，并且，旨在围绕经济高质量发展问题构建一个系统完整的分析框架而非就其某一角度、某一侧面或某一环节做专题性的分析，是本书的基本出发点和归宿。

二

　　中国经济已经进入高质量发展阶段，在中国经济的发展进程中，这绝对是一个具有划时代意义的里程碑事件。它与社会主要矛盾变化同步发生、与全面深化改革相互交织，同新发展理念的确立、供给侧结构性改革的提出、现代化经济体系的建设捆绑在一起，其影响涉及经济、政治、文化、社会、生态文明各个领域，牵动理念、思想、战略调整以及立场、观点、方法变化，无异于一场关系中国发展全局的时代变革。

　　高质量发展，实质上就是质量和效益替代规模和增速而成为经济发展的首要问题，也就是经济发展从"有没有""有多少"转向"好不好""优不优"。发生在经济发展上的这一阶段性变化，从根本上来说，决定于社会主要矛盾的历史性变化。党的十九大之所以作出"我国社会主要矛盾已经转化为人民日益增长的美好生活需要和不平衡不充分的发展之间的矛盾"这一重大政治论断，就在于指明解决当代中国发展问题的根本着力点。倘若社会主要矛盾依旧是"人民日益增长的物质文化需要同落后的社会生产之间的矛盾"，质量和效益便不可能替代规模和增速而成为经济发展的首要问题。倘若没有由物质文化需要向美好生活需要、由落后的社会生产向不平衡不充分的发展的转变，经济发展也就不可能从"有没有""有多少"转向"好不好""优不优"。所以，高质量发展，就是能够更好满足人民日益增长的美好生活需要的发展。推动经济高质量发展，就要围绕满足人民美好生活需要而着力破解发展不平衡不充分的矛盾和问题。

高质量发展，实质上就是要坚持契合美好生活需要而非单纯物质文化需要的质量第一、效益优先，也就是要全面满足人民在经济、政治、文化、社会、生态等方面日益增长的需要。这不仅是一个经济发展问题，而且是一个事关党和国家事业发展的全局性问题。党的十八届三中全会之所以作出全面深化改革这一重大战略部署，就在于实行经济、政治、文化、社会、生态文明体制"五位一体"改革联动，推进国家治理体系和治理能力现代化。倘若依旧局限于单一经济视野讨论发展问题，便不可能举起契合美好生活需要的质量第一、效益优先旗帜，质量第一、效益优先也不可能建立在美好生活需要的基础上。倘若没有由以经济体制改革为主向全面深化改革的转变，通过全面推进经济、政治、文化、社会、生态文明建设实现人民对美好生活的向往也就无从谈起。所以，高质量发展，就是更高质量、更有效率、更加公平、更可持续、更为安全的发展。推动经济高质量发展，就要围绕为实现更高质量、更有效率、更加公平、更可持续、更为安全的发展提供制度保障而全面深化改革。

理念是行动的先导。发展阶段的变化，自然要伴之以发展理念的变化。引领高质量发展的发展理念，大不相同于引领高速增长的发展理念。党的十八届五中全会之所以提出"创新、协调、绿色、开放、共享"的新发展理念，就在于强调新发展理念对高质量发展的引领作用，把新发展理念作为指挥棒、红绿灯。倘若依旧固守适应于高速增长阶段的旧发展理念，便不可能调整、纠正、摒弃不适应、不适合甚至违背新发展理念的认识、行为、做法。倘若不能将新发展理念作为一个具有内在联系的集合体贯穿于发展的全过程、各领域，就不可能使各方面形成合力，相互贯通、相互促进，也不可能真正做到崇尚创新、注重协调、倡导绿色、厚植开放、推进共享。所以，高质量发展，就是体现新发展理念的发展。推动经济高质量发展，就要紧紧牵住新发展理念这个"牛鼻子"，把注意力集中到坚定不移贯彻创新、协调、绿色、开放、共享的发展理念上来。

不同发展阶段，面临的主要矛盾和矛盾的主要方面肯定有所不同。发展阶段的变化，自然要伴之以经济发展和经济工作主线的调整。2015年11月，党中央之所以正式提出供给侧结构性改革，就在于将其作为一条居于主导地位、统领经济发展和经济工作的主线，注重以改革办法解决供给侧、结构性问题，注重激发经济增长动力。倘若没有供给侧结构性改革主线的形成，便不可能更多采用改革的办法，更多运用市场化法治化手段，着力提高供给体系的质量。倘若离开了供给侧结构性改革对需求管理的颠覆性调整和方向性改变，便不可能以改善供给侧结构为主攻方向，实现由低水平供需平衡向高水平供需平衡的跃升。所以，高质量发展，就是以供给侧结构性改革为主线的发展。推动经济高质量发展，就要把注意力集中到推动我国供给能力更好满足人民日益增长、不断升级以及个性化的物质文化和生态环境需要，从而实现社会主义生产目的上来。

新的发展阶段需要新的国民经济体系支撑。国家强，国民经济体系必须强。党的十九大之所以作出建设现代化经济体系的重大决策部署，就在于更好顺应现代化发展潮流和赢得国际竞争主动，为其他领域现代化提供有力支撑。倘若不能实现由中低端产业为主转向中高端产业为主的结构转型，就不可能为实现人民对美好生活的向往打下更为坚实而强大的物质基础。倘若不能实现由传统动能当家转为新动能崛起的动能转换，就不可能推动我国经济发展焕发新活力、迈上新台阶。所以，高质量发展，就是建立在现代化经济体系基础上的发展。推动经济高质量发展，就要全力夯实现代化经济体系建设这个基础工程，把注意力集中到以新发展理念引领现代化经济体系建设，以供给侧结构性改革推动转变经济发展方式、优化经济结构、转换经济增长动力上来。

三

这样一场关系我国发展全局的时代变革，意味着什么？身处这样一场时代变革之中，我们又该重点做些什么？

一个时代有一个时代的主题，一个阶段有一个阶段的使命，绝非一句空话。中国经济发展的环境、条件、任务、要求变化了，不仅经济发展和经济工作的实践要跟着变，支撑和支持经济发展和经济工作的理论也得跟着变。随着中国经济进入高质量发展阶段，我们不仅要回答一系列全新的实践命题，而且要回答一系列全新的理论命题。相对而言，理论层面的变化和理论命题的回答更具有基础性，意义更为重要。

随着客观世界的变化保持理论的与时俱进状态，系理论本身所须具有的基本品质。因为，所谓理论，无非是人们从实践中概括出来的关于自然界和人类社会知识的系统结论。真正的理论在世界上只有一种，那就是从客观实际抽象出来又在客观实际中得到证明的理论。除此之外，没有任何别的什么东西可以称得起我们所讲的理论。

面对由高速增长阶段进入高质量发展阶段所带来的前所未有的考验和挑战，只有让理论跟上实践变化的进程，才能保持它的生命力。认识到经济高质量发展主题全新、使命全新，我们必须结合新的实践作出新的理论创造，以新的理论来指导新的实践。

可以这样讲，当前经济高质量发展所面临的前所未有的考验和挑战，集中体现在其所赖以支撑和支持的学理和方法论层面。没有经济学学科体系、学术体系和话语体系的与时俱进，离开了对经济高质量发展规律的深刻认识和精确把握，经济高质量发展实践便可能如没有根基的浮萍随波逐流。

回溯一下我们围绕经济高质量发展所走出的理论思维与实践操作轨迹，就会十分清晰地看到这样一个基本事实：在当前的中国，推动经济高质量发展的最大障碍，莫过于"惯性思维"。其关键之举，也莫过于告别"惯性思维"。告别"惯性思维"的根本途径，又在于构建起契合经济高质量发展的理论体系。

在理论思维上，面对高质量发展的新情况、新问题，虽然主观上清楚实现理论创新、转换思维方式势在必行，也深知须在学术研究和政策咨询上与时俱进，但毕竟当年所经历的经济学训练和此后所沿用的经济分析方法，均在很大程度上源自以凯恩斯主义为代表的传统经济理论体系。对于围绕增速"快"而形成的那一套传统的学理支撑和方法论支持，已经烂熟于心，可谓根深蒂固。对于围绕质量"好"所需要的全新的学理支撑和方法论支持，则尚在建构之中，可谓相对陌生。受此影响，走得平顺时，尚可有意识地做高质量发展的文章，主动按照新理念、新思想、新战略分析经济形势、建言经济政策。稍遇沟沟坎坎，便有可能意乱情迷，慌不择路，下意识地重操旧理念、旧思想、旧战略，不由自主地掉入"惯性思维"的陷阱。

由于行路平顺和遇有沟坎相互交替终系规律所在，其结果，虽然嘴上常喊着推动高质量发展的口号，内心深处却不免夹杂或涌动高速增长的思维。因在新旧理论之间左右摇摆、飘忽不定而偏离高质量发展轨道，致使误判形势、错开药方，甚至重蹈高速增长覆辙，操用老办法面对新情况、解决新问题的现象和情形一再发生、屡屡再现。

在实践操作中，面对推动高质量发展的新要求、新任务，虽然主观上明白实现实践创新、转换思路和套路箭在弦上，也深知须调整和纠正不适应、不适合高质量发展的行为和处事方式，但毕竟当年所见证的经济发展历程和此后所沿袭的经济发展样板，均在很大程度上植根于高速增长的经济环境。对于围绕增速"快"而形成的那一套传统的粗放型做法，已经深入骨髓，可谓熟门熟路。对于围绕质量"好"所需要的新方法、新实践，则尚在探索之中，可谓大局初定。受此影响，风平浪静时，尚能有意识地讲究高质量发展，主动按照新思路、新套路指导经济发展实践，克服路径依赖。一遇风吹草动，便有可能"叶公好龙"，手忙脚乱，下意识地重操老思路、老套路，不由自主地跑回"惯性思维"的老路。

由于风平浪静和风吹草动均为常态，其结果，虽然做了不少工作，有时做得还很辛苦，但难免不得要领、疲于应付。因在新旧实践之间左右摇摆、飘忽不定而偏离高质量发展轨道，致使不对路子的举动时有发生，甚至重蹈高速增长覆辙，搞出一些事与愿违、南辕北辙的事情来。

毫无疑问，在推动经济高质量发展问题上，我们需要经历并完成一个从"有意识"到"下意识"的理论和实践转变过程。只有从"有意识"走向"下意识"地推动高质量发展，在理论和实践两个层面告别"惯性思维"，方可以避免出现一些似是而非的决策和行为，才可能脑子和身子一起走进高质量发展阶段。

更毫无疑问，在推动经济高质量发展问题上，我们更需要的是思想的蜕变和理论的创新。用什么样的经济思想和经济理论来引导和推动高质量发展，是决定高质量发展成效的核心和根本。只有围绕经济高质量发展问题构建起一个相对系统完整的理论分析框架，方可以从根本上划清高质量发展与高速增长之间的界限，才可能真正把脚踏在通向高质量发展的路上。

也只有如此，我们才能在世界百年未有之大变局、不稳定性不确定性明显增强、我国发展的机遇和挑战面临诸多新的变化的背景下，继全面建成小康社会、实现第一个百年奋斗目标之后，乘势而上开启全面建设社会主义现代化国家新征程。

四

正是出于上述的种种考虑，在全面梳理文献、深入调查研究且仔细加以鉴别的基础上，我们写了这样一本书。

各章的写作分工是：第一章：李兆辰；第二章：高培勇、袁富华、胡怀国和刘霞辉；第三章：王钰；第四章：陆江源；第五章：张鹏；第六章：袁富华、张平和楠玉；第七章：楠玉；第八章：付敏杰；第九章：张小溪；第十章：陆明涛。

全书由高培勇主编，刘霞辉、袁富华任副主编。

我们自知，经济高质量发展是一个涉及经济、政治、文化、社会和生态文明等多学科领域的综合性课题。围绕经济高质量发展构建理论分析框架，更是一项宏大的系统工程，不仅并非易事，而且可能要经历一个极其痛苦而漫长的过程。就此而言，本书所做的工作，只是尝试性的，也只是迈出了"摸着石头过河"的第一步，权作抛砖引玉之举。

我们静候来自广大读者朋友的批评指正。

高培勇

2020 年 8 月 5 日

目　录

第一章

高质量发展的由来、必然性及意义

习近平总书记在党的十九大报告中指出："我国经济已由高速增长阶段转向高质量发展阶段，正处在转变发展方式、优化经济结构、转换增长动力的攻关期，建设现代化经济体系是跨越关口的迫切要求和我国发展的战略目标。"中国特色社会主义进入了新时代，这是我国发展新的历史方位。随着改革开放的深入推进和中国特色社会主义的深入发展，我国社会主要矛盾已经转化为人民日益增长的美好生活需要和不平衡不充分的发展之间的矛盾。由物质文化需要转向美好生活需要，由落后的社会生产转向不平衡不充分的发展，揭示了我国发展的阶段性特征。这一历史性变化对国家发展提出了新的要求，需要在继续推动发展的基础上，着力解决好发展不平衡不充分问题，更好推动人的全面发展和社会全面进步。

高质量发展体现了对我国发展实践以及客观发展规律的认识和把握。在高速增长阶段，关注和着力解决的是"有没有"的问题，而在高质量发展阶段，关注和着力解决的是"好不好"的问题。我国提出的高质量发展与发达国家的相关理论和发展模式既有联系又有区别，反映了经济发展的客观规律，丰富了中国特色社会主义政治经济学。推动高质量发展，是保持经济持续健康发展的必然要求，是适应我国社会主要矛盾变化和全面建成小康社会、全面建设社会主义现代化国家的必然要求，是遵循经济规律发展的必然要求。正因为如此，高质量发展成为我国确定发展思路、制定经济政策、实施宏观调控的根本要求。

第一节 高质量发展的理论和现实背景

一、理论背景

（一）我国提出高质量发展的理论背景

高质量发展的提出，具有深刻理论背景和严密理论逻辑，是理论与实践相结合的高度概括，丰富了中国特色社会主义政治经济学。

1.中国特色社会主义进入新时代

习近平总书记在党的十九大报告中指出："经过长期努力，中国特色社会主义进入了新时代，这是我国发展新的历史方位。"这一重大政治论断为我国发展的理论遵循和目标任务赋予了新的时代内涵，为我们深刻把握当代中国发展的新阶段新特征、科学制定发展路线和方针政策，提供了时代坐标和基本依据。这一论断明确了我国发展从量变到质变的历史性变化，对发展全局产生了广泛而深刻的影响。从社会主要矛盾看，我国社会的主要矛盾已经由人民日益增长的物质文化需要同落后的社会生产之间的矛盾，转化为人民日益增长的美好生活需要和不平衡不充分的发展之间的矛盾。我国发展的理论创新实现了新飞跃，执政方式和执政方略具有重大创新，发展理念和发展方式具有重大转变，发展环境和发展条件具有重大变化，也具有更高的发展水平和发展要求。

习近平新时代中国特色社会主义思想包含"八个明确"和"十四个坚持"的核心内容，形成了系统科学的理论体系。习近平新时代中国特色社会主义思想对我国各方面发展作出了新的理论概括和战略指引，涵盖了新时代坚持和发展中国特色社会主义的总目标、总任务、总体布局、战略布局和发展方向、发展方式、发展动力、战略步骤、外部条件、政治保证等基本问题，是中国特色社会主义理论体系的重要组成部分。"八个明确"和"十四个坚持"有机融合、有机统一，反映了以习近平同志为核心的党中央对中国特色社会主义的规律性认识，体现了理论与实际相结合、认识论和方法论相统一的鲜明特色。其中，"坚持新发展理念"是习近平新时代中国特色社会主义思想中明确提出的一项重要内容。

2. 新发展理念

发展是解决我国一切问题的基础和关键。发展理念是发展行动的先导，是发展思路、发展方向、发展着力点的集中体现。发展理念是否对头，从根本上决定着发展成效乃至成败。对此，党的十九大报告指出，"发展必须是科学发展，必须坚定不移贯彻创新、协调、绿色、开放、共享的发展理念"。

"创新"注重的是解决发展动力问题。创新发展就是要把发展基点放在创新上，形成促进创新的体制架构，塑造更多依靠创新驱动、更多发挥先发优势的引领型发展；要培育发展新动力，优化劳动力、资本、土地、技术、管理等要素配置，释放新需求，创造新供给，推动新技术、新产业、新业态蓬勃发展。

"协调"注重的是解决发展不平衡问题。坚持协调发展，就是要重点促进城乡区域协调发展，促进经济社会协调发展，促进新型工业化、信息化、城镇化、农业现代化同步发展，在增强国家硬实力的同时注重提升国家软实力，不断增强发展整体性。

"绿色"注重的是解决人与自然和谐共生问题。坚持绿色发展，就是要坚持节约资源和保护环境的基本国策，坚持可持续发展，坚定走生产发展、生活富裕、生态良好的文明发展道路，加快建设资源节约型、环境友好型社会，形成人与自然和谐发展现代化建设新格局，推进美丽中国建设，为全球生态安全作出新贡献。

"开放"注重的是解决发展内外联动问题。坚持开放发展，就是要坚持对外开放的基本国策，奉行互利共赢的开放战略，深化人文交流，完善对外开放区域布局、对外贸易布局、投资布局，形成对外开放新体制，发展更高层次的开放型经济，以扩大开放带动创新、推动改革、促进发展。

"共享"注重的是解决社会公平正义问题。坚持共享发展，就是要坚持发展为了人民、发展依靠人民、发展成果由人民共享，作出更有效的制度安排，使全体人民在共建共享发展中有更多获得感，增强发展动力，增进人民团结，朝着共同富裕方向稳步前进。

新发展理念具有很强的战略性和引领性，贯穿了经济活动的全过程。新发展理念坚持以人民为中心的发展思想，科学回答了实现什么样的发展、怎样实现发展的问题，揭示了实现更高质量、更有效率、更加公平、更可持续发展的必由之路，深化了对中国特色社会主义经济发展规律的认识，有力指导了我国新的发展实践，丰富发展了中国特色社会主义政治经济学。

3. 转向高质量发展

高质量发展就是体现新发展理念的发展，即创新成为第一动力、协调成为内生特点、绿色成为普遍形态、开放成为必由之路、共享成为根本目的的发展。

高质量发展体现了对我国发展阶段性特征认识的不断深化。2013年，党中央作出判断，我国经济发展正处于增长速度换挡期、结构调整阵痛期和前期刺激政策消化期"三期叠加"阶段。2014 年，中央经济工作会议提出我国经济发展进入新常态，我国经济增长速度要从高速转向中高速，发展方式要从规模速度型转向质量效率型，经济结构调整要从以增量扩能为主转向调整存量、做优增量并举，发展动力要从主要依靠资源和低成本劳动力等要素投入转向创新驱动。

高质量发展概括了发展阶段和发展方向，是我国在当前和今后一段时期发展的根本要求。推动高质量发展，是保持经济持续健康发展的必然要求，是适应我国社会主要矛盾变化和全面建成小康社会、全面建设社会主义现代化国家的必然要求，是遵循经济规律发展的必然要求。必须坚持质量第一、效益优先，推动经济发展质量变革、效率变革、动力变革，不断增强经济创新力和竞争力。总之，高质量发展体现了对我国发展实践以及客观发展规律的认识和把握，成为我国确定发展思路、制定经济政策、实施宏观调控的根本要求。

（二）相关理论路径

高质量发展是一种经济规律，这个规律的作用在发达国家有着较长的历史，在理论上也有着深刻认识。其中，福特主义、调节主义、福利国家以及可持续发展等理论，与高质量发展及其转型探索关系密切。

1. 福特主义

安东尼奥·葛兰西把 20 世纪前期资本主义正在经历的新的生产结构的重大转型称为"福特主义"，把与之相应的意识形态称为"美国主义"（殷旭辉，2013）。第二次世界大战后，福特主义在全球迅速扩散，并与各国特定的历史条件与文化制度相结合，形成了各类福利资本主义国家，在政府、劳动、资本三者的关系上呈现出新的特点。在劳动与资本方面，福特主义在经济社会制度上体现为大批量、标准化的生产和消费，劳动力与资本紧密结合，呈现出劳动控制和管理的新方式，组织化、机械化的劳动力支撑了生产的规模化。在政府与资本方面，政府通过各项干预手段引导经济发展方向，同时积极扩大消费和需求，通过社会福利体制巩固福特主义需要的大批量消费结构（Harvey，2003）。在政府与劳动方面，工人消费与社会劳动力再生产联系在一起，呈现出消费的社会化形式，在福特主义工业社会的基础上存在福利国家的社会机制，依靠政府支持实现福特主义需要的大批量消费。20世纪中期，凯恩斯主义在英国等国逐渐盛行，在政府管理、充分就业、增加消费等方面发挥促进作用。政府在与充分就业增长水平相一致的情况下，调节集体薪资协议，通过规模消费标准化和普遍化，实现有利于福特主义增长的集体消费形式（Jessop，2008）。福特主义理论概括了第二次世界大战后发达国家的工业化模式，为分析中国工业化及其转型问题提供了借鉴。

2. 调节主义

20世纪70年代石油危机冲击与"滞胀"，凸显了福特主义和国家干预的弊端。这个时期产生的调节主义学派，从社会关系的决定作用角度，探讨资本主义生产模式的转型和发展，围绕工资—劳动关系及其影响这个本质联系展开，以期对制度理论进行重构。以米歇尔·阿格里塔（M.Aglietta，2015）为代表的第一代调节主义，试图从五类制度——就业系统、市场组织、金融系统、宏观经济政策以及国际体系——的相互联系角度，解释资本积累的内在矛盾及其改进方式，认为资本主义再生产条件的变化是需要着重分析之处，资本主义调节即"社会创造"。以波伊尔等（Boyer等，2002）为代表的第二代调节主义，虽然在形式上继承了第一代制度分析方法，但是重点转向了五类制度组合以及相应资本主义模式多样性分析，根据一些评论者的说法，第二代调节主义离开了马克思主义基础。但是，值得肯定的是，模式多样性理论是在新的历史条件变化下，为发展道路选择可能性的理论探索，这也为中国的转型治理和高质量发展提供了借鉴。

3. 福利国家

第二代调节主义关于资本主义模式多样性的探索，涉及经济社会和自然等诸多主题，与此相比，欧洲福利国家理论尽管探索资本主义模式多样性，但是其核心论题是社会权利，理论来源主要是波兰尼的"去商品化"思想、T.H. 马歇尔社会权利思想以及罗尔斯的正义思想。埃斯平－安德森（Esping-Andersen，1990）分析了福利制度的产生、发展以及与经济现代化之间的关系，将福利国家分为自由主义、保守主义和社会民主主义三类，从福利国家建设的视角阐述了发展模式的多样性。20世纪80年代以来，随着全球化、知识化和老龄化的加剧，福利国家理论的主题集中于效率与公平的权衡与社会凝聚，其思想主要体现在2000年欧盟"里斯本战略"及其后一系列文本之中。福利国家理论的独特之处在于，根据各类福利国家的具体文化和制度状况，通过富有现实意义的理论探索，提出有针对性的、前瞻性的政策建议。典型如积极的劳动市场政策、积极的社会投资政策以及社会保障改革建议等。福利国家理论为发展问题提供了丰富的可借鉴的思想。

4. 可持续发展

20世纪70年代以来，可持续发展的概念逐渐被广泛认同和应用。梅多斯等（Meadows等，1972）提出增长极限论，指出以往各国的经济增长往往带来资源枯竭、生态破坏、环境污染等严重问题，这将威胁人类的生存条件与经济的长期协调发展。人们逐渐认识到，把经济、社会、环境割裂开来的发展，是难以长期持续的。出于这种认识，1983年联合国成立了世界环境与发展委员会，1987年该委员会向联合国大会提交了以《我们共同的未来》为题的报告。该报告正式提出"可持续发展"的概念,将其内涵定义为"既满足当代人的需要,又不对后代人满足其需要的能力构成危害的发展"。1992 年,联合国环境与发展会议通过了《21 世纪议程》,促进可持续发展成为世界各国共同确认的纲领性文件。此后,可持续发展被广泛应用于经济学和社会学等范畴,不断纳入新的内涵,成为一个涉及经济、社会、文化、技术和自然环境的综合概念。

二、现实背景

(一) 改革开放以来的高速增长

改革开放以来,我国经济持续高速增长。在 1978—2018 年的 40 年中,我国经济总量由 3679 亿元提高到 900309 亿元,占世界经济的比重从 1.8% 提升至 16.1%;人均 GDP 从 1978 年的 156 美元提高到 2018 年的 9977 美元,由低收入国家提升为中等偏上收入国家。其间,我国平均经济增速接近 10%,在世界主要国家中名列前茅,成为世界经济增长的重要动力。

改革开放以来,我国在多个方面取得显著成就。在主要产品方面,2018 年我国粮食总产量达到 6.6 亿吨,钢材产量 11.1 亿吨,谷物、肉类、花生、茶叶、粗钢、煤、水泥等产量稳居世界第一位。在科技创新方面,2018 年我国专利申请量为 154 万件,连续 8 年位列世界第一,研究与试验发展(R&D)经费支出 19657 亿元,在超级杂交水稻、高性能计算机、量子科学等重要领域取得重大原创性成果。在基础设施方面,2018 年我国公路里程达到 485 万公里,铁路营业里程达到 13.1 万公里,其中高速铁路为 2.9 万公里,占世界高铁总量的 60% 以上。在人民生活方面，我国恩格尔系数由 1978 年的 64% 下降至 2018 年的 28%，电视节目综合人口覆盖率超过 99%，国内旅游超过 55 亿人次，医疗卫生机构超过 100 万个。

可以看到，我国经过改革开放以来的高速增长，在各方面发展上取得了显著成就，并为进一步的发展打下了良好基础。

（二）经济发展进入新常态

近年来，我国经济呈现出新常态，表现出以下三个方面的主要特点：一是增长速度从高速增长转为中高速增长；二是经济结构不断优化升级，第三产业、消费需求逐步成为主体，城乡区域差距逐步缩小，居民收入占比上升，发展成果惠及更广大民众；三是发展动力从要素驱动、投资驱动转向创新驱动。

从速度看，我国经济由高速增长转为中高速增长。近年来，我国经济增速由 10% 以上的高速增长回落到中高速增长，2019 年 GDP 增速为 6.1%。这是我国进入中等收入阶段之后经济发展条件变化的结果，符合大多数国家经济发展的一般规律。我国经济增速虽然放缓，实际增量依然可观。经过三十多年高速增长，我国经济体量已今非昔比，即使保持 6% 左右的增长，无论是速度还是体量，在全球仍然名列前茅。2019 年，我国经济 6.1% 的增速明显高于全球经济增速，在经济总量 1 万亿美元以上的经济体中位居第一，对世界经济增长贡献率达到 30% 左右，持续成为推动世界经济增长的主要动力源。随着国际经济形势和国内经济发展阶段的变化，持续三十多年的高速增长转为中高速增长是必然现象和客观规律，同时也要求我们从注重增长速度转向注重发展质量。

从结构看，我国经济结构不断优化升级。2019 年，我国第一、第

二、第三产业增加值占比分别为 7.1%、39.0%、53.9%，内需对经济增长贡献率为 89%，其中最终消费支出贡献率为 57.8%。我国居民消费潜力不断释放，消费需求拉动力明显增强；服务业尤其是生产性服务业加速发展，对经济增长的带动作用大幅提升；以新产业、新业态、新商业模式为代表的"三新经济"加速成长。我国经济结构的优化能够提高资源配置的效率，使新的增长逐渐替代旧的增长，从而实现更高质量、更可持续的经济发展。

从动力看，我国经济发展动力正由要素驱动、投资驱动转向创新驱动。2019 年，我国科技进步贡献率达到 59.5%，研发支出达 2.17 万亿元，占 GDP 比重提升至 2.19%。随着资本、劳动、土地等要素投入的边际收益递减，以及资源环境约束的增强，我国经济发展的动力势必要转向更加内生的创新驱动发展。在此阶段，如果经济发展方式不能转向创新驱动，将面临长期下滑和不可持续的风险。创新驱动需要提高全要素生产率，从以往依靠要素投入数量的增长，转向依靠技术进步的增长。2019 年，我国全员劳动生产率增速为 6.2%，达到 11.5 万元/人。根据世界知识产权组织（WIPO）发布的《2020 年全球创新指数（GII）报告》，中国位列全球第 14 位，是前 30 位中唯一一个中等收入经济体。在我国经济进入新常态的情况下，需要更加注重创新驱动，切实提高经济发展的质量。

（三）社会主要矛盾发生历史性变化

发展过程中，社会主要矛盾经历了重大历史性变化。1956 年，党的八大指出，"我们国内的主要矛盾，已经是人民对于建立先进的工业国的要求同落后的农业国的现实之间的矛盾，已经是人民对于经济文化迅速发展的需要同当前经济文化不能满足人民需要的状况之间的矛盾"。

改革开放以后，在对历史经验和我国国情作出科学分析的基础上，提出我国社会的主要矛盾是"人民日益增长的物质文化需要同落后的社会生产之间的矛盾"。随着改革开放的深入推进和中国特色社会主义的深入发展，我国社会主要矛盾再次发生了重大变化。2017年，党的十九大指出，"我国社会主要矛盾已经转化为人民日益增长的美好生活需要和不平衡不充分的发展之间的矛盾"。

当前，我国发展的突出问题是不平衡和不充分。发展不平衡，主要指各区域各领域各方面发展不够平衡，存在一条腿长、一条腿短的失衡现象，制约了整体发展水平提升；发展不充分，主要指一些地区、一些领域、一些方面还存在发展不足的问题，发展的任务仍然很重。发展不平衡不充分问题，已经成为满足人民日益增长的美好生活需要的主要制约因素。需要在继续推动发展的基础上，着力解决好发展不平衡不充分问题，更好推动人的全面发展和社会全面进步。

我国社会主要矛盾的变化，对我国发展全局产生广泛而深刻的影响，也提出了新的要求。与以往有所不同，新时代人民的需要，不仅层次提升了，而且范围拓展了，不仅对于物质文化生活提出了更高的要求，而且在领域和重心上超出了物质文化范畴而延伸至对于民主、法治、公平、正义、安全、环境等方面的要求。新时代制约满足人民美好生活需要的主要因素，不仅已由社会生产能力转化为发展的不平衡不充分，而且发展的不平衡不充分涵盖了涉及人的全面发展和社会全面进步的几乎所有领域和所有方面。

总之，我国经济社会发展的现实情况，决定了我国发展的侧重点需要从高速发展转向高质量发展。我国发展的现实背景，既为高质量发展提供了条件，也对高质量发展提出了要求。

第二节　高质量发展的内涵与特征

一、以人民为中心

高质量发展的本质是以人民为中心，这既体现在发展目标上，也体现在发展机制上。

在发展目标上，高质量发展需要能够很好满足人民日益增长的美好生活需要。与高速增长阶段相对单纯、主要是吃饱穿暖之类的物质文化需要有所不同，在高质量发展阶段，随着物质条件极大的改善，人民需要的内涵大大扩展，结构也在悄然变化。不仅期盼吃好穿美，而且期盼有更好的教育、更稳定的工作、更满意的收入、更可靠的社会保障、更高水平的医疗卫生服务、更舒适的居住条件、更优美的生活环境，期盼孩子们成长得更好、工作得更好、生活得更好。因此，高质量发展需要很好满足人民日益增长的美好生活需要，在发展目标上表现出以人民为中心。

在发展机制上，高质量发展体现为"知识消费—人力资本提高—创新效率补偿"的循环。人力资本结构的快速提升促进了整体创新能力，是转向高质量发展的重要保证，其内涵是广义人力资本的快速提高，包括科教文卫等方面的快速发展。我国在工业化阶段偏重于中低层次教育，形成了较大比重的中低层次人力资本，面临人力资本升级的问题。高质量发展的经济增长伴随着知识消费比重和人力资本结构的提升，从而推动劳动生产率提高、全要素生产率贡献增加、可持续性加强。在高质量发展的经济循环中，劳动要素的质量不断提升，并持续创造和分享价值，在发展机制上也表现出以人民为中心。

二、新发展理念有机统一

高质量发展是体现新发展理念的发展，创新、协调、绿色、开放、共享的新发展理念有机统一，相互促进。

创新是引领发展的第一动力，创新发展注重解决发展动力问题，必须把创新摆在国家发展全局的核心位置，让创新贯穿党和国家一切工作。

协调是持续健康发展的内在要求，协调发展注重解决发展不平衡问题，必须正确处理发展中的重大关系，不断增强发展整体性。

绿色是永续发展的必要条件和人民对美好生活追求的重要体现，绿色发展注重解决人与自然和谐共生问题，必须实现经济社会发展和生态环境保护协同共进，为人民群众创造良好生产生活环境。

开放是国家繁荣发展的必由之路，开放发展注重解决发展内外联动问题，必须发展更高层次的开放型经济，以扩大开放带动创新、推动改革、促进发展。

共享是中国特色社会主义的本质要求，共享发展注重解决社会公平正义问题，必须坚持全民共享、全面共享、共建共享、渐进共享，不断推进全体人民共同富裕。

高质量发展是新发展理念有机统一的发展。从内容上看，高质量发展包含了新发展理念的五个方面，创新、协调、绿色、开放、共享作为一个整体相互联系，其中任何一个方面都不可能脱离其他方面而独立存在。从过程来看，高质量发展的逻辑起点是我国发展的客观现实，是针对我国发展中的突出矛盾和问题提出来的。新发展理念是在深刻总结国内外发展经验教训、分析国内外发展大势的基础上形成的，集中反映了对我国发展规律的新认识。因此，高质量发展就是创新成为第一动力、协调成为内生特点、绿色成为普遍形态、开放成为必由之路、共享成为根本目的的发展,新发展理念作为一个有机整体相互贯通、相互促进。

三、效率—福利动态平衡

高质量发展的核心机制是效率—福利动态平衡,其关键是如何理解效率。劳资关系、福利制度以及消费系统三类因素构成了整体制度的核心,包括竞争体系、金融体系以及开放体系等在内的制度安排,都与这个三角联系机制形成互补以达成稳定和变化适应性,创新与报酬递增蕴含于这一联系机制之中。

高质量发展是一种高级的报酬递增形式。从长期发展过程来看,报酬递增呈现出低级和高级两种形式:一种是低质量工业化模式,以廉价劳动力、完全竞争和资本驱动为特征,最终会遇到报酬递减的制约;另一种是高质量发展模式,以高质量劳动力、不完全竞争和创新驱动为特征。发达国家的长期增长,是从低质量快速转变为高质量的线性升级路径,而广大发展中国家由于没有完成劳动力要素质量升级,无法突破低质量发展向高质量转型的一系列关键瓶颈,这也是"中等收入陷阱"的本质。中国依靠中等教育程度的劳动力成为世界制造业大国,实现了经济增长奇迹,但经济新常态阶段,需要转向更高级的报酬递增形式。在高质量发展阶段,我国发展将从以往以生产供给为中心转向劳动力要素升级,创造"服务业结构升级—消费结构升级—公共服务支出提升"的良性循环,实现效率—福利动态平衡。

第三节　发展模式多样性与比较

一、现有发达国家的四类发展模式

现有发达国家在发展模式上呈现出多样性，不同类型的发展模式都是基于该国历史特殊性演化而来。通过产品市场、劳资关系、金融体系、社会保护、教育这五类制度安排，能够对发展模式的多样性进行分析，并将发达国家的发展模式概括为自由市场模式、社会民主模式、亚洲模式和欧洲大陆模式这四类（Amable，2003）。

（一）自由市场模式

自由市场模式的国家包括英国和美国等。产品市场竞争是市场化模式的重要组成部分，激烈的产品市场竞争使得企业对不利的需求或供应冲击更加敏感。当价格调整不能完全吸收冲击时，数量调整就尤为重要，特别是在劳动力方面，产品市场竞争会使得实际就业具有灵活性。在市场竞争的压力下，企业需要对不断变化的市场环境迅速采取行动，并修改其经营战略，灵活的金融市场和劳动力市场促进了调整。自由市场模式有利于快速调整和结构变化，因此对特定投资的风险较高。在这一模式下，金融投资的风险分散是由复杂的金融市场保证的，但是由于社会保护不发达，具体的投资尤其面临风险。因此，对特定技能的投资几乎没有动力，因为这些技能既不会受到福利国家的保护，也不会受到工作保障的保护，而快速的结构变化会使这些技能贬值。自由市场模式的竞争也延伸到教育系统，非同质化的中等教育体系使得大学之间为了吸引最好的学生而进行竞争，同时，学生之间为了进入更好的大学也会进行竞争。

（二）社会民主模式

社会民主模式的国家包括瑞典和丹麦等。社会民主模式是根据不同的互补性组织起来的。强大的外部竞争压力要求劳动力具有一定的灵活性，但是这种灵活性不仅通过裁员和市场调整来实现，高技能劳动力的再培训对于工人的灵活性也发挥了至关重要的作用。社会民主模式通过适度的就业保护、高水平的社会保护以及由于积极的劳动力市场政策而容易获得的再培训，实现了对于劳动力的保护。在这一模式下，由于具有中心化的工资谈判机制，对劳动力的工资设置能够有利于促进创新和生产力。社会民主模式的银行集中度高，机构投资者持有高份额，这种高集中度的金融体系有利于企业制定长期战略。

（三）亚洲模式

亚洲模式的国家包括日本和韩国等。亚洲模式的政府调控程度较高，价格与质量竞争并重，大公司的主导程度较高。在这一模式下，长期战略的发展取决于大公司与政府合作的商业战略，以及高集中度的金融体系。亚洲模式的劳动力具体投资由实际上而非法律上的就业保护和企业内部的再培训来保护。亚洲模式的入学率高，重视中等教育、企业内部培训和终身学习。然而，亚洲模式缺乏社会保障和复杂的金融市场会使风险分散较为困难，大公司提供的稳定性对这一模式的稳定性至关重要。

（四）欧洲大陆模式

欧洲大陆模式的国家包括德国和法国等。欧洲大陆模式具有与社会民主模式相似的特点。

社会民主模式以高水平的社会保护与适度的就业保护为基础，而欧洲大陆模式以低水平的社会保护和高度的就业保护为基础。这里需要强调的是，由于具有较为集中的金融体系，企业不必遵守短期利润限制，有助于制定长期战略。欧洲大陆模式的劳动力工资谈判是协调的，这与社会民主模式不同，是通过协调制定一项统一的工资政策。欧洲大陆模式的劳动力再培训没有达到与社会民主模式相同的程度，社会民主模式限制了劳动力主动调整的灵活性和产业快速重组的可能性。通过与社会保护相匹配的劳动力裁员政策以及提前退休政策，使欧洲大陆模式能够获得生产力的提高。

二、发展模式的比较

不同发展模式是在制度互补中实现的，通过产品市场、劳资关系、金融体系、社会保护、教育这五类制度安排的组合方式，产生了具有不同特征的发展模式。

发展模式多样性的核心是不同模式的效率—福利制度组合。自由市场模式强调效率，强调新古典主义的生产效率和新自由主义的市场出清，属于经济效率模式；社会民主模式强调福利，强调对于劳动力高水平的社会保护和福利，属于社会效率模式；亚洲模式强调政府的作用，政府与企业为劳动力提供了较高程度的教育培训，在政府调控下维持了效率—福利动态平衡，属于公司/社会福利混合模式；欧洲大陆模式强调工会的作用，政府、企业和劳动力组织之间的协调决定了劳资关系，在这种三方伙伴关系下维持了效率—福利动态平衡，也属于公司/社会福利混合模式。

效率—福利制度组合主要包括三个因素。（1）建立在就业系统与产业结构上的劳资关系。作为经济社会制度的核心内容，劳资关系由政府、企业和劳动力组织三方决定，在各个国家和各个发展阶段具有特定制度模式。一方面，适用于特定经济社会条件的劳资关系一旦形成，相应配套制度也跟着形成，由此形成的利益格局反过来会成为制度变革的阻力，形成制度惰性和路径依赖；另一方面，转型时期制度对新条件和新环境的不适应，可能导致部门之间效率失衡和收入分配不公平等问题，进而导致在新发展阶段的效率—福利动态失衡。在后工业化时期的福利社会建设上，无论是发达国家还是发展中国家都面临路径依赖的压力，但是发展中国家的问题更多表现为治理结构本身的缺陷。（2）社会支出或福利制度。社会保护对生产系统的嵌入，特别是公私混合福利制度下公共支出对企业福利的替代，极大地促进了生产系统和福利社会建设的平衡。在福利制下，无论是强调福利的社会民主模式、强调效率的自由市场模式，还是强调公司/社会福利混合模式的亚洲模式和欧洲大陆模式，公共支出占 GDP 比重均在第二次世界大战后至 20 世纪 70 年代期间呈现快速提升趋势，包括教育和各类社会保险等。高增长与高福利协同是这个时期的主要特征，之后在新自由主义的浪潮中逐渐放缓。（3）消费。消费结构升级能够把生产和公共支出联系起来，消费高质量通过科教文卫等广义人力资本进行积累升级。通过自身结构升级，消费能够具有生产性，进而为经济结构服务化和社会支出提供生产性与效率补偿。

第四节　高质量发展的主要问题

一、建设现代化经济体系

高质量发展概括了我国发展阶段和发展方向，是我国在当前和今后一段时期发展的要求。需要深刻认识建设现代化经济体系的重要性和艰巨性，科学把握建设现代化经济体系的目标和重点，推动我国经济实现高质量发展。

建设现代化经济体系是我国实现高质量发展的基础。从国内看，我国经济增速已由高速增长转为中高速增长，一些长期积累的深层问题仍然突出，经济发展正处于转变发展方式、优化经济结构、转换增长动力的攻关期，面临是否可以顺利跨越"中等收入陷阱"的考验。我国需要在建设现代化经济体系上攻坚克难，推动高质量发展，进而推动我国经济建设上到新台阶。从国际看，经济全球化面临新冠肺炎疫情冲击、保护主义等挑战，结构性矛盾尚未得到很好解决，国际大宗商品市场、各国宏观政策、地缘政治格局等存在巨大变数，我国经济发展面临复杂的外部环境。我国需要加快建设现代化经济体系，进一步提升我国经济创新力和竞争力，从而在复杂多变的国际环境与激烈的国际竞争中赢得主动。

现代化经济体系是由社会经济活动各个环节、各个层面、各个领域的相互关系和内在联系构成的一个有机整体，包含以下七个方面：（1）创新引领、协同发展的产业体系；（2）统一开放、竞争有序的市场体系；（3）体现效率、促进公平的收入分配体系；（4）彰显优势、协调联动的城乡区域发展体系；（5）资源节约、环境友好的绿色发展体系；（6）多元平衡、安全高效的全面开放体系；（7）充分发挥市场作用、更好发挥政府作用的经济体制。

建设现代化经济体系需要坚持新发展理念。（1）把创新放在首位，加快建设创新型国家。抓住世界新一轮科技革命和产业变革的机遇，瞄准经济建设主战场和人民美好生活需要，补齐基础研究、关键技术、体制机制、创新氛围方面的短板，加快形成以创新为主要引领和支撑的经济体系和发展模式。（2）继续引导好产业结构、需求结构、区域结构、收入分配结构等调整转型中出现的新趋势，解决好发展不协调、不平衡、不充分问题。深入实施乡村振兴战略，统筹推进区域协调发展战略。（3）切实践行"绿水青山就是金山银山"的理念，推进绿色发展和生态文明建设。正确处理好经济发展同生态环境保护的关系，加快建设美丽中国。（4）把握机遇扩大开放，推动形成全面开放新格局。抓住"一带一路"建设带来的新机遇，充分利用好国际国内两个市场，推动形成全面开放新格局和新优势。（5）坚持以人民为中心的发展思想，顺应人民对美好生活的新期盼，实现社会和谐共享发展。在幼有所育、学有所教、劳有所得、病有所医、老有所养、住有所居、弱有所扶方面作出更大努力。

二、深化供给侧结构性改革

供给和需求是市场经济内在关系的两个基本方面，是既对立又统一的辩证关系。没有需求，供给就无从实现，新的需求可以催生新的供给；没有供给，需求就无法满足，新的供给可以创造新的需求。供给侧管理和需求侧管理是调控宏观经济的两个基本手段。需求侧管理，重在解决总量性问题，注重短期调控。供给侧管理，重在解决结构性问题，注重激发经济增长活力。

我国在高质量发展阶段面临的主要矛盾是结构性问题，矛盾的主要方面在供给侧。当前，我国一些行业和产业产能严重过剩，同时大量关键装备、核心技术、高端产品还依赖进口；一些有大量购买力支撑的消费需求在国内得不到有效供给，大量消费者选择出境购物、海淘购物等。可以看到，我国不是需求不足或没有需求，而是需求变了，而供给的产品和服务却没有及时跟上。有效供给能力不足带来大量需求外溢，消费能力严重外流。高速增长阶段的突出矛盾是物质短缺，侧重于解决总量性问题和需求侧问题，增加经济总量。高质量发展阶段的突出矛盾是产能过剩，需求不是不足而是发生变化，因此需要供给侧的产品适应新的需求。我国经济不仅面临周期性与短期性因素作用，还越来越呈现为周期性、趋势性变化相叠加，短期性、长期性变化相交织的局面。我国经济的主要矛盾是结构性问题而非总量性问题，矛盾的主要方面在供给侧而非需求侧，需要避免结构性失衡导致经济循环不畅。在高质量发展阶段，我国供给体系需要适应需求结构变化，经济需要持续良性循环。

我国在高质量发展阶段需要关注的问题，应当以改善供给结构、提升供给质量的成效为重点。这是由高质量发展的阶段性特征所决定的。与高速增长阶段侧重以逆周期调节为特征的需求管理政策取向有所不同，在高质量发展阶段，固然不可排除针对总需求和需求侧做相应调整的必要，但毕竟经济运行的主要矛盾已经由总量转变为结构，矛盾的主要方面已经由需求侧转变为供给侧。因此，宏观经济政策的主要立足点自然要从需求侧转向供给侧，更加注重在供给侧发力；主要聚焦点自然要从供求总量平衡扩展至供求结构平衡，更加注重结构性调整，更加注重激发经济增长活力。相对于以优化供给结构、提高供给质量为核心目标的供给侧结构性改革，需求侧管理并非平行政策线索。换言之，高质量发展条件下的需求侧管理是配角，供给侧结构性改革才是主角。

我国不仅要坚持以供给侧结构性改革为主线不动摇，而且要按照巩固、增强、提升、畅通的要求，进一步深化供给侧结构性改革。（1）要巩固"三去一降一补"成果，推动更多产能过剩行业加快出清，降低全社会各类营商成本，加大基础设施等领域补短板力度。（2）要增强微观主体活力，发挥企业和企业家主观能动性，建立公平开放透明的市场规则和法治化营商环境，促进正向激励和优胜劣汰，发展更多优质企业。（3）要提升产业链水平，注重利用技术创新和规模效应形成新的竞争优势，培育和发展新的产业集群。（4）要畅通国民经济循环，加快建设统一开放、竞争有序的现代市场体系，提高金融体系服务实体经济能力，形成国内市场和生产主体、经济增长和就业扩大、金融体系和实体经济良性循环。

三、处理好政府和市场的关系

能否实现高质量发展，本质因素是能否处理好政府和市场的关系。处理好政府和市场的关系，就是要充分发挥市场在资源配置中的决定性作用，更好发挥政府作用，有效弥补市场失灵。二者是有机统一的，不能把二者割裂开来、对立起来，既不能用市场在资源配置中的决定性作用取代甚至否定政府作用，也不能用更好发挥政府作用取代甚至否定市场在资源配置中的决定性作用。

一方面，市场决定资源配置是市场经济的一般规律。市场经济需要依靠市场机制决定资源配置，健全社会主义市场经济体制必须遵循这条规律，着力解决市场体系不完善、政府干预过多和监管不到位等问题。需要从广度和深度上推进市场化改革，减少政府对资源的直接配置，让市场在不同领域充分发挥作用，推动资源配置实现效益最大化和效率最优化，让企业和个人有更多活力和更大空间去发展经济、创造财富。

另一方面，市场并不是起全部作用，需要处理市场失灵的问题。政府需要更好发挥职责与作用，保持宏观经济稳定，加强和优化公共服务，保障公平竞争，加强市场监管，维护市场秩序，推动可持续发展，促进共同富裕，弥补市场失灵。更好发挥政府作用，不是要更多发挥政府作用，而是要在保证市场发挥决定性作用的前提下，管好那些市场管不了或管不好的事情。我国实行社会主义市场经济体制，要坚持发挥社会主义制度的优越性，更好发挥政府的作用。

在高质量发展阶段，我国需要在以下重点领域处理好政府和市场的关系。（1）坚持公有制为主体、多种所有制经济共同发展，增强微观主体活力。毫不动摇巩固和发展公有制经济，毫不动摇鼓励、支持、引导非公有制经济发展，探索公有制多种实现形式，支持民营企业改革发展，培育更多充满活力的市场主体。（2）夯实市场经济基础性制度，保障市场公平竞争。建设高标准市场体系，全面完善产权、市场准入、公平竞争等制度，筑牢社会主义市场经济有效运行的体制基础。（3）构建更加完善的要素市场化配置体制机制，进一步激发全社会创造力和市场活力。以要素市场化配置改革为重点，加快建设统一开放、竞争有序的市场体系，推进要素市场制度建设，实现要素价格市场决定、流动自主有序、配置高效公平。（4）创新政府管理和服务方式，完善宏观经济治理体制。完善政府经济调节、市场监管、社会管理、公共服务、生态环境保护等职能，创新和完善宏观调控，进一步提高宏观经济治理能力。（5）坚持和完善民生保障制度，促进社会公平正义。坚持按劳分配为主体、多种分配方式并存，优化收入分配格局，健全可持续的多层次社会保障体系，让改革发展成果更多更公平惠及全体人民。

小　结

高质量发展来源于习近平新时代中国特色社会主义思想，是对我国发展实践和客观发展规律的认识和把握，同时也对我国发展提出了新的目标和要求。高质量发展就是体现新发展理念的发展，即创新成为第一动力、协调成为内生特点、绿色成为普遍形态、开放成为必由之路、共享成为根本目的的发展，也是能够很好满足人民日益增长的美好生活需要的发展。高质量发展的特征包括以人民为中心，新发展理念有机统一，效率—福利动态平衡。我国提出的高质量发展与发达国家的相关理论和发展模式既有联系又有区别，反映了经济发展的客观规律，丰富了中国特色社会主义政治经济学。

建设现代化经济体系是我国实现高质量发展的基础，需要坚持新发展理念，全面统筹推进现代化经济体系的七个方面。我国在高质量发展阶段面临的主要矛盾是结构问题，矛盾的主要方面在供给侧，需要深化供给侧结构性改革，实现巩固、增强、提升、畅通。实现高质量发展的本质因素是要处理好政府和市场的关系，要充分发挥市场在资源配置中的决定性作用，更好发挥政府作用，有效弥补市场失灵。

第二章

高质量发展的理论逻辑

根据比较政治经济学和福利国家理论，高质量发展是一类与报酬递增相联系的总括性制度与机制，并随着特定历史条件变化不断更新和完善。第二次世界大战后发达国家强力推动的福利体制实践，从经济、社会和治理等三个层面型构高质量路径，并在制度互补性合力牵引下有序演化与升级——以福特主义劳资关系和国家社会保护为纽带，生产组织中注重效率改进与收入提升协同，社会组织中注重教育升级与社会支出并举，国家治理上强调创新激励与社会和谐并重。这可以理解为一种"整体发展观"，其中，高质量经济被视为高质量社会和高质量治理的输出，且作为更高质量阶梯的生产力基础。因此，现代化是一个不断再生产高质量制度的连续过程。

以知识中产阶层形成乃至最终主导现代化进程为标志，发达国家真正开启了高质量发展之路。大致分为两个阶段：第一阶段以美国福特主义向全球扩散为载体，既有冲突又有合作的劳资谈判机制，在促成利润分享的同时，有力推动了产品升级与消费结构升级的协同演化。并且，工业发展为公共事业提供了坚实的税收基础，借此构筑起福利国家制度。20 世纪 50 年代至 70 年代见证了发达国家高增长过程中社会支出急剧拉升的壮观图景。第二阶段以自由化向全球扩散为载体，资本主义模式普遍进入转型调整。这一阶段的特征是，社会支出增长放缓并达到历史高位；高水平社会保障网络建设完成；知识中产替代蓝领成为社会发展主流，并与高度城市化、结构服务化和消费结构高端化相适应。20世纪80年代以来知识经济的崛起，可视为当代资本主义高质量发展的见证。本章用四个典型化事实勾勒上述两阶段特征：即，供给端产业协调促进效率持续提升；需求端消费升级促进知识中产阶层扩大再生产；工业化高增长与需求端公共服务支出扩大并行；规则型国家与就业保护。

作为联系经济、社会和治理高质量的关键环节，知识中产阶层的扩大再生产，充当了高度城市化阶段的核心动力，借此维持长期发展的效率—福利动态平衡。立足于整体发展观，本章把高质量发展机制归纳为相互联系的四个层面：（1）社会高质量与经济高质量关联方面，知识中产阶层扩大再生产，是工业型社会向知识型社会演进的必要条件。（2）治理高质量与经济高质量关联方面，以经济建设为中心转向经济发展服务于社会发展，是现代化演进的必然趋势。（3）治理高质量与社会高质量关联方面，社会保护是为了培育知识中产阶层这个核心创新动力，并激发消费的生产性、公共支出的效率补偿效应。（4）从经济、社会和治理相互联系的整体发展趋势看，知识经济时代要求发展型国家向规制型国家转变。这种过程论和因果累积的观点，强调制度互补性对发展转型的促进或抑制作用，失衡源于制度路径依赖带来的阻碍。

中国以经济建设为中心的发展观形成于特定历史条件之下。受到劳动力要素质量限制，中国工业化的"准福特主义"具有以下特征：复制模仿的生产技术体系，二元分割的劳动市场，占劳动力大多数的农民工的社会保护程度低，以及社会发展和治理体系滞后于经济发展。中国突破中等收入陷阱的关键，在于要素质量升级或知识中产阶层培育。本质上，高质量发展问题是制度建设问题，治理现代化的关键，在于通过呼吁—退出机制的建设，最小化个人或集体表达信念的成本，包括以下要点：第一，防御性治理，以经济发展服务于社会发展为导向，加强就业保护和社会保障建设。特别地，国家应将关乎国家命运的战略部门——农业和医疗卫生部门——纳入公共安全体系建设。第二，进取性治理，以经济社会高质量协同发展为导向，国家应该适应信息化、知识化发展趋势，以产品质量标准体系建设、中介服务组织建设、文教研发体系建设等促进创新。

第一节　发展模式多样性与经济绩效

我们首先提炼发达国家现代化的几个典型事实。总体来看，第二次世界大战后模式多样的发达国家——典型如北美、西欧和日本——共同经历的高质量升级路径，可以概括为以生产供给为中心转向经济发展服务于社会发展。围绕人的发展进行经济社会治理，是发达国家后工业化时代高度城市化的普遍特征，其中，消费升级和结构服务化所导致的理念变化——如从消费角度看待生产、从社会发展角度看待经济发展等[①]，对于中国转型问题分析尤其具有启发性。我们按照经济高质量、社会高质量、治理高质量的顺序，扼要列示一些事实。

一、供给端产业协调促进效率持续提升

就产业结构与生产率的关系而言，发达、欠发达国家分别在迥异状

---

① 罗斯托（Rostow, 1960）关于发达社会目标从生产转向福利国家和人文目标的思想，是对发展规律的洞察。理斯曼等（1988）对于经济发展所导致的人的更加精致的需求倾向，给出了精彩分析。

态之下演化：即，发达国家第三产业劳动生产率长期高于第二产业，且随着结构服务化和高度城市化发展，服务业对就业的吸纳使其生产率向第二产业收敛，均衡趋势是比较劳动生产率接近于1。与此相反，欠发达国家工业化起始于二元经济，第二产业劳动生产率通常高于服务业，服务业低质量成为长期困扰城市化的普遍问题，这是从产业协调角度理解高质量发展的一个关键着眼点。发达国家服务业的高效率与其长期从事商业的历史和重视知识生产配置的传统密切相关，20世纪30年代至50年代福特主义在美国的形成与扩散，导致垂直一体化规模经济及其对知识需求的增加，从根本上强化了发达国家现代部门之间的联系，以工业、服务业协调促进生产率逐渐成为常态。①

图2-1提供了1950—2015年欧洲老牌发达国家和日本对美国的追赶。作为福特主义工业化的发源地以及作为20世纪80年代以来知识经济的全球引擎，美国三次产业均表现出协同优化的高效率，并始终作为欧亚其他发达国家的模范和赶超标杆而存在：（1）图2-1显示了英、法、德、意、日诸强整体经济效率（劳均GDP）与美国的对比，在经过了20世纪后半段快速追赶之后，进入21世纪以来，欧亚诸强整体绩效对美国的追赶步伐缓和下来。主要原因是，各国对福特制工业化报酬递增进行了最大化使用，但是面对知识经济时代美国引领的创新，欧亚诸强的工业化体制似乎存在某种程度的不适应。（2）进入21世纪以来，各国追赶美国步伐放缓，这种趋势可以在图2-2中得到进一步说明。首先，欧、美、日等国第二、第三产业总体上呈现协调发展趋势，普遍呈现出三产劳动生产率高于或接近于二产的现象。美国产业结构相比于其他国家的最大不同，在于其服务业效率与潜力似乎太高了，服务业高端

---

① 加尔布雷斯（2012）认为，现代大型公司及垂直一体的工业化，决定性的要素是合格人才供给，促进了科教阶层的形成，这是第二次世界大战后美国经济社会最重要的变化之一。

化及相应知识经济的发展，有力支撑起工业发展，从而也使得美国二产生产率继续长期保持着与其他国家的差距。

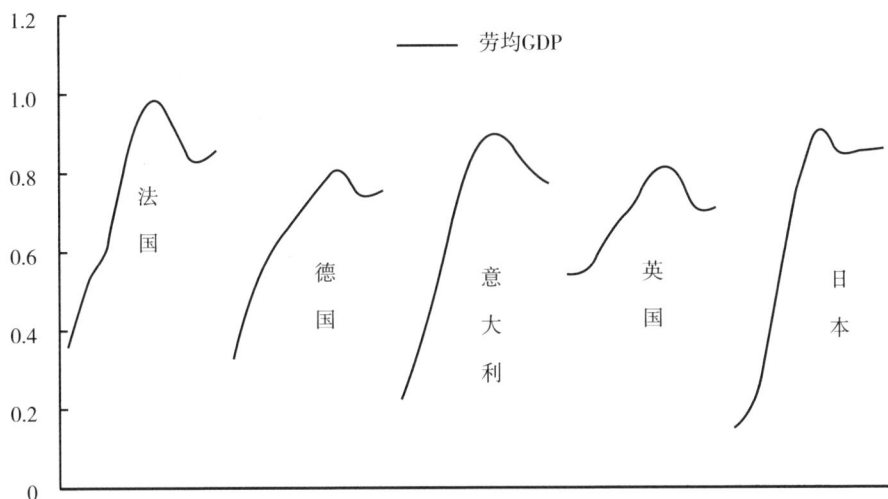

图 2-1 1950—2015 年欧洲老牌发达国家和日本劳均 GDP 对美国的追赶趋势（美国 =1）

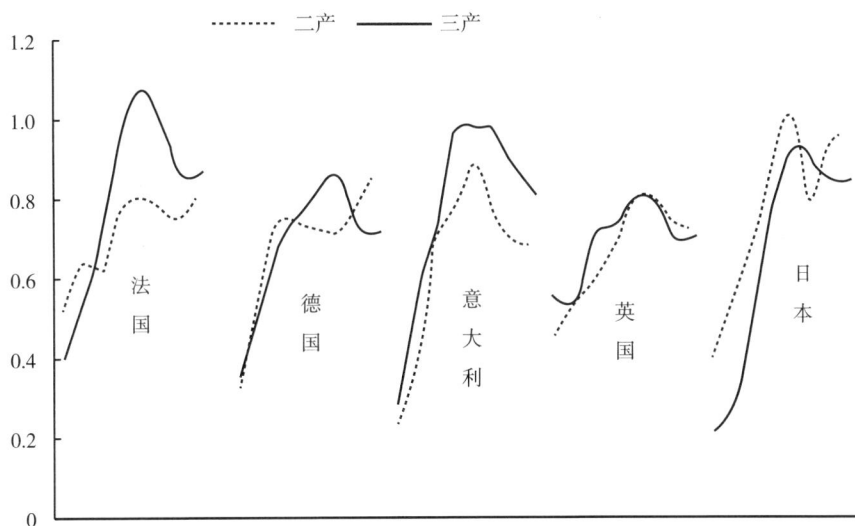

图 2-2 1950—2015 年欧洲老牌发达国家和日本产业劳动生产率对美国的追赶趋势（美国 =1）

注：原始数据来源于米切尔（Mitchell，2007）、联合国数据库（UNdata）、麦迪森历史统计数据（Maddison Historical Statistics），2011 年美元不变价。李兆辰博士对各国历史数据进行了系统估算和整理。

二、需求端消费升级促进知识中产阶层扩大再生产

尽管没有理由相信欧亚发达国家生产率与美国差距将一直保持下去，但却有必要强调历史数据中蕴含的一个理论意义：高度城市化可持续的必要条件是服务业结构高端化。继工业技术之后，信息技术与知识创新成为发达国家激烈争夺的制高点。同时，20 世纪 80 年代以来信息通信技术的发展，也导致国际分工格局出现了重大变化。新格局以美国知识创新为主导、以欧亚诸强产品创新为支撑，国际分工的中心—外围产业链条中，新兴工业化国家承接低端产业转移且为发达国家出清过剩产能提供市场。但是，建立在结构服务化下的这种分工格局，使得中心—外围国家面临着不同的选择。一方面，为了把握知识经济机会、保证高效率实现，发达国家政策日益聚焦于社会发展对经济系统的嵌入，如何稳固知识中产阶层的扩大再生产成为他们的关注重心，20 世纪 80 年代以来比较政治经济学和福利国家理论的迅速发展即是证明。另一方面，国际分工新格局下，新兴工业化国家受到了来自技术创新和知识创新的双重压力，劳动力或自然资源的静态比较优势只能为欠发达国家带来短期利益，在从以经济建设为中心转向经济发展服务于社会发展方面，发展中国家要么力不从心、要么观念滞后。即使像拉美国家那样已经进入城市化阶段，但是囿于劳动力要素质量升级的滞后以及服务业低端化，依然无法跨入高质量、高收入门槛。

需求端消费升级、服务业高端化与知识中产阶层再生产之间的关联，我们前期一系列研究给予了较多关注，主要认识是：相对于欠发达国家而言，发达国家消费结构中科教文卫的比重较高。拉美国家长期停滞的一个典型现象，就是高端消费比重长期抑制在 20% 左右的水平，亚洲新兴工业化国家情景类似。经验表明，经济追赶国家达成高质量发

展的必要条件，就是推动科教文卫消费比重突破30%这道门槛。消费结构升级之所以重要，原因在于高端消费具有特殊的生产性或效率补偿效应——即推动人力资本升级的潜力，而知识中产阶层的扩大再生产，正好是这种潜力的实现。[①] 实践上，第二次世界大战以来美国引领的消费结构与生产结构升级的示范作用不断增强，发达资本主义在经济、社会和治理层面竞争加剧，中产阶层标准——如收入、偏好、教育、医疗等——随着高度现代化不断提高，以人为中心的发展理念充分体现在知识中产阶层的成长之中。表2-1征引了法、德、意、英、美等国1991年与2010年中等及以上家庭收入水平、中等及以上家庭的成年人口比重以及15岁以上人口平均教育年限，可以作为中国评价经济、社会和治理结构高质量的一个启发性参照。这些数据表明，发达国家中等阶层的扩大再生产，是建立在高水平教育与较高收入水平之上的。根据巴罗－李（Barro–Lee）的教育成就数据集，中国以及亚洲大部分新兴工业化国家欲突破10年的平均教育年限，基本要到2030—2035年才能达成，这方面甚至比拉美国家还要滞后。

表2-1　1991年、2010年发达国家知识中等阶层状况

国家	年份	中等及以上家庭收入水平（美元）	来自中等及以上家庭的成年人口比重（%）	15岁以上人口平均教育年限（年）
法国	1991	≥ 33879	81	7.65
	2010	≥ 44129	83	10.68

---

① 参见高培勇、杜创、刘霞辉、袁富华、汤铎铎：《高质量发展背景下的现代化经济体系建设：一个逻辑框架》，《经济研究》2019年第4期；袁富华、张平、刘霞辉：《中国供给侧结构性改革理论探索》，中国社会科学出版社2019年版。关于消费的生产性问题，有必要提及两个文献，斯克莱尔（Sklair，1995）认为，穷国消费水平的增加，并没有推动生产能力提高和报酬递增，购买导致萧条；沃德（Warde，1992）把消费理解为"过程"而非生产结果，强调消费的功能性价值，把消费的社会性纳入分析视野。

续表

国家	年份	中等及以上家庭收入水平（美元）	来自中等及以上家庭的成年人口比重（%）	15 岁以上人口平均教育年限（年）
德国	1991	≥ 44222	85	8.60
	2010	≥ 44901	82	12.37
意大利	1991	≥ 44508	79	7.70
	2010	≥ 35608	78	9.63
英国	1991	≥ 30336	76	9.10
	2010	≥ 40888	81	12.24
美国	1991	≥ 55729	75	12.20
	2010	≥ 60884	74	13.18

注：资料来源于 Kochhar, R. and S. Cornrhert, "Middle Class Fortunes in Wertem Europe", Pew Research Center, 2017；巴罗 – 李（Barro–Lee）教育成就数据集（Barro–Lee Educational Atttainment Dataset）。各国 1991 年教育状况，用 1990 年的平均教育年限替代。

三、工业化高增长与需求端公共服务支出扩大并行

福特主义在发达国家的扩散，保证了技术创新、劳动生产率提高与工资收入增长的互动，这种协调机制为公共财政提供了稳定的税收来源，并反过来成为需求端公共服务支出和消费能力持续提升的保障。作为社会保护对生产系统嵌入的重要机制之一，发达国家社会支出体系的建设完善，源于对大萧条的深刻反省。生产力的巨大发展推动了福利国家理念的落实，比较政治经济学和福利国家理论的一些主要观察——如埃斯平 – 安德森（Esping–Andersen，1990）认为，贯穿第二次世界大战后资本主义多样性的主线就是福利国家建设，福利制度成为经济现代化的根本动力。需要强调的事实是，第二次世界大战后欧美老牌发达国家甚至包括后来者的日本，其工业化向高度城市化顺利转型的一个重要动力，就是社会保护对生产系统的嵌入。20 世纪 50 年代至 70 年

代，诸强社会转移支付和教育经历了一个与工业化加速并行的急速提升时期，高质量经济与高质量社会发展协调格局逐步形成。如图2-3和表2-2所示，随着后工业化时期经济减速的发生，到1980年，发达国家社会转移支付的强势增长阶段结束，有两个原因：一是社会保障制度建设基本完善，二是20世纪80年代以来新自由化和管制放松。但是，与工业化时代相比，高度城市化下资本主义多样性仍是大趋势，社会支出的模式分化即是其重要表征：（1）奉行福利稳定的欧洲大陆——仍然呈现缓慢增长趋势，社会转移支付占GDP比重普遍在30%左右。英、美代表了财政节约的社会转移支付体制，上升幅度不大。（2）政府教育支出在欧、美、日等发达国家仍然受到重视，教育支出的GDP占比在绝大多数国家高于4.5%。（3）社会支出模式的差异，是由各国制度设计和演化的路径依赖所致，经济全球化中的技术、信息和文化传播等共性因素，在某种程度上带来了制度收敛动力，但是从长期看，发达国家经济效率趋同中的制度分化仍是主流。

表2-2　1995年18国社会支出占GDP比重

(单位：%)

项目 国家	社会转移 支付	教育	社会支出 合计	项目 国家	社会转移 支付	教育	社会支出 合计
澳大利亚	14.8	4.5	19.3	意大利	23.7	4.5	28.2
奥地利	21.4	5.3	26.7	日本	12.2	3.6	15.8
比利时	27.1	5.0	32.1	荷兰	25.7	4.6	30.3
加拿大	18.1	5.8	23.9	新西兰	18.6	5.3	23.9
丹麦	30.9	6.5	37.4	挪威	27.6	6.8	34.4
芬兰	31.7	6.6	38.3	西班牙	19.0	4.8	23.8
法国	26.9	5.8	32.7	瑞典	33.0	6.6	39.6
德国	24.9	4.5	29.4	英国	22.5	4.6	27.1
爱尔兰	18.3	4.7	23.0	美国	13.7	5.0	18.7

资料来源：Lindert, P.H., *Grrowing Public*, Cambridge: Cambridge Umversity Press, 2004。

（单位：%）

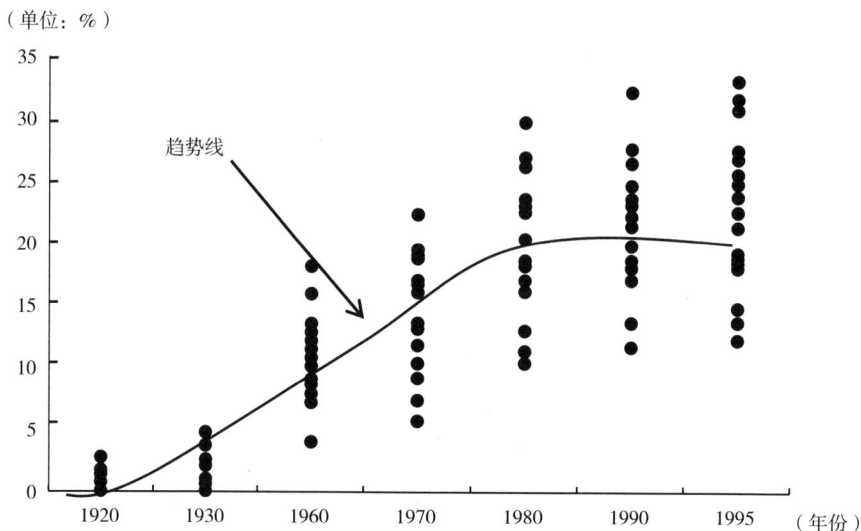

图2-3　1920—1995年发达国家社会转移支付占GDP比重（不包括教育）①

四、规制型国家与就业保护

除公共支出外，社会保护对生产系统嵌入的第二个重要机制，表现为正式、非正式规则与生产系统效率的互补，这是规制型发达国家与发展型国家的重要区别。如，关于日本发展主义的一些研究述及，日本对生产率的理解是基于劳动关系，而非简单的投入产出利润最大化。② 实

① 资料来源于 Lindert, P.H., *Grrowirp Public*, Cambrideg: Cambridge Umiversity Press, 2004。社会转移支付项目包括福利、失业救济、养老金、健康、住房补助。图中包括18个国家：澳大利亚、奥地利、比利时、加拿大、丹麦、芬兰、法国、德国、爱尔兰、意大利、日本、荷兰、新西兰、挪威、西班牙、瑞典、英国、美国。

② 关于政府组织市场以促进快速工业化的发展主义，请参见 [美] 高柏的《经济意识形态与日本产业政策——1931—1965年的发展主义》（安佳译，上海人民出版社2008年版）。第2章和第7章的论述。以日本为典型案例，发展主义以三个原则用于经济实践：经济战略观，有组织的竞争，立足于长期生产率提升的反利润原则。规制型国家与发展型国家的定义，请参见 Johnson, C., *MITI and Japanese Miracle*, Stomdford: Stamnford Umversity Press, 1982。

际上，这种理解同样适用于包括英美在内的所有发达国家，实践中它们皆重视就业保护对生产系统的嵌入。不同文化、价值观对福特制的融合与改造，形塑了发达国家工业化模式多样性，作为连接微观生产组织与宏观制度组织的枢纽，就业—福利关系的特殊性构成各国模式差异的硬核。20世纪80年代以来工业化向高度城市化的演进以及资本主义转型，均是围绕这个硬核的调整与完善展开的，并使得发达资本主义国家保持了就业—福利动态平衡。与此相比，当代大多数发展中国家普遍缺乏就业—福利动态平衡的能力，导致城市化发展对效率的偏离和福利国家的不可持续。规制型国家就业—福利系统的治理核心是集体讨价还价，根据政府、雇主和员工的关联方式，分为以下几种模式。①

日本基于公司的福利国家模式。这种模式形成于大规模工业化时期，强调提高生产率的目的是增加就业；管理层必须根据公司实际状况，向工人咨询如何提高劳动生产率；以及生产率带来的收益必须在管理层和工人之间公平分配。终身雇佣、年功序列以及管理上密集的信息同化是其特征。

德国规制的特征是"授权型国家"通过立法和规制，为各类社团谈判提供制度保障，即国家授权社团群体自治和集体行动，由此限制、矫正或支撑社会市场经济的运行。北欧社会民主国家采取了普遍主义的福利制度，其特征是注重社会平等，即使没有德国那样的市场参与，也可以获得合理的收入保障。

与上述中心化讨价还价的合作模式比起来，离中心化讨价还价的英美就业—福利模式，采取了政府间接干预方式——或者通过加强或削弱

---

① 从劳资关系角度研究资本模式多样性的文献可谓汗牛充栋，这里我们主要参考了艾宾浩斯等（Ebbinghaus 等，2003）、高柏（2008）、青木昌彦（2016）、Amable（2003）以及左大培和裴小革（2009）的论述。

工会力量的方式，或者通过提供社会保障的方式。20世纪80年代以来，结构服务化进一步削弱了工业福特制，社会安全网络建设越发重要起来。因此，正如一些研究所认识到的那样（如，Ebbinghaus 和 Manow，2003）：界定福利社会模式不是依据社会支出多少，而是依据国家和私人混合提供福利的方式。20世纪最后20年至今，信息化、知识化和经济结构服务化正在改变工业化时期的发展理念——包括制度适应性、福利—效率动态平衡能力，以及社会发展与经济发展协同等。面对新的经济形式，发达国家那种以治理高质量支撑经济社会高质量的做法无疑值得认真借鉴，尽管发展型国家向规制型国家的转型过程中充满各种困难和挑战。

第二节　高质量发展的动力与机制

一、高质量发展：整体观与福利国家论

（一）整体观——高质量特征

上述高质量经济、社会和治理的典型事实，蕴含了高质量发展的一些理论认识。本质上，发展是一个不断寻求报酬递增机制的过程。绩效上，低质量是长期从事完全竞争生产活动的结果，由对人口红利或资源禀赋的过度依赖所致，报酬递减、不可持续是其特征；高质量是长期有目的的构建技术竞争优势的结果，由对人口质量、社会质量和制度质量的不断提升所致，报酬递增、可持续是其特征。简言之，高质量发展是一种演化着的整体发展观，典型表现为经济系统、社会系统和制度系统的

高度现代化及其演化结果——即高度现代性。①

　　演化与进步的高质量发展，总体上沿着三个相互联系的层面展开。这就是，经济结构的协调升级，社会结构中知识中产阶层（或知识白领）的扩大再生产，以及制度在创新激励和社会保护方面的积极作用。由此，高质量经济可以被看作高质量社会和高质量治理的有效输出，并反过来推动社会制度变革以达到更高质量阶梯。因此，高质量发展是一个不断创造新的发展条件的连续过程。

　　进一步，可以把结构条件变化与报酬递增机制纳入制度比较与演化理论框架中分析。一方面，国内经济社会制度领域的互补性及其关联导致了发展模式变化；另一方面，国情差异导致了国际分工中多重均衡发生，发展模式多样性由此产生。同时，国际贸易和经济全球化，也促使不同制度路径上一些共性趋势发生，典型如经济指标的收敛以及社会和治理结构现代化，这点在发达国家表现得尤为显著，上文典型化事实分析已经给出说明。② 从国际分工的中心—外围联系角度来看，制度多样性或者对共性趋势的偏离，也导致发达／欠发达国家的"同时不同步"问题，在这种意义上，中心国家为外围国家树立了标杆与追赶节奏——朝向经济、社会和治理高度现代化路径的赶超方式。

----

　　① 可以这样认为，现代性是现代化的结果与表现，关于高度现代性的社会学本质请参见 [英] 安东尼·吉登斯：《现代性与自我认同》，赵旭东、方文译，生活·读书·新知三联书店1998年版。在这个框架下，我们把人为构建技术优势的日本发展主义理念（[美] 高柏：《经济意识形态与日本产业政策》，安佳译，上海人民出版社2008年版。）与埃里克·赖纳特的《国家在经济增长中的作用——1931—1965年的发展主义》（[英] 杰弗里·M.霍奇逊主编：《制度与演化经济学现代文选：关键性概念》，贾根良等译，高等教育出版社2005年版。）关于高质量发展的认识综合起来。

　　② 共时多样性和历时演化的制度比较，属于结构主义的分析范畴，具体请参见 [日] 青木昌彦：《比较制度分析》，周黎安译，上海远东出版社2016年版。[瑞士] 皮亚杰：《结构主义》，倪连生、王琳译，商务印书馆2009年版。资本主义多样性及其比较的有趣分析，请参见 Amable, B., *The Diversity of Modern Capitalism*, Oxford: Oxford University Press, 2003.

（二）福利国家——高质量取向

1. 从发展主义到福利国家论

尽管传统发展理论大多注重工业化过程分析，但是仍然遵循了整体观的视角，典型如格申克龙（2009）对后发优势的论述中，特别强调包括政府政策、经济组织和价值观在内的有序体系的重塑。类似地，诺斯（1990）认为制度对于经济增长是重要的，强调组织和规则在利用报酬递增机会上的重要作用，认为制度变革及制度适应性的目的是获取知识与学问、引发创新。增长本身是一种变革，西方致富的历程必然涉及而且也需要一个容忍变革的社会（罗森堡、小伯泽尔，2009）。欧洲老牌资本主义国家对美国的追赶以及日本的崛起，一方面提供了发展主义的各种实践模式，另一方面也提供了从发展主义到国家福利论的认识脉络。典型如，诸强通过劳资关系建设，快速走上了福利国家的道路，这也是埃斯平－安德森（Esping–Andersen，1990）所强调的第二次世界大战后资本主义发展特征和根本力量。根据前文所述，20 世纪 50 年代之后发达国家社会支出的快速上升，以及"模式化工资谈判"（pattern bargaining）机制的完善，使得福利制度突破再分配功能，具有了支持广义人力资本积累的生产性作用，这些变化都有利于推动效率和福利的动态平衡。

2. 高质量发展的两个递进阶段

从以经济发展为主导嬗变为以社会发展为主导。发展主义和福利国家的整体论理念，体现在实践中就是高质量主导力量的阶段性变化，联系到上文有关高质量发展的典型化事实，现代化演化的一些特征和规律就更加清晰了：当以经济建设为中心的工业化解决了物质匮乏之后，高度城市化阶段的任务自然转向人的发展——经济发展服务于社会发展，这是第二次世界大战后发达国家对其实践逐渐达成的共识，且随着经济结构服务化和消费主导的条件变化而形成。从欧洲和日本战后经验来看，大规模工业化时期福特主义的全球扩散以及各国福利制度的建设，均是着眼于高质量经济社会协调发展，生产、消费和治理的高质量被综括在一个指标之下——人民生活水平不断提高或发展分享。这种高质量理念起初源于消费主义浪潮的兴起，其后，随着 20 世纪 50 年代后半期劳资关系模式普遍确立，发达国家的理论和政策关注重心转向社会保护。一些历史见证者的文献，也为这种实践和认识变化提供了佐证。例如，被誉为"德国奇迹之父"的艾哈德（2017），强调恢复时期德国经济要建立在效率和高质量生产之上，发展目的是保证人民生活水平提高、增强消费意愿，将经济进步的好处转移给消费者。当然，这也是第二次世界大战后福特主义全球扩散的核心理念。这些工业化时期的理念产生于物质资本积累的特定历史阶段。从生产高质量主导到社会高质量主导的关键转变，源于 20 世纪 80 年代之后知识经济崛起以及西方对工业化不平等原因的反思，此时，比较政治经济学和福利国家理论，开始赋予高质量发展指标更多的结构性成分。因此，不能将高质量现代化体系还原为单纯的收入和消费指标，它是由经济系统、社会系统和国家治理系统组成的整体，这些层次不可相互约减。工业化巨大发展之后的高度城市化，围绕着人力资本再生产展开，这个特征决定了与工业化阶段物质资本积累体制的不同，并在引领发展重心从经济向社会转变的同时，把更多的制度性要求引进过来，特别是包括分享、公平、效率等在内的网络博弈规则，从而对治理能力提出极高要求。

二、高质量发展：联系、过程与机制

英国工业革命之后，发生在欧洲和北美的工业化追赶，特别是格申克龙文献中的追赶，以及罗斯托（1997）关于现代经济起源的论述，似乎都强调老牌发达国家为了达到高质量而进行技术竞争的努力。尽管在追赶英国之初，一些欧美国家有过短暂的模仿经历，但最终都走上了各自的技术创新道路。从历史上看，遵循劳动力或自然资源比较优势、进而嬗变为发达国家的案例很少见到。由此引出我们的一个认识，根据上文分析，经济质量及其实现手段属于整体发展观的范畴，经济高质量、社会高质量以及治理高质量构成相辅相成的体系。反过来说，基于静态比较优势的发展策略，需要有一套相应社会和政治治理机制与之配套，低质量发展模式一旦形成，制度的路径依赖，加之这套制度的利益相关者将会阻碍变革，迫使经济陷入恶性循环，拉美的现代化历史就是这方面的典型例子。[①]

正如罗森堡和小伯泽尔在考察西方社会经济变迁所揭示的那样，资本主义财富积累是基于制度、组织以及技术诸互补性因素相互促进的结果。一系列关于生产和分配的制度在集体的或个人的合作博弈中协同演化，保证创新和收益分享的动态平衡。从现代化演进趋势看，发达资本主义真正的经济、社会、治理高质量协调发展局面，出现在第二次世界大战后福特主义扩散过程中。正如上文所分析的那样，以20世纪50年代至70年代社会支出占GDP比重快速上升为标志，这些国家进入经济增长与社会高质量建设的黄金时期，而支撑这种工业化进程的基本制度框架就是福特主义利润分享机制，这个时期也是各个发达国家高质量治理模式确立时期。在"滞胀"和新自由化思潮的冲击下，发达国家在20世纪80年代以来进入转型探索，以期运用制度变革适应知识经济主导的高度城市化阶段。巧合的是，中国的经济转型也是发生在这个全球

---

① 经济低质量及与此相关的社会治理和价值观混乱，请参见 ［智］塞巴斯蒂安·爱德华兹：《掉队的拉美——民粹主义的致命诱惑》，郭金兴译，中信出版集团2019年版。

化大背景下，并且明确意识到制度改革与治理结构现代化对于高质量的根本重要性。

（一）整体观下的基本框架：制度互补性与社会保护嵌入

沿着法国调节主义的理论脉络，本部分对高质量发展的基本分析框架给出简要回溯，分为三个步骤。

首先，我们征引波伊尔和塞拉德（Boyer 和 Saillard，2002）的调节主义方法，这类框架以构成各种发展模式的五类抽象制度安排为起点，然后结合各国具体社会特征说明五类制度的组合模式，进而对发展模式演化问题给出比较说明。20 世纪 80 年代以来比较政治经济学和福利国家理论中被广泛关注的五类制度安排是：A. 竞争形式。受到各国价值观和制度依赖的影响，第二次世界大战后资本主义国家演化出两类竞争组织模式：即，价格信号协调的市场机制，以及基于组织协调的非市场机制。B. 劳资关系。作为福利国家模式的核心，根据国家、工会和雇主在工资谈判中的参与形式，20 世纪 50 年代中期之后形成了中心化工资谈判、离中心化工资谈判这两种主要的利润分享机制。C. 金融体制。与竞争形式和劳资关系互补过程中形成的金融体系，主要表现为银行主导或金融市场主导之间的差异。D. 福利国家。国家治理经由与其他领域的制度互补，发挥稳定、和谐作用。政府运用就业、教育及其他社会政策，对收入分配和经济社会综合平衡进行调节。E. 国际经济一体化。中心—外围世界分工体系中，发达资本主义国家通过经济、社会和治理高质量维持其中心地位，即所谓保持国家竞争优势。

其次，国际上制度多重均衡问题。继续征引阿马布勒（Amable，2003）根据上述五类制度安排作出的模式多样性分析。如表 2-3 所示，四类理想的主要资本主义模式，都是基于历史特殊性演化而来。换句话说，国家间发展模式的差异，分别由各国相异的五类制度组合所决定。具体地，自由市场经济体制与社会民主体制代表了制度谱系的两极：A.以英美为代表的自由民主经济模式。与社会民主经济比较起来，英美模式的主要特点是注重市场竞争机制的作用，社会保护程度低，这一点可由上文表 2-2 的社会支出数据进一步得到印证。B.以北欧国家为代表的社会民主经济。这类福利国家模式奉行普遍主义的社会保护，与其他基于缴费的福利制度比较起来，北欧国家更加注重社会福利的平等性。C.以德国、法国为代表的欧洲大陆模式，采取政府授权而非干预的社会保护政策，劳资关系建立在一套规范的合作谈判机制之下，工会与雇主协会在相互妥协中决定利润分享方式。D.20 世纪 50 年代后半期逐步定型的日本发展主义模式，是一个另类。高增长时期卡特尔、供应商体系等非市场机制的发展、政府的窗口指导、基于公司的就业保护（终身雇佣制）以及企业内职业培训，推动了具有本国特色的效率—福利动态平衡路径的形成。再者，除了英美采取了金融市场主导的投融资体制外，其他几类模式均基于银行集中的金融体系。

表 2-3　四类资本主义模式（及其代表性国家）

类别	自由市场经济：英国、美国	社会民土经济：瑞典、丹麦	亚洲资本主义：日本、韩国	欧洲大陆资本主义：德国、法国
产品市场	不干预，价格机制协调，开放	高度干预，质量竞争，非市场协调，开放	高度干预，价格与质量竞争并重，大公司主导，抑制国外竞争，非市场协调	政府授权，适度的价格与质量竞争，相对较高的非市场协调，开放程度较高
劳资关系	离中心化的工资谈判，就业保护程度低，消极的就业政策	适当的就业保护，中心化的工资谈判，合作的劳资关系，积极的就业政策	大公司就业保护，二元劳动市场，合作的劳资关系，离中心化的工资谈判，消极的就业政策	高度就业保护，就业稳定，合作的工资谈判，积极的就业政策

续表

类别	自由市场经济：英国、美国	社会民主经济：瑞典、丹麦	亚洲资本主义：日本、韩国	欧洲大陆资本主义：德国、法国
金融体制	发达的金融市场，保护中小投资者，所有权分散，机构投资者，风险资本	银行集中度高，金融市场不发达，机构投资者高份额	银行集中度高，银行参与公司治理，有限的风险资本	银行集中度高，企业来自银行融资比重高，有限的金融市场
社会保护	弱社会保护	高度社会保护，高度干预，公共政策中强调福利社会	低度社会保护，社会转移支付比重低	高度社会保护，基于就业的社会保护，缴费的社会保险
教育	低公共支出，高度竞争的高等教育体系，非同质的中等教育，弱职业培训，重视通用技能，终身学习	高公共支出，高入学率，重视初中级教育质量，重视职业培训，重视特殊技能，终身学习	低公共支出，高入学率，重视中级教育质量，企业内职业培训，重视特殊技能，企业内终身学习	高公共支出，高入学率，重视中级教育同质性，重视职业培训，重视特殊技能

注：根据 Amable,B., *The Diversity of Modern Capitalism*, Oxford: Oxford University Press, 2003, 表 3.2 整理。

再次，国内的制度互补问题。福利国家理论的针对问题，是社会保护模式的形成、演化及其对经济社会和谐发展的促进作用。实践上，发达国家各式各样的福特主义工业化，尽管把国内各部门生产率提高视为根本进步因素，但是，它们对生产率的理解，不是囿于纯粹技术概念，而是围绕劳动关系的社会保护展开。无论是上文几个典型化事实所揭示的高质量趋势和规律，还是五类制度安排在各国的特定组合模式，都体现了效率—福利动态平衡、私人与国家制度妥协的整体发展观念。对于这一认识，我们可以在高质量制度互补与低质量制度互补的国际对比方面稍作延伸。

1.高质量制度模式

从表面上看，工业化时期发达国家基于技术创新，获取垂直一体化的规模经济、挖掘报酬递增潜力；其后随着结构服务化和高度城市化，抢占高端服务业发展的制高点，在信息经济和知识经济领域引领创新。深层次的原因在于制度设计的合理性，四类典型的资本主义模式均具有在妥协、平衡中实现社会保护的特征。社会民主国家的意图自不待言，即使另一极端——英美模式，虽然没有基于公司或国家的强大合作机制，但却达成了就业合同、社会保障、金融市场多样化的有效结合，促进了规范、激励与宏观稳定的相互协调，成为财富增长的重要制度保障。

2. 低质量制度模式

大规模工业化后期，发展中国家普遍陷入"中等收入陷阱"的原因，表面上是生产结构出了问题，但根本上是五类制度安排的失衡——或者是受制于制度路径依赖，无法形成有效的妥协机制；或者是市场规则缺失；或者是政府过度干预和保护等。这类低质量发展模式从一开始就从事外围竞争性生产，而与之配套的治理规则，也仅仅是为了强化垄断利益集团的报酬，进而根本上损害了整体发展质量、扭曲了经济结构。更为严重的是，牵一发而动全身的制度互补性阻碍了深层次变革，致使经济陷入低质量泥潭无法自拔。

（二）发展与分享：效率—福利动态平衡

接下来，我们对高质量制度互补的动态关联给出简要分析。结合整体观和两阶段现代化路径的理论解释，我们提供以下基本思路：就制度多重均衡的客观性而言，具体到各国经济、社会和治理组合方式的选择，由各国特定经济社会历史条件所决定，尽管国别间发展路径多种多样，但是仍然具有发展质量的可比性，主要体现为效率—福利之间的动态平衡能力以及消费结构的高端化。发展分享是一个进步着的社会化、制度化过程。以知识中产阶层主导地位的形成为标志，实质性的现代化过程大致分为物质积累的工业化阶段及其后人力资本升级的高度城市化阶段。在这个转型过程中，发达国家经济、社会和治理质量不断提高，连续和稳步的现代化升级塑造了信任、稳定与和谐的现代性。

先看基本前提。毋庸置疑，相互联系的核心治理结构——劳资关系主导的企业治理体系与社会支出主导的国家治理，构成一国制度多样性生成、演化及制度再生产的根本前提，由三个主要环节构成：即，呼吁、退出与嵌入。此处，我们要做的工作就是尝试着把赫希曼（2001）的理论逻辑，应用于制度互补性本质的认识上。呼吁与退出通过价格信号和非市场治理机制嵌入于经济、社会和治理的各个环节，主要作用就是经由竞争、合作机制的建设，完善纠错改错机制，抵消报酬递减的冲击，避免由于信任的缺失导致失衡甚至崩溃，扼要展开如下。

1. 经济层面

呼吁—退出机制对于经济高质量发展嵌入的重要性，体现为消费者对于低质量产品"用脚投票"，标准化产品的工业化时期，注重质优价廉，随着消费水平的提高，消费多样性需求的呼吁，为创新和产品升级提供动力。这种市场竞争压力传导到私营企业内部，一方面增加企业对技术工人的需求，另一方面是推动劳资关系的改善，企业利润与工资福利挂钩成为讨价还价的焦点，并通过私营部门福利制度建设提升社会发展高质量。

2. 社会层面

社会保护的呼吁既体现在微观层面上，也体现在宏观层面的公共政策上。微观层面上呼吁国家对劳资关系立法，以保证工人收入稳定；宏观层面上呼吁社会对公共性、战略部门——教育研发、农业、卫生健康给予财政支持。20 世纪最后 20 年以来，在各类发达资本主义模式下，国家保障体系越来越具有根本重要性，尽管企业福利制度在大公司仍有其补充作用。

3.国家治理层面

发达国家在认同呼吁——退出机制的前提下，通过降低信念表达成本，实现个体对国家治理的参与，呼吁和退出——包括对正式公共组织和民间组织的信任与不信任表决，监督国家社会保护和整体发展的实施状况。

再说核心动力。呼吁的渠道是经济社会各类正式、非正式规则，宏微观制度的不完善有可能产生抑制，反过来阻塞效率—福利动态平衡过程，削弱核心动力的培育。贯穿于发达国家高质量发展历史经验的一个主题——资本积累的目的是服务于人力资本提升，或者说经济发展的目的是服务于社会发展。白领群体在20世纪50年代的崛起乃至在20世纪80年代以来成为引领高度城市化的中坚力量，明白显示出高质量发展的核心动力，在于知识中产阶层再生产这个环节。对此，有必要扼要阐释如下：

（1）赋予消费以生产性和效率补偿效应

前文典型化事实分析中，我们对发达国家中产阶层的属性——收入和知识进行了强调。第二次世界大战后，工业化的巨大成果与其说是资本积累，不如说是资本积累提供了人力资本积累的丰沃土壤，为工业化后期的持续进步奠定坚实基础。知识中产阶层消费结构升级的最大特征是，通过人力资本积累，再生产出了高素质劳动力要素和产业结构。这是知识经济时代效率的源泉。

（2）赋予现代化体系稳定性

作为职业分布最为广泛、价值观最为多样化以及最富有进取心的阶层，知识中产阶层扩大再生产通过提供智力促进创新、通过提供财富促进金融市场稳定、通过提供理性呼吁—退出促进制度质量提高，国家对这些属性的培育正是社会和谐稳定的基础。

（3）赋予福利社会生产功能

从动态角度看，社会支出的再分配功能，只有在促进知识中产阶层培育的条件下才有持续性。原因在于，对知识中产阶层再生产的支持，可使国家获得最大的动态收益。如外部性较大的教育、健康等公共服务提供，经由广义人力资本积累，既是作为物质资本内部化的重要途径存在，也是发挥财政生产性和效率功能的重要途径，这是发达国家公共支出中最富有智慧的设计。

（4）赋予高质量升级连续性

发达国家工业化及其经济转型，之所以保持了效率持续提高和人民生活持续改善，根本一点在于知识中产阶层对于低质量的抑制作用或棘轮效应。高质量起初源于工业化生产力发展，但是社会保护的嵌入使得生产率具有更加稳固的基础。效率—福利一环紧扣一环的循环提升，关键在于知识中产阶层这个齿轮日益紧固。这种正反馈，在接下来的内容中给出进一步分析。

第三是关联过程。正反馈与因果累积[①]：围绕知识中产的扩大再生产所形成的正反馈，其输出就是效率和福利的动态平衡过程，包括工业型社会的物质资本积累、知识型社会的人力资本积累以及发展连续性。

工业型社会：内部治理与利润分享。福特主义在世界的扩散，以及相应大公司主导的垂直一体化，是工业型社会的典型标志。作为资本主

---

① 经济思想史上，制度因果累积的理论分析沿着两条独立形成的思路展开，凡勃仑这条思想主线的丰富内涵请参见［英］杰弗里·M.霍奇逊：《制度经济学的演化》，杨虎涛等译，北京大学出版社2012年版；另一条是（［瑞典］冈纳·缪尔达尔：《亚洲的戏剧——对一些国家贫困问题的研究》，谭力文、张卫东译，北京经济学院出版社1992年版）一线的思想，更接近于制度互补的系统论述。福特主义更加系统的分析请参见 Simon, C., "The Crisis of Fordism and the Crisis of Capitalism", *Telos*, Vol. 83, 1990。

义制度的内核，福特主义在制度互补的正反馈中实现自身扩大再生产。技术组织上，运用生产装配线进行大批量、标准化产品生产，同时，去技能化、同质化的劳动力被置于严格操作流程之下，以确保生产率提升和规模经济。劳资关系上，产业工人由官僚化工会组织起来，争取工资增长与生产率增长保持一致，以利润分享换取工人对监督和努力工作的妥协。市场机制上，工资增长是需求增长的前提，同质性消费为同质性产品提供市场；金融体系围绕大规模生产方式进行组织，并作为企业生产经营的激励和监督者存在。福利国家一方面监督集体讨价还价的顺利实施，保障宏观经济层面的供需平衡；另一方面提供必要的公共服务以满足私营企业对教育和人力资本的需求。归纳起来，福特主义劳动生产率的持续增长，建立在持续的物质资本积累和持续增长的工资收入之上，进而推动了发达资本国家高增长／高福利螺旋。

知识型社会：国家治理与社会保护。工资谈判模式从制造业部门向其他部门的扩散，特别是 20 世纪 70 年代石油危机的冲击，导致发达国家陷入“滞胀”，福特主义模式遇到危机。20 世纪 80 年代以来信息技术的发展和知识经济的崛起，开启了资本主义转型之路，漫长的制度和组织调整持续至今。高度城市化阶段的因果联系，植根于结构服务化进程之中，知识经济循环由知识中产阶层的扩大再生产推动，新的正反馈机制由服务业高端化、消费的生产性以及社会保护的效率补偿所决定：第一，以知识中产阶层扩大再生产推动的消费结构升级，如科教文卫消费支出的扩大，在促进人力资本积累或劳动力素质提升的同时，维持服务业高端化与制造业高端化的协同演进。第二，经济结构优化有利于公共财政的可持续，除了基本的分配功能外，高水平的社会支出为教育和消费提供更强大的支撑，个体消费被日益纳入公共政策，使得以人为中心的发展制度化。第三，高效率、高福利为其他制度改革提供了宽松环境，紧致性的制度互补为更高质量的发展提供基础。

转型与负反馈。不可否认，受到结构服务化这种不可逆转的趋势的影响，长期增长放缓是城市化时代的常态，这也是一些国家——如美国谋求制造业回流以提振经济的原因。但是，知识经济主导的发展模式已经不可逆转，经济社会网络化又把新的多重均衡和更大的不确定因素引入世界经济，各国如何适应变化调整制度，以获得发展的稳定性是一大难题。唯一肯定的是，原有福特主义那一套制度已经表现出极大的不适应，在维持知识中产阶层再生产的同时，如何在社会保护与弹性就业系统之间达成平衡，仍然是资本主义转型的头等重要课题。

三、高质量发展的几个命题

20世纪80年代以来，福利国家实践和理论争论的主题是转型与高质量发展的制度保障。经济全球化、结构服务化和知识经济的发展，正在颠覆福特主义工业化理念，以产品供给为中心向"以人的发展为中心"的演化不可逆转。比较政治经济学的一些激进观点认为（如Unger，2019），知识经济不应被理解为一个零星散布于经济部门之中的技术性概念，它是一种改变经济性质和人类生活方式的最佳实践。作为一种包容性的前卫模式，其发展和传播要求制度安排的根本改变，这不是政府与市场谁多谁少的问题，而是一种结构上完全不同的市场经济。这种认识正好契合前文高质量发展转型的主旨。全球化浪潮对福特主义各类模式造成冲击，面对新的不确定性和报酬递增机会，一些经验观察倾向于硅谷模式，认为这类制度组织似乎更加适应于信息经济创新要求，相反，垂直一体化生产组织在复杂信息加工面前，却显得捉襟见肘。正是基于类似原因，有些研究提出世界经济向英美模式收敛或许成为大趋势。但是，比较政治经济学和福利国家的大多数研究者坚持制度多样性立场，高质量发展可以经由不同的制度模式获得。这里，我们把一些思考进一步归纳如下。

从社会高质量与经济高质量的协同看，知识中产阶层扩大再生产，是工业型社会向知识型社会演进的必要条件。福特主义去技能、同质化劳动组织，是为标准化规模经济量体裁衣，知识中产阶层的形成和扩大，起到了衔接工业化过渡到知识经济时代的作用，在高度城市化时期，知识中产阶层的棘轮效应有利于效率—福利动态平衡的保持。反观工业化之后陷入民粹主义旋涡之中的拉美国家，这个阶层的缺失不仅导致生产要素低质量，而且导致社会保护的低效率，最终导致效率—福利失衡与发展不稳定。

从治理高质量与经济高质量的协同看，以经济建设为中心转向经济发展服务于社会发展，是现代化演进的必然趋势。工业化和城市化的发展历史显示，知识技术阶层主导地位的确立，只不过是最近几十年的事情。工业化时期福特主义体制的主要目的，还是为了使用蓝领工人以获得大规模产出，从物质生产力积累角度看，福特制只是充当了更高现代化的"必须通过的点"。经济发展服务于社会发展，属于知识经济和高度城市化时代的特征，知识技术阶层再生产自身不是目的，真正目的是推动生产、消费的持续扩大。

从治理高质量与社会高质量的协同看，社会保护是为了培育知识中产阶层这个核心创新动力，以保持发展模式的活力和稳定。经济发展服务于社会发展体现在政策制定实施上，就是以社会政策统领经济政策。高度城市化时代，公共政策的重要性源于网络化所引致的负向外部性和人口集聚所导致的各类经济社会风险，国家层面上提供的社会保护——教育支出、就业保护、医疗健康服务等，根本上是增加劳动者素质，实现发展的分享。

从经济、社会和制度相互联系的整体发展趋势看，知识经济时代要求发展型国家向规制型国家转变。这里的规制型国家的含义指国家的法制化。新兴工业化国家以经济建设为中心的追赶，不可避免地导致经济体系与其他制度的失衡，社会发展滞后是这些国家的普遍特征。经济转型或者实现经济高质量并达到发达水平，需要法制化配套，弥补信任与和谐的规则缺失环节。

第三节 高质量发展与治理结构现代化

比照上述 4 个命题，本部分首先检视中国转型时期的问题及其原因。在以经济建设为中心的总体战略号召下，四十年的工业化最大限度地动员了国内人口红利，在较短历史时期里突破了贫困陷阱、达到了中等收入水平。但是，受制于低起点发展条件的制约，中国依靠国际低端产业链转移融入经济全球化，长期从事于完全竞争产品生产，围绕着这种技术特征建立起来了一整套带有"准福特制"特征的制度模式。这表现在：第一，从社会发展与经济发展的关系看，中国以经济建设为中心的总体战略，与发达国家工业化实践在目的上一样，都是为了进行物质资本积累、提高生产率，以满足生活必需品的基本需求。准福特制在中国有以下含义：技术上采用模仿复制的标准化、大规模生产方式，以大企业为主导获得工业化增长诱致效应和报酬递增；但是，受到城乡二元经济的约束，劳动力市场呈现出明显的分割，一方是农民工的完全竞争市场，另一方是受到保护的国有或其他正规部门，工人参与利润分享的机制不健全，并最终导致消费率长期处于低位。第二，从治理结构与经济发展的关系看，转型时期的主要问题在于企业部门的二元结构。国有经济报酬递减比较突出，且僵化的劳资关系短期内难以扭转；民营部门面对着是完全竞争的市场，长期缺乏投融资政策的有效支持，劳动生产率低下、劳动力谈判能力低下是其主要问题。第三，从治理结构与社会发展的关系看，中国社会保护的二元性问题也比较突出，国有部门具有较好的劳动保护与社会保护，农民工与城市非正规部门的社会保护水平相对较低。第四，从经济、社会和制度相互联系的整体发展趋势看，中国转型时期社会发展与治理能力都滞后于经济发展，从而构成高质量发展的制度性、结构性约束。跨越中等收入阶段的基本条件是服务业结构升级、消费结构升级以及知识过程的建设，这些条件的培育需要国家对科教文卫等提供战略性支持。

一、治理结构现代化：理念与战略的中国定位

新常态下供给侧结构性改革的最终目的，是满足高质量消费需求，主攻方向在于提高供给质量，根本途径是通过优化要素配置和调整生产结构，提高供给体系质量和效率，进而推动经济增长。高培勇等（2019）构建的"四个转向"和"四个机制"的逻辑框架认为，我国社会主要矛盾的转化，决定了资源配置方式从政府主导向市场主导的转化；而资源配置方式的转化，则决定了我国产业体系从工业主导向服务业主导、从低端主导向中高端主导的转化；产业体系特征与经济增长阶段的一致性，意味着中国必须要从依靠高投资、劳动参与率等要素驱动的高速增长，转化为主要依靠技术进步、效率驱动的高质量发展。随着中国发展进入城市化和经济结构服务化阶段，原有依赖于大规模物质资本积累和劳动力要素投入的增长方式难以为继，迫切要求转变发展方式、调整经

济结构、转换增长动能。与此同时，随着人们收入水平的提高，消费需求更多地从基本物质需要转向更具有收入弹性的商品和服务，并表现出个性化、多样性的新特点和结构性升级的新特征，而这是规模化、数量型传统生产方式难以充分满足的。正是基于这些新变化、新特征，党的十九大报告作出了"我国社会主要矛盾已经转化为人民日益增长的美好生活需要和不平衡不充分的发展之间的矛盾"的重大判断。社会主要矛盾的变化是关系全局的历史性变化，也是划分社会发展阶段和制定路线方针政策的根本依据。这种变化意味着中国现在面临的主要问题，已经不是"落后的社会生产"问题或单纯的量的问题，而发展不平衡不充分已无法满足人民日益增长的美好生活需要，决定了必须以供给侧结构性改革为主线，着力推动高质量发展。

二、治理结构现代化：社会发展与社会保护

以党的十九大报告提出的"以人民为中心的发展思想，不断促进人的全面发展"这个新论断为坐标进行历史阶段划分，可以把中国宏微观层次治理现代化的四十年历程分为两个阶段：即，以经济建设为中心的工业化阶段，以及新常态下以社会发展为中心的高度城市化阶段。受到制度互补路径依赖的影响，第二阶段治理结构重塑将面临诸多挑战。

第一阶段，以经济建设为中心之下的治理及因果累积。（1）为激活经济潜力，20世纪80年代几乎同时从宏微观两个层面、从城乡两个部门进行总体制度设计（见表2-4），并为20世纪90年代社会主义市场体制的确立奠定了基础，围绕人口红利和物质资本积累的低价工业模式也逐步定型。高速增长模式下报酬递增的制度关联机制如下：财政和银行位于资金分配的核心地位，资金有选择地流入大企业和国家重点扶持

表2-4 改革开放以来治理机制确立和变革时间表

年份	微观治理	宏观治理	年份	微观治理	宏观治理
1979	—	设立经济特区	1999	—	提出西部大开发战略
1982	确立家庭联产承包责任制	—	2002	—	确定全面建设小康社会的奋斗目标
1984	—	提出有计划的商品经济	2004	资本市场改革；国有银行股份制改革	—
1986	启动全民所有制企业改革	—	2008	允许农村土地承包经营权流转	—
1987	—	提出"一个中心、两个基本点"	2012	—	确定全面建成小康、全面深化改革目标
1990	—	上交所、深交所开业	2014	—	深化农村改革；推进依法治国
1992	—	确立社会主义市场经济体制改革目标	2015	深化国有企业改革	—
1993	提出建立现代企业制度	财税金融体制改革	2017	—	以人民为中心的发展思想
1994	—	外贸体制综合配套改革；住房市场化改革	2018	—	深化党和国家机构改革
1997	—	提出建设有中国特色社会主义的经济	2019	—	推进国家治理体系和治理能力现代化

产业，这些部门通常具有极高的前后向关联度，并由此派生出一系列次级诱致效应——大企业拉动小企业、工业拉动服务业、外贸拉动国内投资等。同时，围绕诱致效应的强化，其他配套制度如教育模式、市场分割等也相应建立起来。但是，这种"投资诱致投资"模式最终会导致消费过低，即现阶段转型时期消费结构升级滞后——这是第一重因果累积失衡。（2）第二重因果累积失衡是市场二元分割——即国有部门与民营企业之间的劳动生产率差距，以及就业保护程度不同。这是中国"准福

特主义"的最核心的特征。选择性融资的一个后果是资金持续往国有经济倾斜，并围绕其发展形成了市场的二元分割。就业市场的体制内外之别，主要差别在非工资成本的不同上。从整体上来看，民营部门资源利用效率较高且真实成本在市场上得到反映，但是国有经济过度投资通常导致较低的资本收益，现阶段僵尸企业问题、资金向房地产行业的错配问题，都可溯源至二元市场的因果累积。(3) 第三重因果累积失衡存在于经济发展与社会发展之间。大规模工业化的路径是基于复制模仿和加工制造，配套的人力资本以初级和中级教育程度劳动力为主导，并且大部分集中于就业保护程度低的产品竞争部门，缺失福特制工业化的工资讨价与利润分享机制。近年来，中国社会支出呈现快速上升的势头，旨在补齐社会发展滞后的短板。

第二阶段，人的发展为中心之下的治理。发达国家工业化高质量的本质特征是利润分享。第二次世界大战后一段时期，特别是欧洲和日本经济恢复过程中，以经济建设为中心的理念一度占主导，但是随着工业生产组织制度的完善，经济发展服务于社会发展理念的逐步形成，20世纪 50 年代至 70 年代见证了发达国家经济与公共支出协同增长的和谐局面，到 20 世纪 80 年代福利国家制度普遍建成。正如前文所述，结构服务化主导的高端城市化，无论是消费还是公共事业发展，应该承担生产性和效率补偿功能，社会保护通过要素质量升级具有效率改进效应，这是发达国家与拉美国家的根本不同所在。中国向高收入水平的持续迈进，首要的任务是完善制度建设、健全有利于人力资本积累的社会保护体系。有三个要点：一是在城市化已经成为大趋势的条件下，完善农民工这个劳动群体的社会保护机制，包括企业用工制度的规范以及农民工社会保障的覆盖和落实。二是鉴于中国转型时期产业结构调整可能带来的冲击以及产业总体的弱质性，有必要探索系统性的失业保险体制建设，与之相关的是国家再就业培训的制度化建设。三是应当尊重发展规律，城市化时期发展分享的含义，就是通过社会保护把增长红利内部化到人力资本积累上，为此，社会政策和经济战略首要的目标，在于如何通过社会保护的提高增进效率，而不是一味强调投资与积累。

三、治理结构现代化：知识创新的要点

针对结构服务化与内需主导发展的特殊性，国家创新体系建设应该立足于推动知识创新，在教育、信息沟通和产业融合方面给予系统性制度支持。

第一，教育培训体系建设一体化。中国工业化的短期主义不仅导致了脱实向虚问题，而且导致了教育和培训体系的碎片化，无论是通识教育还是专业化技能提升，都被简单的模仿复制理念所左右，创新的自主性与能动性受到破坏。鉴于中国人口规模巨大的特殊国情，有助于知识中产培育的普通高等教育与高技能培训一体化建设，是一条比较可行的城市化之路。在企业力量有限的情况下，这种关乎未来绝大多数劳动力就业能力的培训体系，只能由国家逐步完善。教育培训一体化的关键环节是，在资质认定和职业生涯规划上，实现技术工人与普通高等教育劳动力一体化，为蓝领工人向知识白领的技术升级提供激励。

第二，产品标准与呼吁—退出机制建设一体化。知识经济的特点是信息异质性、网络化和分散决策，每个行动者都会利用各种信息渠道满足其偏好多样性，并通过呼吁—退出机制给企业生产施加压力，以此促进竞争、提高质量，这也是高质量发展的重要标志。干预和行政命令属于大规模、垂直一体化的线性决策，但是却与质量标准制度相抵

触，后者对应于网络化的呼吁—退出决策或反馈机制。重点在于以下两个方面：一是推动中介组织对国家治理体系的嵌入。作为重要的互补性制度，与企业、消费者利益诉求密切相关的各类中介组织，在推动产品标准方面具有自主性和积极性，也是促进社会和谐的成本最低的制度体系。二是强化规则实施效力。呼吁—退出机制失灵的大部分原因，在于对那些劣质生产缺乏规则约束、惩罚不力，因此通过实施规则的明确建立，成为克服由来已久的制度软约束的关键。

第三，金融市场与实体经济一体化。制造业与服务业的融合，不仅仅是制造的服务化问题，在知识经济下，这个趋势体现的是产业链的整合与重塑。以经营客户为核心的理念，突破了工业化时期以产品供给为中心的局限，创新价值得以在生产、营销和消费的各个环节得到实现，这也是金融市场与实业一体化发展的理论依据。对此，金融供给侧结构性改革的要点在于推动经济整体网络化发展，包括银行对中小企业的支持、资本市场对创新的支持、金融体系的监管以及信用机制的健全等。

四、治理结构现代化：公共安全体系建设

除了上述针对生产率改进的进取性制度建设之外，作为高质量发展的标志的另一类防御性社会保护机制是公共安全体系建设。现实中，公共安全意识以及对公共安全的需求，是整体社会发展质量的体现。20世纪中期以后一系列现代化理论研究中，有一类关于社会风险的思想在西方传播甚广。如，贝克（Beck, 1992）的不确定性理论认为，不同于人类先前遇到的各种灾难，现代社会面临的风险大多属于"人造的"——由人们自利行为、对利润的追求以及对生态的破坏所致，这些新出现的

危害不同于职业危害，其影响波及范围大且不容易检测。这也是为什么发达国家强调公共安全体系以预防为主的原因。从实践上来看，发达国家公共安全体系的完善，也是大规模工业化之后的事情，属于社会发展高质量建设问题。

发展主义的特点是，为了尽快实现经济追赶，在工业化过程中对企业发展提供了更多的资源，即使是基础设施建设也是为了促进生产，相比之下，社会发展领域的资源供给不足。中国公共安全体系的问题在于制度互补环节缺失，未来改革取向可简述如下。

生产层面，价格导向必须有高生产标准进行配套。如表2-3所示，欧洲福利国家和日本在生产和市场竞争中，采取了质量导向的生产方式，由生产导致的潜在公共隐患很大部分在企业层次上消除。英美国家虽然采取了价格导向的生产竞争策略，但是生产标准受到了严格控制和外部监督。相比较起来，中国采取了利润最大化的英美国家短期主义生产策略，但是从微观层面到宏观层面均缺乏严谨的质量控制程序，因此从公共治理来看，这个生产体系是隐患较大的——特别是在转型时期，生产向城市周边的转移也把污染扩展到农业。

社会层面，消费高质量构成公共安全的核心部分。高端城市化时期发达国家沿着消费结构的各个层次构建公共安全体系，最基础的是食品安全标准立法与管制，最高层的是公共健康体系的构建，中间层次的工业品消费由生产标准控制。其中，鉴于农业部门和医疗卫生部门在城市化时期的公共性，发达国家普遍赋予其国家安全的战略地位，注重人才培育和研发投入向农业生产与生命科学中倾斜。最近一二十年西方流行的生命政治学（如罗斯托，2014），可以看作对高科技主导之下生存风险的深刻反思。

制度建设层面，高质量治理的标志是以最低的个人成本、社会成本表达信念，即通常所谓信息公开和舆论监督机制的健全。高质量经济社会，需要一个连接个人与组织的呼吁—退出机制。发达国家通常通过教育、媒体和社会联系强化呼吁与退出功能，这是制度韧性的核心构件。

五、治理结构现代化：法制化与市场制度设计

赖纳特（2005）把国家或政府在现代化过程推动作用的发挥，称为"必须通过的点"。与西方经济、社会和治理高质量发展经验比较起来，中国基本完成了大规模工业化的考试，而相继出现的另一个必须通过的点，将是与经济转型相配套的市场法制化、治理法治化建设。鉴于这个任务的艰巨性，我们称之为国家的"第二次推动"也不为过。中国的工业化是在渐进制度改革进程中达成的，制度路径依赖的有利之处，在于国家集中动员资源适合于数量型、规模化、确定性的生产模式，但这种模式有两个不适用于高质量发展的弊端：一是国家替代了市场，二是法制化实施机制和执行能力的缺失。中国工业化采取了政府替代市场的方式，典型体现在直接干预的各种制度工具之中，根本上不同于日本高增长时期政府组织市场的方式。为了缓和路径依赖的影响，转型时期法制化建设可以把政府组织市场作为目标。需要提醒的是，市场制度设计不是政府与市场谁多谁少的问题，而是政府与市场各负其责的问题。

（1）以经济发展服务社会发展为导向，政府治理逐渐转向福利国家制度和就业保护，这不像工业时期那样短期获利，但是能够保证国家长治久安。

（2）以公共安全体系建设为导向，对关乎国家安全的科技研发、农业部门和公共卫生体系建设加大投入，建立规范的管理体制。

（3）以经济稳定为导向，健全金融市场体系和诚信机制。

（4）以创新激励为导向，完善市场运行。为了适应信息经济和知识经济要求，国家应鼓励行业协会、信息咨询等中介组织的发展，增强横向信息加工处理能力，为形成新的生产组织打下基础。

小　结

世界发展经验表明，从中等收入水平向高收入水平升级是一个充满风险的过程，工业化后期随着发展动力转向结构服务化与内需主导，原有资源配置体制将面临变化。城市化以福利国家建设为根本特征，效率—福利动态平衡是这个时期经济社会可持续的保证，为此，需要一种更加综合的视角理解中国城市化转型。立足于整体发展观，本章对经济、社会和治理结构高质量的特征及其关联进行了分析，为什么要推动以经济建设为中心的工业化理念转变，以及如何实现经济社会服务于社会发展，始终是贯穿于理论分析的主线。以下几点可作为本章的结论：

第一，高质量发展是一个总括性理念，经济高质量是社会高质量和治理高质量的输出。中国迈向发达国家的推动力在于要素质量升级与知识创新，但需要社会高质量和制度高质量作为保障。

第二，新常态下，转型和城市化对社会保护提出了更高的制度化需求。未来一二十年，中国将步入社会支出快速增长时期，同时，为了覆盖日益增加的公共支出，必须有创新制度与之配套，因此，高质量社会发展与高质量经济发展协同非常重要。

第三，经济高质量的重要支撑在于知识中产阶层扩大再生产，通过就业能力和消费结构升级，知识中产阶层充当了经济社会高质量发展的纽带，也是决定要素质量升级的关键环节。作为高度现代化的最重要成果，知识中产阶层再生产能力，根本上决定了城市化发展的潜力，发展中国家无法跨越中等收入门槛，通常也是这个环节出了问题。

第四，高质量经济社会发展，需要高质量治理结构支撑，为了应对转型风险，中国治理结构应从进取性制度建设和防御性制度建设两方面着手，并要求政府职能转向促进高质量体系的协同上来。进取性的治理以激发市场活力、培育创新能力为核心，防御性的治理以社会保护为核心，两者共同构筑起稳健发展的屏障。

第三章

调整资源配置体系、畅通国民经济循环

资源配置是指在一定的时间与空间范围内，社会对其所拥有的各种资源在不同用途和不同使用者之间的分配。宏观上，资源配置有两种方式：计划配置与市场配置。资源配置的最优原则：一是满足社会需要，二是资源得到合理有效利用。对不同资源进行配置的各类机制，共同构成资源配置体系。资源配置的结果是形成一定的经济结构，其合理性将决定该经济体系现在和未来的发展。因此，在社会主义市场经济条件下，优化资源配置仍然是经济发展的基本问题。生产要素配置作为资源配置的重要组成和起点，应同一定的经济、社会发展目标相适应，同自然资源的条件及开发战略相适应；各种生产要素的结合比例要适当，要有利于推动技术进步、产业进步、消费进步，甚至是社会和制度的进步。

资源配置体系嵌入于国民经济循环系统之中，可以视为国民经济循环的实现机制。国民经济循环使经济主体之间形成横向、纵向复杂的联系网络系统，即所谓的国民经济体系。习近平总书记在 2018 年 1 月 30 日中共中央政治局就建设现代化经济体系第三次集体学习时的讲话，将经济体系定义为由社会各个环节、各个层面、各个领域的相互关系和内在联系构成的一个有机整体。① 良性的循环要求各个环节彼此协调、互

---

① 《习近平：深刻认识建设现代化经济体系重要性　推动我国经济发展焕发新活力迈上新台阶》，《人民日报》2018 年 2 月 1 日。

相促进，一次循环为下一次循环创造更好的条件，从而保证国民经济在经济效益不断提高的基础上以稳定的速度发展。具体而言包括以下三个方面：一是必须正确认识和处理生产和消费的关系，明确社会主义生产的目的是满足整个社会不断增长的物质和文化需要，即满足人民需求是出发点和落脚点，并适当安排积累和消费的比例关系，即处理好短期和长期发展的关系。二是要把经济发展速度、结构和经济效益统一起来，使它们互相促进，保证社会再生产的顺利实现。三是要进一步畅通流通过程，提高流通速度，降低流通成本。

由此可见，国民经济循环从静态角度上讲是国民经济体系内部的联系网络和通道；从动态意义上讲是国民经济的运行，其活动内容为生产、分配、交换和消费，而资源配置是国民经济循环的机制，不同的资源配置机制会影响国民经济体系的结构，机制是否有效、网络是否畅通、结构是否合理，都将决定国民经济体系运行的效率。

改革开放以来，中国资源配置以独特的方式实现了经济的高速增长，迅速摆脱了贫困陷阱，成为中等收入国家。随着中国经济发展条件不断改变，原有的资源配置模式和资源组织动员方式已经不能适应新常态下发展的要求了，要实现高质量发展需要调整原有资源配置体系，并畅通国民经济循环。

第一节　高速增长阶段的资源配置体系和
国民经济循环：构成与特征

第二次世界大战后，发展中国家的经济追赶过程都表现为明显的"经济体追赶周期"，其典型表现为：一是经济增长速度呈倒"U"形变化，经济增速会经历低速（低水平均衡）—起飞—高速追赶—中速/中低速的过程；二是快速增长阶段追赶经济体会发生快速的产业升级和剧烈的结构变化（刘培林，2014）。这是因为追赶型经济体是后发国家，必须有一个较长的时期经济增长速度大于先发国家，才能缩小与先发国家的差距。在这个过程中，后发国家要充分利用后发优势，通过模仿先发国家较前沿的生产技术快速实现技术进步，获得高速经济增长。随着后发国家与先发国家技术差距的缩小，技术进步速度放缓，且无法抵消资本边际效率下降的速度时，经济增速也随之放缓。不同经济体追赶周期会有自身特点，呈现出多样性，但追赶型经济体起飞之后，都会进入经济高速增长阶段，高速追赶结束后，经济增速放缓，亚洲的日本、韩国、新加坡等国家均经历过这样的过程。追赶周期的各个阶段，对资源、结构、战略和制度等要求会有所不同，因此会有一些经济体由于缺少相应的资源和条件，没有开启或完成追赶周期，而落入各种陷阱。

一、中国经济发展阶段演进的历史逻辑

从经济学的角度看，每个历史阶段改革最本质的内容，都是为了解决现阶段的矛盾和问题、实现阶段性经济发展目标，而对资源配置方式的重构或调整。本部分在借鉴已有研究的基础上（如张平等，2019；金刚等，2019；高培勇等，2019），结合中国经济资源配置方式、经济增速变化，将中国经济发展划分为三个阶段，即计划经济阶段、经济高速增长阶段和高质量发展阶段。这三个阶段的出现及不同阶段间的历史演进都有着深刻的时代背景和中国印迹。

（一）计划经济阶段（1949—1977 年）

为了建立独立完整的现代国民经济体系，新中国逐步建立和巩固了社会主义经济制度，建起了较为完善的工业体系，形成了以中央政府为主导的计划经济资源配置体系。虽然计划经济波动性较大，但对于中国独立自主、快速有效开启工业化历程的作用是不可替代的，解决了中国人民"站起来"的问题。

（二）经济高速增长阶段（1978—2012 年）

随着工业体系的逐步建立，传统的计划经济体制的弊端凸显出来，特别是资源配置效率低下、运行呆滞和功能畸形，无法适应生产发展要求，阻碍国民经济持续健康运行。从国际形势看，20 世纪 70 年代，西方资本主义国家经济滞胀，需要开拓国际市场和找寻低价生产要素，使资本主义阵营的经济封锁出现松动迹象，而此时"亚洲四小龙"成功运用出口导向战略实现了经济腾飞，这些都为中国运用市场经济扩大开放、促进经济发展提供了绝佳时机。但这次中国没有走后来俄罗斯和东欧国家的"休克疗法"，也没有遵循"华盛顿共识"，而是创造了"中国式"渐进化社会主义和市场经济融合的道路，通过财政、税收、金融等一系列改革措施，围绕着工业化和城市化形成了由地方政府加入的市场资源配置模式，从计划经济逐步转向和确立社会主义市场经济体制，实现了高速的经济增长。加入 WTO 后，依托国际市场和资源，加速追赶并不断缩小与发达国家的差距，成为中等收入国家，解决了中国人"富起来"的问题。

（三）高质量发展阶段（2013 年至今）

2008 年全球金融危机爆发，中国经济增速快速回落，原来在高速增长时期积累的矛盾和问题凸显出来。对此，2013 年上半年在中央政治局常委分析经济形势和经济工作的会议上，习近平总书记提出了中国经济正处于"三期叠加"阶段，2014 年第二季度中央政治局经济形势分析会上对"三期叠加"做了充分解释，同时指出"经济工作要适应经济发展新常态"，2015 年党的十八届五中全会将其总结为："我国发展仍处于可以大有作为的重要战略机遇期，也面临诸多矛盾叠加、风险隐患增多的严峻挑战。"2017 年习近平总书记在党的十九大报告中提出"中国特色社会主义进入新时代"，并进一步指出"我国经济已由高速增长阶段转向高质量发展阶段，正处在转变发展方式、优化经济结构、转换增长动力的攻关期，建设现代化经济体系是跨越关口的迫切要求和我国发展的战略目标"[1]。中国经济增速放缓，进入新常态，中国经济由高速增长阶段转向高质量发展阶段，让市场在资源配置中起决定性作用和更好发挥政府作用相结合，目的在于实现中国人民"强起来"的目标。

二、中国高速增长阶段实现经济追赶的驱动机制

从理论上讲，发展中国家经济具有二元结构，摆脱二元结构必须进行工业化和城市化建设，需要经历阶段性加速和减速过程（袁富华，2012）。在宏观层面，中国经济在高速增长时期的驱动力主要来源于工业化和城市化，其基本特征可以概括为以政府干预的低成本外向型工业化和高价低度城市化（中国经济增长前沿课题组，2003）。在中观层面，这个阶段上的工业化过程沿着先轻工业再重工业的顺序。在微观层面，也常有人将这一时期的状态总结为"80 年代靠老乡（乡镇企业的

---

① 习近平：《决胜全面建成小康社会　夺取新时代中国特色社会主义伟大胜利——在中国共产党第十九次全国代表大会上的报告》，人民出版社 2017 年版，第 30 页。

发展及大量农村劳动力转移），90 年代靠老外（大量引入 FDI 及沿海开放格局基本形成），00 年代靠老中（民营企业迅速发展壮大，2018 年刘鹤认为民营企业贡献了税收的 50% 以上，GDP 的 60% 以上，技术创新的 70% 以上，城镇劳动就业的 80% 以上，新增就业和企业数量的 90% 以上，即民营企业的"五六七八九"）"。整体而言，中国经济高速增长是渐进市场化改革的结果，通过从计划经济体制向社会主义市场经济体制的渐变，达成激发微观主体活力、扩大市场机制作用范围、提高资源配置效率、优化经济结构的结构性加速过程。由此形成的投资驱动模式也被称为"干中学——模仿套利"机制（张平，2006），从结构演进的角度也可以说，中国先后通过市场化、工业化、城市化和国际化促进了经济高速增长的实现。

三、中国高速增长阶段的资源配置体系和国民经济循环体系的构成和特征

中国社会主义市场经济体制改革经过了积极探索、体制建立和体制完善三个阶段（任保平等，2018），经济的高速增长是在从计划经济体制向社会主义市场经济体制过渡中实现的，因此高速增长阶段的资源配置体系是从"计划"向"市场"经济过渡过程中形成的。

（一）资源配置体系和国民经济循环体系的构成

依据西方经济学，如图 3-1 所示，在理想状态下，市场经济体系中的微观经济主体包括生产者和消费者，国民经济循环是通过生产要素市场和产品市场实现的，资源配置在市场中通过生产、分配、交换和消费的社会再生产活动完成。在生产要素市场中，企业是要素的需求方，消

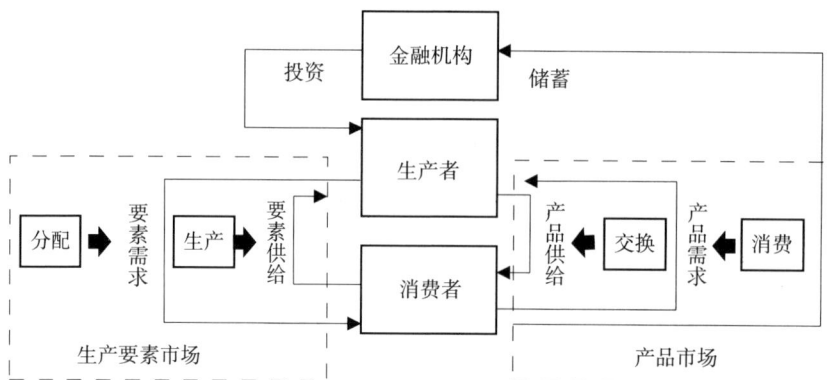

图 3-1 市场经济体系中国民经济循环体系的构成

费者是要素的供给方，双方通过生产要素市场完成生产和分配活动；而在产品市场中，企业是产品的供给方，消费者作为产品的需求方，在产品市场完成交换和消费活动。消费者消费后的收入结余进入金融机构，作为企业投资的融资来源，帮助企业实现扩大再生产。资源配置机制是两个市场中活动的经济主体通过供求机制、竞争机制，在满足信息对称和经济人假设条件下，在价格信号的指导下实现市场出清，达到帕累托最优配置。

一般的资源配置体系主要由三个部分构成：市场主体、市场、市场机制，即市场主体在市场中通过市场机制进行资源配置。中国经济在高速增长阶段的资源配置是依托于"双重体制"进行的，该阶段的资源配置体系如图 3-2 所示，参与资源配置的主体除了企业和居民外，还包括政府，分为中央政府和地方政府。张卓元等（2017）认为四个主体的关系为：市场第一原生主体——消费者；市场第二原生主体——企业；市场第一派生主体——中央政府；市场第二派生主体——地方政府。企业和居民在计划经济遗留下来的二元经济结构中，从地域上分为城镇和农村。企业按所有权和经营权又分为国有企业、民营企业、外商企业。

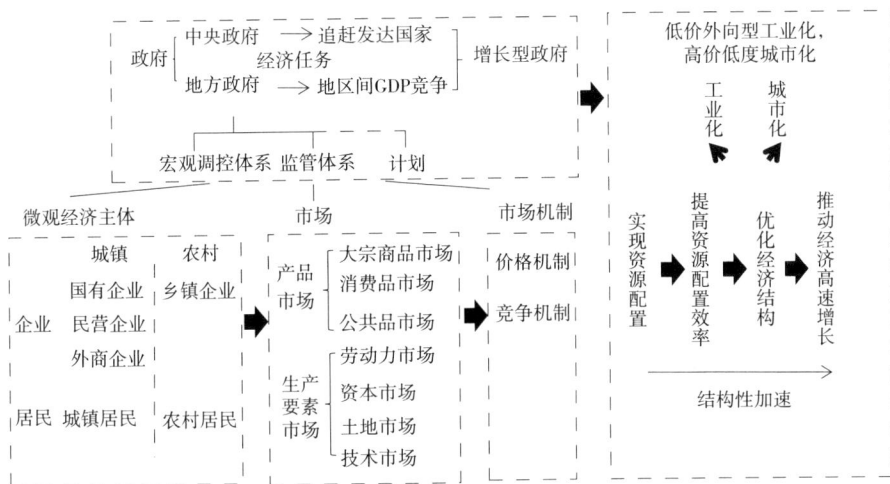

图 3-2　中国经济高速增长阶段资源配置体系的构成

目前关于市场分类尚处于讨论中，但一般产品市场按用途可以分为中间产品和最终产品，对应可以将产品市场分为大宗商品市场和消费品市场（国家发展改革委宏观经济研究院市场与价格研究所，2018），如果考虑产品的属性，产品可以分为私人产品和公共品，因此产品市场还应该包括公共品市场（张卓元等，2017）。依据西方经济理论分析的基本范畴一般仅涵盖资本市场、劳动力市场和土地市场。再考虑到技术对经济增长的作用日益突出，从简化投入的角度，将生产要素市场分为劳动力市场、资本市场、土地市场和技术市场。

在高速增长阶段，资源配置的机制是将计划和市场两种方式结合起来。在增长型的政府主导下，形成了低价外向型工业化和高价低度城市化，提高了资源配置效率，优化了产业结构，实现了高速经济增长。

（二）资源配置体系和国民经济循环体系的特征

与其他国家相比，中国高速经济增长阶段的资源配置体系和国民经济体系具有以下五个特征。

1. 最鲜明的特征是中国特色

中国由计划经济向市场经济转型是从中国的实际国情出发，理论联系实际，有选择地学习，"摸着石头过河"。如著名的巴山轮会议、莫干山会议，最终讨论形成了"从直接的行政协调到有控制的市场"的转轨模式和"价格双轨制"（社科院经济所《经济学动态》编辑部，2017）。

2. 从计划经济渐进向市场经济过渡

中国从计划经济转向市场经济的改革是渐进式的。渐进式改革的特征包括：一是增量改革；二是试验推广；三是非激进，充分利用已有的组织资源推进市场取向的改革（林毅夫等，1993）。改革顺序采取先易后难、先农村后城市、先沿海后内陆、先经济后政治、先增量后存量。中国经济在高速增长阶段是以增量改革为主，是新兴和转轨相结合，被称为"中国模式"或"走中国道路"（杨瑞龙，2012）。

3. 政府在资源配置和国民经济循环体系中居主导地位

杨瑞龙（1993，1994）研究认为，制度变迁方式可以分为需求诱致型与供给主导型，我国选择的是供给主导型变迁方式，即政府主导型。这种做法的优点在于对于资源的动员能力强，可以"集中力量办大事"；不足在于可能降低资源配置效率，导致经济结构失衡，不利于长期经济增长能力的提高。

4. 行政的条块化管理

通常，"条"是指中央直属部委自上到下的一种指挥体制，属于纵向垂直管理；"块"是指地方行政当局统管的某一区域内的全部行政机构，属于横向水平管理。"条块"是指这两种管理体系把国家整体的行政管理体系分割成不同的领域。马建堂（1986）认为，条条管理和块块管理，这两种管理方法都是用行政手段干预企业经营活动的行政型宏观管理的产物。条块化管理的典型代表就是对中国经济高速增长最有成效的制度设计，即分税制和地方官员晋升激励的组合。分税制也被称为属地化纵向行政发包，加上对地方官员的晋升"以 GDP 论英雄"，两者的结合使条块增强了（张治栋等，2006）。

5.经济二元结构

中国经济在高速增长阶段的资源配置是在二元的结构中进行的，特别是生产要素配置的是城乡分割。二元结构的好处是有利于经济稳定，引进稀缺要素，是增量改革的结果，不失为短期刺激经济、实现经济起飞的有效手段；但从长期和整体角度看，这种不平等性则不利于资源的流动和有效配置。

上述特征是由经济转型导致的，是由特定历史环境下的经济发展路径和模式决定的。在这个阶段上，中国经济虽然逐步脱去了计划经济的外衣，在资源配置和经济运行中逐步引入市场机制，并不断提高市场在资源配置中的作用，高培勇等（2019）称其为"政府主导＋增长型政府＋基础性的市场机制"。

第二节　实现高质量发展的循环"不畅"之处与结构性问题

所谓经济体系，是由社会经济活动各个环节、各个层面、各个领域的相互关系和内在联系构成的一个有机整体，它强调了经济的整体性和系统性。如果把经济高速增长时期的经济体系称为"传统经济体系"，将高质量发展时期需要的经济体系称为"现代化经济体系"，建设现代化经济体系应该是由传统经济体系向现代化经济体系转化的过程。如表3-1 所示，转化的具体内容可以归纳为"四个转向"——社会主要矛盾、资源配置方式、产业体系、增长阶段。与"四个转向"相对应，经济体系运转体现为"四个机制"，分别是：（1）社会主要矛盾的性质决定了资源配置方式的选择；（2）资源配置方式决定了产业体系特征；（3）产业体系特征与经济增长阶段的一致性；（4）经济体系的内生转化。传统经济体系是适应中国经济高速增长的产物，经过高速经济增长之后，中国经济的结构已经发生了显著变化，社会主要矛盾也发生了变化，对经济体系就自然提出了内生转化要求（高培勇等，2019）。

表3-1　传统经济体系与现代化经济体系的对比

经济体系	传统经济体系（1978—2011 年）	现代化经济体系（2012 年以来）
社会主要矛盾	总量性的矛盾： （1）人们基本的物质文化需要 （2）更关注数量	结构性的矛盾： （1）人的全面发展，包括民主、法治、安全、环境、健康等 （2）更关注质量、个性化
资源配置方式	（1）政府主导 （2）增长型政府、基础性的市场机制	（1）市场主导 （2）公共服务型政府、起决定性作用的市场机制
产业体系	（1）工业主导 （2）各产业内部低端主导	（1）服务业主导 （2）各产业内部中高端主导
增长阶段	（1）高速增长 （2）低质量发展：以要素投入驱动为主	（1）可持续增长 （2）高质量发展：以技术进步驱动为主

资料来源：高培勇主编，刘霞辉、杜创副主编：《现代化经济体系建设理论大纲》，人民出版社2019 年版。

当前，中国经济社会发生了较大变化，社会主要矛盾也发生了较大的变化。因此，中国实现高质量发展是无法依托于经济高速增长阶段的体系实现的，表现为传统经济体系不仅不能继续支撑经济高速增长，还可能对中国向高质量发展阶段转变形成障碍。这些也正是中国经济向高质量发展阶段迈进时，需要转化和去除的。

一、传统经济体系中存在的"梗阻"

尽管经过中国改革开放四十多年的努力，市场化程度得到了很大的提高，但还有些制度和体制障碍没有被完全破除，市场发展不完善。吴敬琏（2016）研究认为，实现经济增长方式从粗放型向集约型转变和从计划经济向市场经济转变，最重要之处在于转变原有的苏联式的体制机制。在传统经济体系中，工业化和城市化都是由各级政府主导的，市场机制不能充分有效地发挥配置资源的作用，这些"不畅"之处主要表现为影响市场机制作用的因素、影响国民经济畅通循环的因素，以及传统经济体系影响新要素供给的因素。

（一）影响市场机制作用的因素

在传统经济体系内，由于逐步向市场经济转型，市场机制不健全会影响市场机制的充分有效性。

1. 垄断

垄断可以分为行政垄断、经济垄断和自然垄断（张卓元等，2017）。其中行政垄断是来源于原有计划经济体制的惯性，而经济垄断和自然垄断则是来自市场竞争的不完全。

近几年，中国的反垄断工作已经取得了显著进展，有很多经典案例都可以证明，但是与建设现代化市场经济体系的要求相比，还是有较大差距的。

2. 外部性

外部性包括正外部性和负外部性，其中负外部性主要表现为：中国经济的高速增长时期，"两高一资（高耗能、高污染、资源性）"产业主导的工业化，对中国的资源环境、生态环境造成较大破坏。20 世纪 80

年代以来，中国就提出了要实现可持续发展，提倡建设资源节约型和环境友好型社会，积极发展低碳经济和循环经济，进行生态文明建设。但实际上 1978 年改革开放后党的工作重心转移到以经济建设为中心上来，政府对环境问题并没有进行严格的监管。企业也很少主动为环保承担成本，因而导致大气、水、土壤等不同程度受到破坏（刘向东，2018）。生态环境遭到破坏不但会影响经济增长的可持续性，也影响人民的生活质量。正因认识到这个问题的重要性，习近平总书记在党的十九大报告中提出"加快生态文明体制改革，建设美丽中国"①。

3. 公共物品

在马斯格雷夫（Richard Abel Musgrave）的分类中，物品分为私人物品、公共物品和有益品三类，在一定意义上讲，有益品也涵盖在公共物品的范畴里，如教育。由于公共物品的特殊性，无法通过市场的价格信号来反映需求，给公共物品的供给决策带来困惑，因此发达国家为了提高公共物品的供给效率，一般会通过公共选择和公共决策来决定。

中国的公共物品供给能力随着改革和政府财力的增强，得到较大的提升，但供给处于低效率状态。低效率表现在以下三个方面：第一，中国的公共物品供给模式沿袭于计划经济，供给决策是行政决策，决策的模式就不是"择优"模式，而主要是"共识（折衷）"模式（侯永志等，2018），因此会选择性提供公共物品。第二，公共物品的供给者是计划经济时期的事业单位，资金来源是财政资金。虽然不断进行改革，但供给形式单一，缺乏竞争和质量监督等问题还是比较普遍的。第三，公共物品供给不均衡。包括城乡间供给不均衡、不同群体间供给不均衡。即使在市场经济条件下，公共物品也会存在供给不足的问题，如果再加上

---

① 习近平：《决胜全面建成小康社会 夺取新时代中国特色社会主义伟大胜利——在中国共产党第十九次全国代表大会上的报告》，人民出版社 2017 年版，第 50 页。

体制和制度障碍，则会加剧公共物品供给不足和分配不均的问题。

4.信息不对称

在市场经济条件下，信息是有价值的，当存在信息不对称时，会出现"柠檬市场"，导致交易效率下降，资源配置效率下降，并损害社会的公平和公正秩序。

政府主导的资源配置会存在行政性信息传递障碍，增加信息获取成本，使决策产生偏差，导致资源配置效率下降。这种信息传递障碍表现在政府内部、政府与公众之间、微观主体之间。政府是科层管理，内部信息流通不畅，形成大量的信息不对称问题（刘志鹏，2010）。同时，由于政府与公众进行沟通的有效渠道少，政府本身对于信息的监管体系不完善，导致政府与公众之间、公众与公众之间信息传递失真或出现虚假信息。

（二）影响国民经济畅通循环的因素

资源配置主要是由生产要素的配置决定的，只有生产要素进入市场流通，并可以从低效率的部门向高效率的部门流动，资源配置效率才能提高。只有当要素价格不失真的情况下，才能发挥价格信号的作用，生产要素价格市场化程度与生产要素市场的成熟程度有关（张卓元，1999）。中国生产要素市场化程度低于消费品市场，主要原因在于仍存在阻碍要素自由流动的因素。

1.户籍制度改革有待深化

中国的城乡二元户籍制度可以追溯到唐朝，由于户籍制度的存在和制约，导致农村人口向城市转移没有稳定的制度保障，进城农民的住房、子女教育、医疗等待遇都没有市民化，这在很大程度上阻碍劳动力的城乡流动和跨地区的自由配置；也使城市内部户籍人口和非户籍人口的社会分化，使非户籍人口及其后代发展受到限制。因此，户籍制度的存在限制了劳动力的自由流动，同时也破坏了劳动力市场结构（高培勇等，2019）。2014年开始中国启动了以农民工市民化为目标的户籍制度改革，希望可以进一步深化相关的改革，从根本上解决农民工市民化的问题。

2.劳动力市场分割和事业单位编制问题

劳动力市场分割主要是由于部门分割造成的。由于所有制不同，形成国有和民营两个部分，两部分中的劳动者的工资、待遇有较大差异。这种分割状态，限制了劳动力的流动，无法实现优化配置（国家发展改革委宏观经济研究院市场与价格研究所，2018）。事业编制是事业单位的员工拥有的一种编制。编制内劳动者工作相对稳定，主要集中在医疗、教育等知识密集型服务部门（高培勇等，2019）。陆江源等（2018）的研究表明，劳动力市场的资源配置扭曲的根源在于体制机制束缚，一是行业间的准入限制；二是科研事业单位的体制约束。由此导致两方面的结果：一是不同行业的劳动力分割，行业间工资差异较大；二是在行业内的层级制度作用下，高技能劳动力的收入严重被低估。这两种行业内外的机制共同作用导致了中国劳动力生产率的损失。

3.土地财政问题

土地财政是地方政府以出让土地使用权为条件，获得的一种收入，本质为预算外收入（吴炳辉等，2015）。对于土地财政形成的原因，一般观点认为1994年分税制改革后，地方政府由于财权和事权不匹配，财政压力不断加大而形成土地财政。范子英（2015）研究认为，土地财政形成的真正原因是地方政府具有投资冲动的结果。地方政府将大量的土地出让金收入转化为工业资本的财政补贴，以便刺激投资，带动地区经济增长，这是一种"消费补贴投资"的工业化和城镇化发展路径（蒋震，2014）。

（三）对政府主导工业化形成路径依赖导致的新要素供给障碍

袁富华等（2019）认为，中国经济在高速增长时期，政府行为及与之相关的投资活动，在工业化阶段居于主导地位，且劳动力的使用和技能积累服从于工业化发展需要。这个阶段上经济发展的典型事实是：有计划的政府行动和规模扩张的选择性融资支持；工业化成本的有效控制——包括低利率、低汇率和低工资水平；政府支持的技能积累和有目的的学习能力培养；等等。政府干预下的规模经济或规模效率的追求，是贯穿资本驱动的生产模式的主线。

政府主导的经济追赶是成效显著的，但政府主导的工业化，使中国经济对资本驱动的路径过度依赖，产生了消费抑制和人力资本结构升级的压力，迫使经济在转型阶段徘徊于投资扩张—效益递减的怪圈，这种无效率增长削弱了未来发展潜力。也就是说，原有大规模工业化框架下的激励制度和生产模式，日渐成为影响创新和转型的结构性、系统性不利因素，如果不移开这个不利因素，将会加剧中国经济的结构性减速趋势。这种障碍统称为"新要素供给障碍"，主要表现为以下两个方面：（1）资源过度向低效率部门倾斜，形成通用技术部门对新要素供给的挤出。（2）低层次人力资本壅塞，形成对知识供给的挤出。

二、传统经济体系中的结构性问题

发达国家的长期经济增长路径为"S"形（张平等，2007），具体而言，经济增长在工业化阶级导致结构性加速，进入结构服务化阶段则会出现结构性减速（袁富华，2012），这两个过程中间经历的转型冲击和非连续性，会在短期内形成较大的结构性矛盾压力。在这个阶段需要解决高速非均衡发展积累的结构失衡问题，主要包括：总供给和总需求、内需和外需、投资和消费、出口和进口、政府投资和民间投资、产业结构和金融结构、直接融资和间接融资等（张平等，2010），如果再算上城乡二元结构、区域发展差距，结构问题更加复杂（李扬等，2015）。只有改变非均衡的经济增长结构，形成内生的经济发展机制，形成以空间再配置为基点的"结构均衡增长"，才能使中国实现可持续发展，进入发达国家行列（张平等，2010）。这样的不合理、不良的结构性问题是由资源配置扭曲积累而成的，整体上可以归纳为以下六个方面。

结构性问题一：经济增长非连续性，因要素积累扭曲导致驱动力转换衔接不畅。经济发展处于中等收入和高收入水平驱动经济的动力机制、组织形式是完全不同的（袁富华等，2017）。中国经济高速增长阶段为了实现工业化，主要是以投资和出口驱动为主，而稳增长时代（张平等，2010），是以城市化和服务业发展作为主要驱动力，并且从工业化向城市化转型及其后的增长是非连续性的(中国经济增长前沿课题组，2015)，伴随着人口结构变化和产业结构的变化，生产效率无法持续提高，则中国经济减速成为必然（中国经济增长前沿课题组，2012）。这是因为中国工业化时期的高速增长是建立在纵向横向部门分割、资本驱动、廉价劳动力使用基础上的，过度投资和依靠外来技术，一定程度上抑制了技术创新，同时资本和劳动力作为传统生产要素是规模收益递减的，而内生经济发展则要依靠规模递增的新增长要素——教育、知识、制度、创意、信息等促进全要素生产率的提升，而人力资本则是形成上述新增长要素的代表性变量（张平，2016），因此向高质量发展转型要以提升人力资本为目标。而在工业化过程中持续的人口控制政策又使中国过早地完成了人口转型过程，出现"未富先老龄少子化"（王钰、张自然，2019），粗放型的资本和劳动驱动模式未能将人均收入水平送到既定高度（进入高收入国家行列）就提前衰减了，而接续的人力资本要素由于投资不足，呈现出低层次壅塞，接力高度不够，因此中国面临着有待艰苦跨越的知识要素积累的门槛（高培勇等，2019）。

结构性问题二：积累—消费关系失衡，降低资源配置效率。投资可以增加资本积累，提高总供给能力，实现长期经济增长；而消费属于需求端，是短期经济增长的实现手段。从资源配置的角度看，在收入水平既定的情况下，投资和消费两者存在替代关系。当偏离黄金律标准后，就会导致长期和短期经济增长关系失衡。中国工业化是高储蓄—高投资—高增长的过程，一方面农村剩余劳动力的转移需要高资本形成；另一方面政府的公共资本拥挤效应推动了高投资和高增长。看似是一个良性循环的过程，其实却是低效率的。主要原因在于，在这个过程中，政府通过扭曲要素价格和无限担保的国家银行体制，动员储蓄并集中资源配置实现工业化是粗放型的（中国经济增长前沿课题组，2003）。这些扭曲机制会导致中国经济增长的宏观成本上升，具有极强的负外部性，并成为经济长期增长的包袱（中国经济增长前沿课题组，2005）。

结构性问题三：服务业和制造业发展失衡，服务业落后，降低效率补偿能力。制造业一枝独秀和服务业发展滞后，一直是中国产业结构的一个"痛点"（吴敬琏，2016）。"政府主导＋增长型政府＋基础性的市场机制"模式推动形成了工业主导的产业体系，但也导致各产业内部效率较低、低端主导的格局，尤其是服务业效率低的问题很突出（高培勇等，2019）。依据二元理论，在工业化和城市化的过程中，农村剩余劳动力向现代部门转移应该是一个平滑的过程，中国的实际情况却是第二产业和第三产业的劳动生产率的差距缺口越来越大，这表明第二产业在工业化的过程中吸收了高质量的劳动力，而低质量的劳动力却在非正规就业广泛存在的服务业部分就业，导致第三产业被动扩张下的劳动生产率长期低下（中国经济增长前沿课题组，2012）。这也是发展中国家普遍表现出的"产业结构演进无效率"现象。

结构性问题四：高质量供给不足，且消费结构升级能力缺失。随着人均收入水平不断提高，国内需求扩大，但由于国内供给不能进行匹配升级，导致大规模"需求外溢"。典型如，中高收入水平群体海外购物，购买的商品主要为高档品牌日用消费品和奢侈品，这表明国内的中高档商品存在供需结构矛盾，高质量供给不足（刘志彪，2017；江小娟，2005），国内需求外溢削弱了消费对产业结构升级的拉动作用（余红心等，2020）。高效率经济发展的稳定效率三角包括"高劳动生产率、高资本深化能力和高消费能力"，低效率的根源在于资本深化能力、消费结构升级能力的缺失，这种缺失会导致效率改进路径阻断和增长停滞。发达国家经济高效率运行主要依靠知识过程的有效建立和运转，这主要源于服务业知识密集化过程的提高，知识行业通过外溢会促进其他行业效率的提高。而中国目前的知识消费升级滞后，直接导致了人力资本低层次壅塞，进而抑制资本深化和劳动生产率的提高（袁富华等，2016），这就是中等收入国家向高收入国家转型阶段面临的中等收入阶段增长分化的风险。

结构性问题五：实体经济与非实体经济资源配置失衡，实体经济符号化，金融风险加大。张平（2018）认为，传统的实体经济是指工业，后来包括服务业，但2008年全球金融危机后，考虑到实体经济生产率下降或者增速放缓是金融风险积累的根本原因，实体经济应当定义为收入取决于生产率提高的经济活动或经济部门，而非实体经济的收入主要取决于价格因素。实体经济与非实体经济有时并没有严格区别，如房地产业，仅有居住功能时为实体经济，而当房地产收入主要来自价格上涨时，此时房地产行业具有向非实体经济转化的特性，这种特性被称为符号化经济，具有这种特征的行业还包括金融业。实体经济生产率的提高主要来源于技术进步，而技术进步引起的生产率的提高是一个非连续的过程：当生产率下降和经济增速放缓时，政府会通过扩张的财政货币政策来平滑经济波动，此时增大的货币供应推动总需求扩张，货币需求中的投机需求增加了金融投机，导致实体经济符号化。如果金融杠杆率和房地产负债率过高，则会爆发金融危机和债务危机。金融危机的爆发反过来会进一步损害技术研发和技术进步，长期增长潜力受损。

从早期两分法下对金融货币中性的认识，到对金融会影响资源配置和总产出的认识，再到20世纪60年代之后对金融内生于实体经济内部的认识，学术界对金融与实体经济关系的理解不断深入。墨顿（1995）提出金融体系对实体经济具有六项基本功能，分别是：（1）清算和支付功能；（2）融通资金和股权细化功能；（3）在时空上为实现经济资源转移提供渠道；（4）风险管理功能；（5）信息提供功能；（6）解决激励问题。2008年全球金融危机后，由于全球实体经济不景气，风险加大，现有研究认为，导致这种情况出现的原因，在于金融业没有很好地履行自身服务于实体经济的基本职能，甚至"自娱自乐"沉迷于金融自我循环，因此应将金融发展拉回到提高资源配置效率的基本功能上来（李扬，2017）。

2017年，习近平总书记在全国金融工作会议上的重要讲话，强调金融是实体经济的血脉，为实体经济服务是金融的天职，是金融的宗旨，也是防范金融风险的根本举措。做好金融工作的四项原则为：回归本源，服从服务于经济社会发展；优化结构，完善金融市场、金融机构、金融产品体系；强化监管，提高防范化解金融风险能力；市场导向，发挥市场在金融资源配置中的决定性作用。金融领域中的诸多问题本质是三个失衡：一是实体经济供需失衡；二是金融业内部失衡；三是金融和实体经济循环不畅。这充分说明金融是第二性的，不能离开实体经济而独立存在，它发挥的作用是附属的、辅助的、服务的，它的问题也就不可能离开实体经济加以解释（李扬，2019 年国家金融与发展实验室年会）。

金融体系的资源配置功能主要是通过金融结构伴随经济结构演进实现的。不同金融制度的安排构成了最优金融结构，一国金融体系的效率不是片面取决于金融市场的发达程度，而是取决于金融结构与产业结构的匹配程度（龚强等，2014），也就是说，最优金融结构取决于实体经济的需求，应与实体经济相匹配；不同发展阶段，最优金融结构呈指数化动态演进，并对经济增长率起决定性作用（张成思等，2016）。

中国经济经过结构性加速阶段转而进入结构减速阶段，与此相适应的原有的金融结构不但应当进行适应性匹配调整，而且应当进行前瞻性引领性调整；但当前金融结构的调整是相对滞后的，甚至是扭曲的。如中国在高速经济增长时期的高强度、大规模投资都是通过银行业中长期贷款的形式实现的（李扬，2019），结合新兴市场国家的实际情况看，资本市场融资对全要素生产率（TFP）增长具有正向促进作用，而银行融资对提高经济效率作用不大（张宗新等，2019）。因此，以银行业为主的间接融资结构已经无法适应经济结构服务化和创新驱动的要求。此外，在 2008 年全球金融危机的冲击下，中国出现了"影子银行"（在中国准确地称为"银行的影子"），它使金融在与实体经济的循环之外，内部又另外形成了一个循环，且越来越大，抽走了实体经济的"血"，进行资本游戏，对社会福利的增进不但没有益处，还因为资金链条长、投融资渠道多样化、复杂度提高，给金融监管带来了巨大挑战（邵宇，2018）。

整体而言，当前转型阶段中国的金融结构性问题主要包括：信贷资源配置的结构性失衡；金融组织体系的结构性失衡；直接融资与间接融资的比例失衡；金融监管体系的结构不完善；金融宏观调控的数量型和价格型工具运用不协调等（宋辅良，2016）。金融结构的问题在于它是扭曲的，存在错配问题，包括期限错配、权益错配、服务对象偏颇（李扬，2019年国家金融与发展实验室年会）。

结构性问题六：国际收支双顺差，大力发展外向型经济使经济内循环和外循环长期分离，降低了经济增长的稳定性。

对于中国的"双顺差"学术界一般有两种解释：结构派认为这是由于中国的储蓄和投资缺口为正；政策派认为这是由于政府一直在实行出口导向的外向型经济发展战略，并促进贸易盈余。两者都有道理，但政策派的解释更符合中国的实际情况（余永定，2018）。首先是汇率政策，因为人民币汇率制度是有管理的浮动，因此汇率不能使进出口实现均衡。即然这样，中国就应是资本输出国，国际收支就平衡了，但为什么资本账户还是顺差呢？这相当于说，你明明有存款，为什么还要借钱呢？这是因为中国为了实现工业化，采取出口导向战略，大量吸引外资，表现为资本流入，结果导致中国的贸易方式结构扭曲，加工贸易比重较大，也是经常账户顺差的主要原因。其次是国内刺激投资的政策，这在一定程度上等于增加了储蓄，减少了国内的消费能力，传导到外部就使经常账户顺差加大。双顺差的隐患在于使中国贸易条件恶化了；由于海外资产负债结构不合理，降低了资本的收益率，甚至有蒙受损失风险；增大贸易摩擦风险；使国内货币供应量不稳定；等等。

2019年年末以来，受新冠肺炎疫情在全球暴发和快速蔓延的影响，出现逆全球化倾向，叠加中美贸易摩擦等不利因素，使中国原有的"大进大出，两头在外"的出口导向战略受到较大冲击。出口导向的外向型经济虽然对中国经济的高速增长贡献巨大，但该战略实施需要一定的内外部条件，当条件变化时（如出口需要减少、劳动力成本上升等），其负面的影响（如长期忽视内需的培养和开发、经济增长受外需制约）不断显现，在一定程度上降低了经济增长和就业的稳定性。同时考虑到未来中国经济实现高质量发展也不能仅依靠外需和国际市场，而应主要依靠国内市场和大规模的内需优势，逐步形成完整的内需体系，2020年5月14日，习近平总书记在中共中央政治局常务委员会会议上提出构建国内和国际双循环相互促进的新发展格局。

综合而言，上述结构问题是宏观资源配置系统的失调导致的（张平等，2018）。这种分割的非均衡结构在规模扩张的工业化阶段，由于主导产业（部门）的规模扩张所提供的劳动生产率增长，足以覆盖经济分割、市场扭曲以及非生产部门扩大带来的成本上升，劳动生产率提高成为工业化时期生产——分配循环的润滑剂。但发展中国家的普遍事实是，大规模工业化结束后，原有规模效率模式被惯性融入了城市化阶段，无论在纵向还是横向水平上，内生性政府的作用都嵌入各个环节，最终导致分割及效率模式效率降低并向租金抽取模式退化（袁富华等，2019）。这种低效率模式的固化，会导致增长的非连续和增长门槛跨越的不确定性风险加大，这些不确定性包括：工业化与城市化间的断裂导致增长停滞；低效服务业蔓延，形成城市的人口漂移和鲍莫尔成本病；消费的效率补偿机制缺失（高培勇等，2019）。

第三节　畅通国民经济循环，建设现代经济体系的目标和重点

现代是相对传统而言的。现代化一般是指工业革命以来，各国所经历或努力探索的涉及社会生活各个领域的深刻变革过程，是以既定特

征的出现作为完结或者阶段性完结的标志，表明一个社会已经实现了由传统向现代的转变。因此，现代化是过程也是目标。

如果说中华民族伟大复兴是中国人民从自己的历史着眼，期盼在21世纪中叶实现中国梦的任务和期待，那么，实现现代化，便是在这个语境下对中国目标和任务的一种界定（蔡昉，2018）。党的十八大提出到2050年把中国建设成富强民主文明和谐的社会主义现代化国家，就是现代化的目标和任务。党的十九大又将这个目标和任务划分为两个阶段：第一阶段是2020—2035年，在全面建成小康社会的基础上，再奋斗十五年，基本实现社会主义现代化；第二阶段是2035—2050年，在基本实现现代化的基础上，再奋斗十五年，把我国建成富强民主文明和谐美丽的社会主义现代化强国。富强民主文明和谐美丽就是现代化的内容，其中富强则是以经济实力为基础的。

一、建设现代经济体系的目标

为了实现现代化，实现"两个一百年"奋斗目标和中华民族伟大复兴的中国梦，就必须解放和发展生产力，推动社会主义市场经济改革，建设现代市场体系和现代经济体系，这是实现现代化的手段和途径。

2013年，中国共产党第十八届中央委员会第三次全体会议通过《中共中央关于全面深化改革若干重大问题的决定》，提出应完善现代市场体系，让市场在资源配置中起决定性作用，具体目标是"建设统一开放、竞争有序的市场体系，是使市场在资源配置中起决定性作用的基础。必须加快形成企业自主经营、公平竞争，消费者自由选择、自主消费，商品和要素自由流动、平等交换的现代市场体系，着力清除市场壁垒，提高资源配置效率和公平性"[1]。

2017 年,党的十九大报告进一步提出中国社会主义进入新时代,"社会主要矛盾已经转化为人民日益增长的美好生活需要和不平衡不充分的发展之间的矛盾",因此应建设现代化经济体系。具体目标是"坚持质量第一,效益优先,以供给侧结构性改革为主线,推动经济发展质量变革、效率变革、动力变革,提高全要素生产率,着力加快建设实体经济、科技创新、现代金融、人力资源协同发展的产业体系,着力构建市场机制有效、微观主体有活力、宏观调控有度的经济体制,不断增强我国经济创新力和竞争力"[2]。

现代市场体系和现代经济体系两者的关系是:现代市场体系是建设现代经济体系的基础和实现途径,只有现代市场体系有效,才能看到现代经济体系。

二、建设现代经济体系的重点

建设现代经济体系的重点是完善现代市场体系机制。加快完善现代市场体系是使市场在资源配置中起决定性作用的最重要条件,建设结构合理、功能完备、竞争性强的现代市场体系和机制是实行经济运行机制转轨的主要着力点,是社会主义市场经济健康运行的基础(张卓元等,2017)。从市场体系的构成看,完善的重点在于以下四个方面。

---

[1] 《中共中央关于全面深化改革若干重大问题的决定》,人民出版社 2013 年版,第 11—12 页。

[2] 习近平:《决胜全面建成小康社会 夺取新时代中国特色社会主义伟大胜利——在中国共产党第十九次全国代表大会上的报告》,人民出版社 2017 年版,第 30 页。

1.处理好市场和政府的关系

为了更好地让市场发挥配置资源的决定性作用，首先是要终结政府主导的资源配置方式，使有效市场和有为政府有机结合。《中共中央关于全面深化改革若干重大问题的决定》中已经明确指出两者的关系："经济体制改革是全面深化改革的重点，核心问题是处理好政府和市场的关系，使市场在资源配置中起决定性作用和更好发挥政府作用。……着力解决市场体系不完善、政府干预过多和监管不到位问题。必须积极稳妥从广度和深度上推进市场化改革，大幅度减少政府对资源的直接配置，推动资源配置依据市场规则、市场价格、市场竞争实现效率最大化和效率最优化。政府的职责和作用主要是保持宏观经济稳定，加强和优化公共服务，保障公平竞争，加强市场监管，维护市场秩序，推动可持续发展，促进共同富裕，弥补市场失灵。"[1]

2.处理好公有制和非公有制经济的市场关系

《中共中央关于全面深化改革若干重大问题的决定》明确了公有制和非公有制经济的关系，"坚持公有制主体地位……不断增强国有经济活力、控制力、影响力。必须毫不动摇鼓励、支持、引导非公有制经济发展，激发非公有制经济活力和创造力"[2]。党的十九大报告提出具体应"深化国有企业改革，发展混合所有制经济，培育具有全球竞争力的世界一流企业。全面实施市场准入负面清单制度，清理废除妨碍统一市场和公平竞争的各种规定和做法，支持民营企业发展，激发各类市场主体活力"[3]。

---

① 《中共中央关于全面深化改革若干重大问题的决定》，人民出版社 2013 年版，第 5—6 页。

② 《中共中央关于全面深化改革若干重大问题的决定》，人民出版社 2013 年版，第 8 页。

③ 习近平：《决胜全面建成小康社会　夺取新时代中国特色社会主义伟大胜利——在中国共产党第十九次全国代表大会上的报告》，人民出版社 2017 年版，第 33—34 页。

3.完善市场体系和市场机制

以公平、有效、统一、开放为目标，完善市场机制的内容包括：公平的竞争机制、公平开放透明的市场规则、完善主要由市场决定的价格机制。完善市场体系的内容包括：完善生产要素市场（包括劳动力、土地、资本、产权等市场）；完善金融市场体系；完善市场监管体系、健全城乡市场一体化体制机制；等等。党的十九大报告特别强调"经济体制改革必须以完善产权制度和要素市场化配置为重点，实现产权有效激励、要素自由流动、价格反应灵活、竞争公平有序、企业优胜劣汰"[①]。

4.加强法制化市场体系建设

市场经济的本质是法治经济（迟福林，2014），法治化市场经济的内容较广，包括保护市场主体的自由选择权、保护公民和法人的财产权、完善反垄断法制度，还包括《中共中央关于全面深化改革若干重大问题的决定》中提出的建设法治化营商环境等。

小　结

在高速经济增长时期，中国通过政府主导的市场经济扭曲的资源配置体系和非均衡的传统经济体系完成了工业化和城市化的结构加速过程，突破了贫困陷阱，短期内完成了起飞和高速追赶过程。但经济从中等收入向高收入水平进行转换的过程中，原有资源配置模式和经济体系已经无法有效为新的经济结构提供动力，维持其持续运转，主要因为原有的体系内部存在资源配置体系的循环"不畅"之处和经济体系的结构

---

① 习近平：《决胜全面建成小康社会　夺取新时代中国特色社会主义伟大胜利——在中国共产党第十九次全国代表大会上的报告》，人民出版社 2017 年版，第 33 页。

性问题降低了经济效率，损害了长期经济增长潜力，不能适应和满足向高质量发展转变的需要。循环"不畅"之处主要体现为原有的政府主导的资源配置体系存在影响市场机制有效作用、国民畅通经济循环、形成新要素供给的体制机制障碍；结构性问题主要包括：（1）要素积累扭曲；（2）积累—消费关系失衡；（3）服务业和制造业发展失衡；（4）高质量供给不足，消费结构升级能力缺失；（5）实体经济与非实体经济资源配置扭曲失衡；（6）国际收支双顺差，内外循环长期分离。

正是由于存在上述问题，使得传统经济体系既不能支撑经济高速增长，也无法使中国经济自发进入下一个发展阶段，顺利跻身高收入国家行列，因此应该让市场决定资源配置，建立现代经济体系，才能完成向高质量发展阶段的转型，实现建成现代化强国的目标。

第四章

产业体系现代化与高质量发展

现代化是一个时代概念，系指一种依靠技术进步和经济发展，带动政治社会文化制度水平不断提高、人类自身不断提升，并妥善解决各类问题的过程。一方面，科技革命具有迭代周期性，处于不同周期的人对技术和人类发展的理解不同；另一方面，各国发展基础和发展阶段不同，各国现代化战略方向也不尽相同。20世纪50年代到80年代，现代化更多是指以学习西方世界为主的工业化进程，是一元现代化概念。20世纪90年代到21世纪初，现代化更多是指工业化、信息化、城市化、智能化等多元叠加的发展道路。目前来看，现代化是迎接新一轮技术革命、推进人类社会全面发展的模式。

产业体系演进具有明显的阶段性和时代性。由于现代化本身就具有明显的时代性，产业体系的现代化方向也就随着经济发展阶段的变化而变化。从农业社会向工业社会转型的过程中，产业体系现代化是指建立一套以专业化机器生产为基础的产业体系，推动工业大规模生产。而工业化进入后期阶段，随着信息技术革命爆发，产业体系又向着以信息技术改造产业、创造新融合产业的方向发展。中国的产业体系现代化具有特殊的含义：一方面，中国一直以来是赶超型经济，无论是产业政策还是产业体系本身都有着追赶发达国家的特质；另一方面，中国又面临着新一轮技术革命浪潮。在新技术带来新的现代化浪潮的同时，中国既要

"赶超"现代化，又要"适应"现代化。这是中国经济进入高质量发展阶段的产业发展背景。

产业体系现代化是经济高质量发展的必然要求。中国经济由高速增长阶段转向高质量发展阶段，是由劳动力等生产成本不断上升、环境资源压力不断增大的发展条件决定的。只有提升产业的要素配置效率，加强创新驱动对产业发展的带动力，培育更稳健而富有竞争力的产业形态，才能真正实现高质量发展。就经济高质量发展所需要的产业体系而言，必须创造更高级、更融合、更具竞争力的产业业态，必须创造高效率、精细化、全球化的产业联系，以此提供更高质量的生产要素和信息网络。

产业体系的高质量发展是市场和政府共同作用的结果。无论是美欧日等发达经济体，抑或是中国、印度这样的发展中经济体，还是俄罗斯这样的转型经济体，产业发展都深受产业政策影响，产业政策可以说是产业体系的一部分。随着发展阶段进入工业化中后期，产业政策也面临着重大转变——从原有目标明确的定向补贴支持，转向对基础研发和产业共性技术的补贴支持，以便为企业提供更低成本的创新环境、为产业网络重构提供更便捷的支撑、为产业要素提升提供更健全的保障。

第一节　产业体系现代化的三个维度

党的十九大报告中提出，"着力加快建设实体经济、科技创新、现代金融、人力资源协同发展的产业体系"[①]。建设现代化的产业体系有三个维度：第一个维度是回答产业体系内部有什么的问题，产业体系内部

---

① 习近平：《决胜全面建成小康社会　夺取新时代中国特色社会主义伟大胜利——在中国共产党第十九次全国代表大会上的报告》，人民出版社 2017 年版，第 30 页。

的业态类型和结构，是产业体系发展的基本内容。第二个维度是回答产业体系的元素是如何关联的问题。细分产业元素之间通过投入产出形成直接联系，通过上下游的价格形成传导机制，组成基于供应链和产业链的价值形成体系。第三个维度是回答产业体系如何与产业要素形成良性互动的问题。除了产业体系内部组成产业元素的直接联系之外，产业体系也通过提升产业要素的质量来间接地服务于自身。总体上来看，实体经济的发展有利于科技创新、金融供给现代化和人力资本提升，这些要素质量的提升反过来又推动实体经济的高质量发展。

一、体系的元素构成

首先要回答产业体系里有什么？按照统计标准，对产业进行分类，第一产业是指农、林、牧、渔业（不含农、林、牧、渔专业及辅助性活动）；第二产业是指采矿业（不含开采专业及辅助性活动），制造业（不含金属制品、机械和设备修理业），电力、热力、燃气及水生产和供应业，建筑业；第三产业即服务业，是指除第一、第二产业以外的其他行业。三次产业构成是产业体系最基本的元素构成，在第一、第二、第三产业内部又有更细分的产业划分。随着产业体系的演进，会有新的产业业态出现，农业、制造业和服务业也会呈现出加速融合发展的态势。

经济中的产业结构比例，一般也称为经济结构，是最基本的产业体系特征。随着工业化进程的推进，第一产业的比重不断下降，第二产业的比重先升后降，服务业比重先缓慢上升，然后成为工业化后期的产业主力。由于制造业的劳动力、土地、资源等成本不断上升，制造业大规模扩张阶段结束，制造业占国民经济的比重下降也成为必然趋势。从中国的纵向数据来看，2013 年第三产业比重首次超过第二产业，到 2019

年第二、第三产业的比重分别达到 39.0% 和 53.9%，服务业已成为国民经济的重要支柱（见图 4-1）。从国际横向来看，2018 年美、日、英、法、德等大型发达经济体的服务业比重都较高，平均在 70% 左右，中国产业结构的转型仍具有较大的空间（见图 4-2）。

（单位：%）

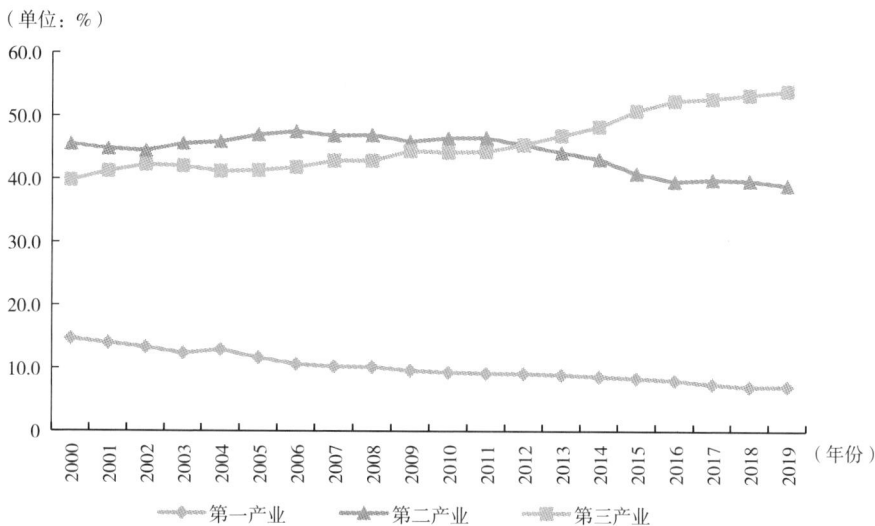

图 4-1 2000—2019 年中国三次产业占比

（单位：%）

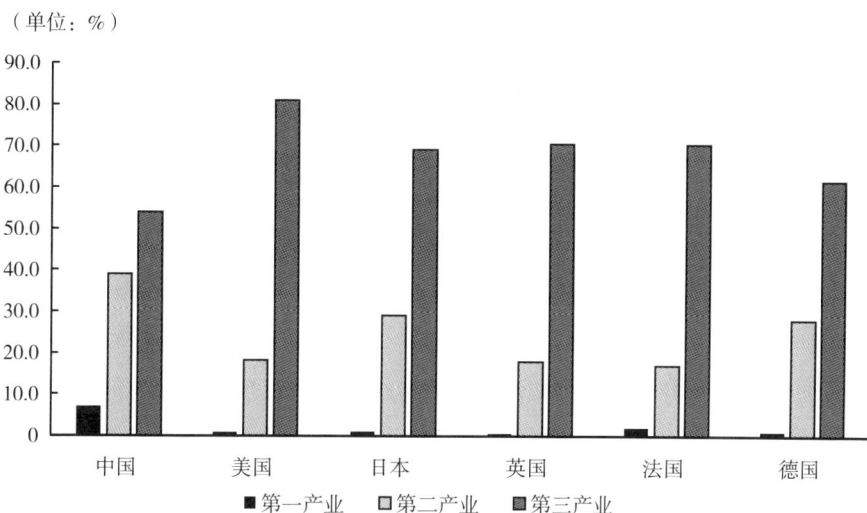

图 4-2 2018 年世界主要经济体三次产业结构

从第一、第二、第三产业的细分来看，农业、制造业、服务业都具有各自的现代化发展方向。农业一度是发展阶段早期的主导产业，在工业化后期，农业的现代化方向集中于农业产品和服务提供方式的转变、农业生产组织方式的更新、农业技术的提升等。制造业是工业化进程的主力，在前几次现代化浪潮推动下形成的工业体系已经成型，产业分类标准在制造业层面的分类大同小异，基本原则是按照产品类别进行大小类划分。制造业体系自身的高质量发展，就是不断进行产业内部细分、完善产业链条，尤其是在关键零部件环节实现自主可控。

相比于传统的农业和成型的制造业，现代服务业则复杂得多。这不仅是由于服务业不同业态之间差异性较大，更是由于服务提供者难以实现标准化，需要区别对待。行业分类中，一般将服务业分为批发零售、交通仓储、住宿餐饮、金融业、房地产、科学技术、信息技术、教育、医疗卫生、公共管理服务等大类行业，不同行业的特性迥异，既有与制造业密切相关的配套服务业——如交通仓储、批发零售，又有为全行业服务的金融业和信息技术服务业，也有形成固定资产的房地产业，还有影响直接面向最终消费的教育和医疗；既有对技能要求较高的知识密集型服务业，也有标准化程度相对较高的传统服务业；既有具备跨区域甚至跨国交易条件的服务业，也有局限在本地消费的服务业。因此，如果局限在服务业大类的层面，是难以对服务业的发展特征作出有效判断的。

除了传统意义上的三次产业划分，近年来，随着经济社会的不断发展，服务业与其他产业融合发展的趋势不断增强，尤其是服务业与制造业之间的互动发展。2019年11月，国家发展改革委等部委共同发布《关于推动先进制造业和现代服务业深度融合发展的实施意见》，指出先进制造业和现代服务业融合是顺应新一轮科技革命和产业变革，增强制造业核心竞争力、培育现代产业体系、实现高质量发展的重要途径。大数据、人工智能等业态对传统制造业正在进行颠覆式的改造，更多服务业与制造业融合的全新业态不断发展，更多公司借助科技和数据的力量进行资源整合，从而创造出新的产业业态。

二、产业体系的产业链网络

快速工业化时期，领先发展的某些工业部门，通过产业间的上下游关系带动其他行业投资，使得各个部门之间的联系进一步增强、产出进一步增加，推动整个经济体的发展。这在数据上表现为两个方面：行业前后向联系的增加；整体投入产出乘数的增大。但是，在高速工业化向高质量城市化转型过程中，受到经济结构服务化的影响，部门前后向联系减弱、投入产出乘数下降。随着投入产出乘数下降，行业技术进步所带动的整体经济增长率也将大幅减弱；同时，工业化时期积累下来的经济结构扭曲和要素配置效率损失问题，也将在这一时期凸显出来。

产业结构前后向联系。结构主义认为，经济中的优先发展部门，由于具有更高的生产效率，其扩张可以促进上游原材料和下游供应厂商的投资增产，从而获得投入产出网络的增产效果。前向联系是指该行业获得上游行业的激励水平，而后向联系则是该行业向下游行业（或者最终产品）提供的激励水平。我们利用国际投入产出表 2016 年版（时间跨度为 2000—2014 年），计算了 2014 年中国、德国、日本、美国的各行业前后向联系（见表 4-1）。可以看出，中国制造业的前后向联系普遍高于发达国家，但是服务业有些滞后。即中国具有更高的前后向联系系数，而发达国家的前后向联系系数则比较小，尤其是与工业生产最直接相关的矿业、非耐用品制造业、耐用品制造业和零售运输业，对比更为鲜明。服务业中，建筑业和信息技术服务业的资本形成率极高（技术服务业形成的软件资产也被认为是固定资产），但是这类服务业在中国经济中的后向联系较弱；与之相反的是，中国的金融业前向联系较弱，但是后向联系很强，这说明金融业为中国经济其他部门提供了许多中间投入，但是却并不十分依赖其他行业。

表4-1　2014年各国产业前后向联系

行业分类	资本形成率	中国		德国		日本		美国	
		前向联系	后向联系	前向联系	后向联系	前向联系	后向联系	前向联系	后向联系
农、林、牧、渔业	13%	0.40	0.73	0.49	0.65	0.43	0.74	0.50	0.75
采矿业	52%	0.49	0.98	0.36	0.21	0.27	0.95	0.26	0.67
非耐用品制造业	0—17%	0.74	0.81	0.43	0.36	0.48	0.66	0.54	0.54
耐用品制造业	42%—82%	0.74	0.67	0.40	0.26	0.58	0.49	0.49	0.45
建筑业	100%	0.74	0.08	0.43	0.33	0.46	0.15	0.39	0.20
零售运输	22%—27%	0.44	0.72	0.42	0.53	0.34	0.43	0.37	0.37
信息技术服务业	98%	0.56	0.19	0.32	0.56	0.39	0.51	0.37	0.52
金融业	0	0.30	0.84	0.50	0.57	0.40	0.69	0.42	0.55
房地产业	31%	0.16	0.32	0.21	0.36	0.15	0.06	0.25	0.31
其他服务业	0—18%	0.51	0.41	0.30	0.34	0.37	0.31	0.36	0.32

注：资本形成率以中国2014年的数据计算。前向联系为本行业中间投入除以总产出，后向联系为其他行业使用本行业的中间投入除以总产出。对于产品是否是耐用品，笔者采用了资本形成率的指标，大于30%表示是耐用品，小于30%表示是非耐用品。

资料来源：世界投入产出数据（WIOD，2016年版），笔者计算。

产业网络的乘数效应。根据霍特（Hulten，1978）定理，投入产出乘数被简单定义为：所有部门技术提高1%，整体经济的全要素生产率变动的百分比。投入产出乘数可以理解为微观部门的技术进步如何影响宏观的全要素生产率变化。投入产出乘数具有以下特点：（1）经济影响。乘数越大，同样的行业技术进步，可以带来的整体经济效率提升越大。（2）历史变化。随着经济结构及其联系的变化，历史上的投入产出乘数也会发生变化，但是在短期内可以理解为不变。

设投入产出表的直接消耗系数矩阵为 B，则完全消耗系数矩阵为 $(1-B)^{-1}$，而该经济体的各行业最终消费比重向量为 c，则投入产出乘数向量 m 计算式为：

$$m=[m_1\cdots]=c(1-B)^{-1}$$

由于上式的 m 是一个向量，而投入产出乘数又具备行业可加总的特点，因此整个经济体的投入产出乘数（M）就是：

$$M=sum(m)$$

计算表明，中国投入产出乘数仍普遍高于主要发达国家和发展中国家。2014 年封闭情况下的中国投入产出乘数高达 2.6，开放条件下的投入产出乘数也达到 2.2，而发达国家普遍只有 1.5—1.8（见图 4-3）。这意味着同样的行业技术进步率，中国可以达到的经济增长远高于发达国家。基于此观察，笔者认为中国经济的高速增长，一定程度上是因为较高的经济部门联系，而这也是快速工业化国家的典型特征。另外，主要发展中国家如印度、巴西、俄罗斯，其制造业的产出水平和产业的完备程度低于中国，因此其经济结构中的联系也较弱，投入产出乘数也较小。正如大家认识的那样，印度和巴西近年来的经济增长主要依靠服务业和消费拉动，其制造业的发展显得滞后。另一个重要现象是，发达国家的投入产出乘数稳定度较高，在研究期（2000—2014 年）内，这些国家的乘数基本没什么太大变化；然而印度、巴西、俄罗斯等发展中国家的乘数则呈现出较大的上下波动，这意味着其经济结构并不像发达国家一样稳定。

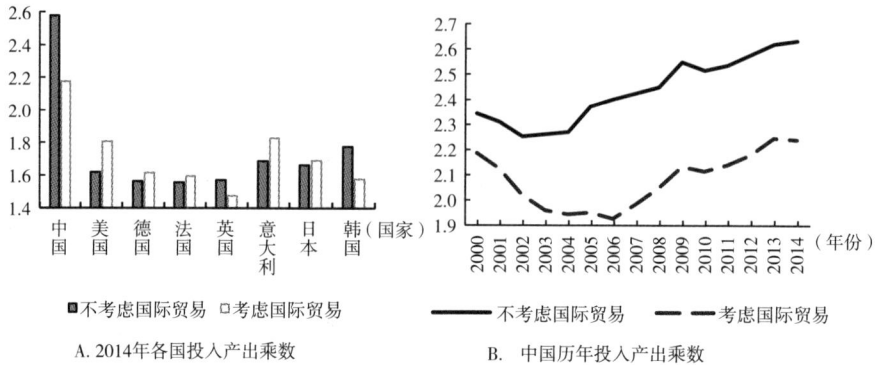

A. 2014年各国投入产出乘数　　　　　　B. 中国历年投入产出乘数

图4-3　中国投入产出乘数与国际比较

资料来源：世界投入产出数据（WIOD，2016年版），笔者计算。

三、产业体系的效率提升结构

如果说产业之间的前后向联系和投入产出乘数效应是基于产业链的投入产出关系的话，那么直接面向最终消费的服务业，其作用则是产业体系的效率提升效应。诸如教育、医疗、公共管理等服务业，由于面向最终消费，而较少参与投入产出结构，但这些行业却是经济发展的基础性保障，对于要素本身素质的提升具有极大的作用。

教育和医疗等行业，对于人力资本的提升效果，是跨期和非截面的，也就是说，这些效率的提升是不通过当期就能体现出来的。通常情况是，这些行业的要素产出，被作为投入应用于其他部门，推动整体经济效率的提高。因此，这些行业的作用尽管没有在投入产出表中得到充分体现，但是却通过要素质量提升间接地影响各个行业的产出效率，尽管这是跨期的。除了面向人力资本提升的最终服务业以外，近年来，信息化、网络化、智能化也为产业体系带来了新的发展。这些新发展具有明显外部性、强个体网络化联结等特征。

强个体网络化。经济新业态中的一大特点就是平台经济的兴起，平台经济通过先搭建一个由兴趣爱好、简便服务、人际关系为基础的网络平台，然后使得用户在使用平台的同时也共享各种信息，最终形成规模化和集聚化的经济模式。平台——表面上表现为物品或信息的交换中介，但其核心实质却是信息化背景下信息流和资金流的聚合体。个性化服务业的兴起，把批量生产解构成生产个体。但这些松散个体在面对市场中众多博弈者时，往往存在高昂的交易成本。面对这种困境，平台实际上是提供了一种信用背书，一定程度上解决了信息不对称的问题，提高了信息交流的效率。

正外部性。也正是由于个体的网络化联结效应，经济新业态呈现出一种正的外部性效应。在平台和网络建立的初期，由于规模较小无法发挥网络效应，需要进行大量的网络基础设施投入，甚至在达到一定规模投资的阈值之前，网络的规模效应都无法得到体现。但是个体化网络一旦达到一定规模和程度，网络的强度和信息流的容量就会迅速扩大。随着网络规模的扩大，平台经济呈现出来的正的外部性，可能转化为报酬递增效应。

第二节　与高质量发展相匹配的现代产业体系

经历了快速工业化进程以后，中国的劳动力、土地、环境等要素成本不断上升，资源要素约束逐渐加强，传统依靠低附加值、规模扩张的产业模式难以持续，这构成了中国经济从中高速增长转向高质量发展的最基本产业发展背景。高质量发展，要解决产业体系面临的业态层次低、体系协调性差、效率提升弱等问题，实现创新、协调、绿色、开放和共享，推动产业体系向着更具竞争力、更具协调性、更具稳定性的方向发展。

高质量发展要求产业体系现代化，从产业体系的产业结构、产业链网络和效率提升结构三大层面实现提升。高质量发展要求产业体系的元素结构向着更高级、更融合、更具竞争力的产业业态发展，创新成为产业体系现代化的核心动力。高质量发展要求产业联系高效率、精细化、全球化，实体经济与金融体系协调发展，产业结构更加平衡合理。高质量发展要求产业体系提供更高质量的生产要素和信息网络，大力推动产业要素质量提升，为产业现代化提供坚实的要素发展基础（见图4-4）。

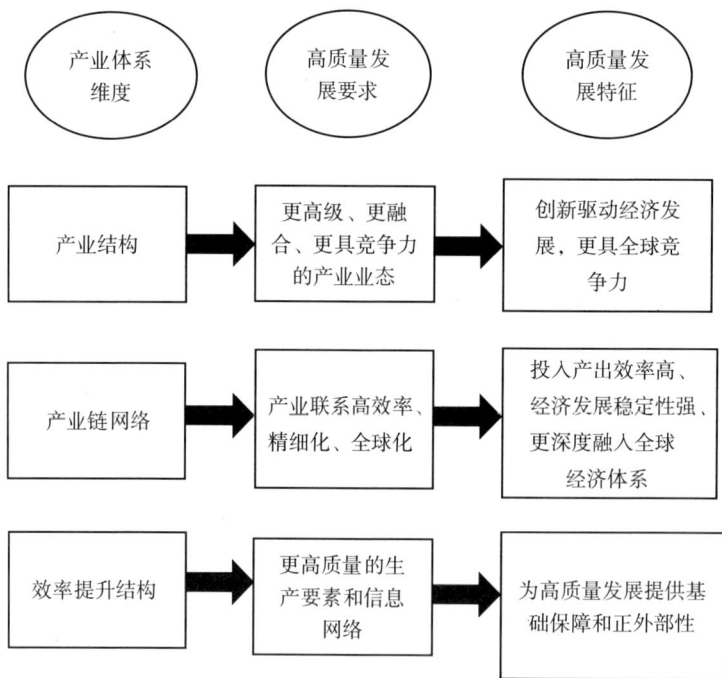

图4-4 体系现代化与高质量发展的关系

一、高质量发展要求与产业体系不足之间的矛盾

产业的低附加值、规模化扩张难以适应高质量发展需要。我国工业增加值率仅为 22%，在国际上排位靠后（见图 4-5），这是由我国代加工制造成分较高、价值链整体位置不具有优势造成的。改革开放以来，我国制造业中的加工制造部分逐渐提升，轻工业在这种海外代加工模式的驱动下迅速发展，这一发展路径也导致了整体工业产业结构层次较低、附加值率较低。工业增加值率不断下降（见图 4-6），意味着工业的整体盈利能力不断下降，这是实体经济出现问题的重要原因。换句话说，工业增加值率过低导致的实体经济不振，是中国经济高质量发展的主要障碍之一。与工业类似的是，中国服务业的发展仍然遵循的是类似工业的低成本规模化扩张路径，缺乏服务业效率提升的激励机制，从根本上制约了产业自身竞争力和经济高质量的发展。

（单位：%）

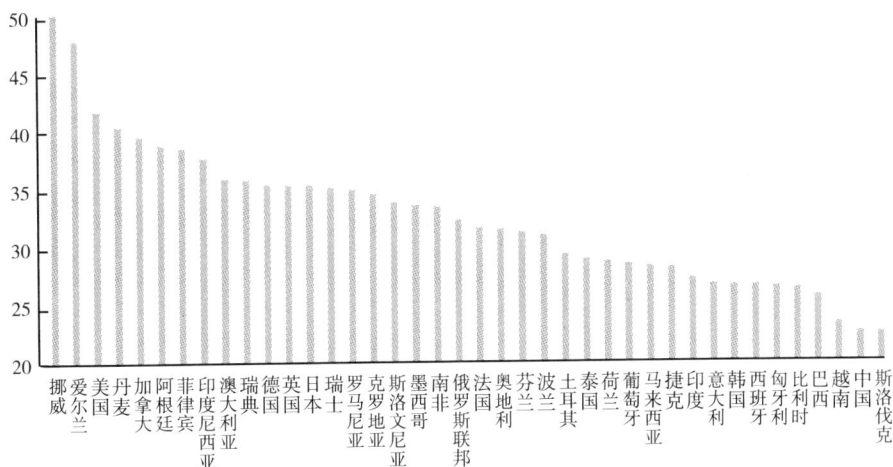

图 4-5　2015 年各国工业增加值率

资料来源：OECD TiVA。

（单位：%）

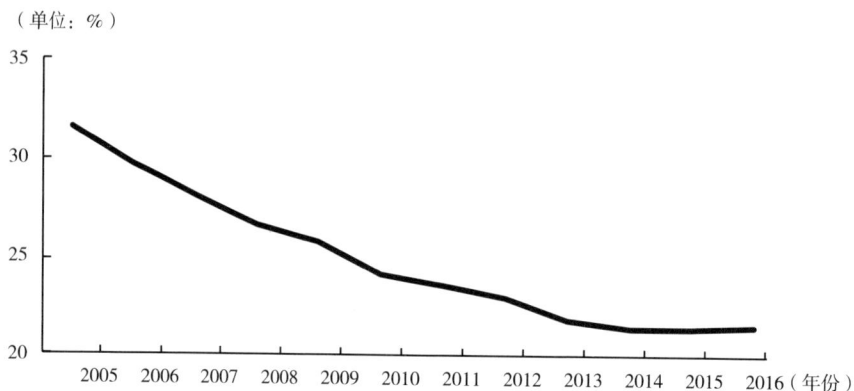

图4-6 2005—2016年中国工业增加值率

资料来源：中国国家统计局。

产业网络的诱致机制失灵和扭曲，制约经济高质量发展。依托物质品现代化生产的工业化，是具有极强上下游的产业联系的，由此构筑的投入产出网络的关联性极强。也正是因为这种上下游的关联性，一旦某个行业发生产出技术进步和产出扩张，将带来整体产出的网络扩张效应。而服务业的生产机制与制造业的物质品生产不同。服务业依靠人力资本进行个性化服务的供给，并不存在很强的产业上下游联系。因此经济结构服务业化的进程，也就是经济结构中的产业联系不断弱化的过程。在高速工业化向高质量城市化转型过程中，经济结构日益服务化，投入产出之间的联系不断下降，前后向联系减弱、投入产出乘数下降。工业化后期产业之间联系的减弱，投资诱致机制的失灵，再加上行业扭曲长期难以得到消除，将严重削弱经济高质量发展的韧性。

现代服务业领域体制机制障碍，制约要素质量的提升。在以制造业主导的产业体系成本优势下降、产业联系减弱的背景下，服务业需要提供效率补偿的路径，来弥补经济发展动力的不足。但现实情况中体制机制障碍严重制约了要素质量的提升和效率补偿，特别是受到科研事业单位的体制约束，研究成果的市场化分享机制缺失，同时，劳动力市场分割导致收入差距在行业层面固化，不利于人力资本积累。

二、更高级、更融合、更具竞争力的产业业态

高质量发展要求创新成为产业体系发展的第一动力。制造业和服务业要从规模速度型扩张转向质量效益型提升，由以成本、价格优势为主向以质量、服务为核心的综合优势转变。产业发展的高质量，要求产业链比较完整且主要居于中高端、生产方式平台化和网络化。微观上，这种要求体现为企业信息化、智能化水平不断提高，创新力、品牌力和核心竞争力不断增强。通过人力资本、信息、数据等新的生产要素的投入，加速产业融合，形成更具竞争力的平台化经济业态。

制造业产业结构进一步合理化、高级化。制造业数字化、网络化、智能化取得明显进展，形成一批具有较强国际竞争力的跨国公司和产业集群，在全球产业分工和价值链中的地位明显提升，产业竞争力进一步增强，高技术产业占规模以上工业增加值比重大幅提升。推动装备制造业、高技术制造业和战略性新兴产业成长为新支柱产业，为动能转换迈上新台阶奠定基础。

大幅提高现代服务业比重，培育服务业国际竞争力。高质量发展时期，城市进入公共服务提升阶段，从而有利于依靠人力资本积累的现代服务业发展。企业转型升级和居民需求升级都需要更高质量的现代城市型服务业。随着中国劳动力素质的不断提高，制造业和传统服务业的就业人数比例将不断下降，更多的技能劳动力进入金融业、教育、医疗、科技研发、数据信息服务等现代城市型服务业。而随着服务业的进一步

对外开放与国际标准接轨，现代城市型服务业的国际化程度不断提高，也必将带动服务业整体国际竞争力的提升。

三、产业联系高效率、精细化、全球化

更高效、更协调的产业协作。通过市场化改革消除行业之间的扭曲，提升要素在各行业之间的配置效率，可以提升产业的投入产出效率，更好地促进行业之间的协作效率。现阶段，"虚业"的过度发展严重制约了制造业的发展，过高的金融定价在造成金融供给不足的同时，却使得金融业占产出的比重很高。同样的情况也出现在现代服务业中，但是扭曲程度并没有金融业那么严重。扭曲的消除不但可以促进制造业发展，还可以提高自身的产出份额，服务业的扭曲严重制约了中国产业协同效率的提高。通过消除这些扭曲，中国经济要素可以在各行业之间更好地配置，实体经济、科技创新、金融体系、人力资本将更好地协调发展。

更精细、更完备的产业链条。美国和欧洲近年来加大了对中国的技术封锁，在关键零部件领域的限制出口也极大影响了中国企业技术的提升。这意味着依靠代加工模式和规模化生产的路径已经难以持续，关键零部件生产环节由国外掌控的产业链体系，是无法实现真正高质量发展的。高质量产业体系依赖更加精细的产业分工，这就需要通过大数据分析细分产业链的薄弱环节，并进行集中攻关克服问题。同时，产业链的完备性和安全性也需要进一步提升。

更开放的全球生产网络。工业化后期，要素成本上升以及服务业的投入产出联系弱化，导致经济增速下降。国际经验是，发达国家通过将制造业低端环节外移到海外，牢牢控制价值链的上端，控制附加值的绝

大部分份额，以质量换速度、以效率抵消成本，实现产业发展的良性大循环，由此获得全球化收益。事实上，经济全球化给发达国家带来的最大收益，在于弥补其制造业生产能力不足，使其继续保持经济服务化过程中较高的投入产出乘数，增强经济韧性。

四、更高质量的生产要素和信息网络

现代化产业体系与高质量生产要素相互促进。高质量发展要求的产业体系，不仅在于高级产业业态和产业之间的直接联系，更在于产业之间的间接联系的加强。现代产业体系通过提升资本、劳动力的要素质量，促进数据要素的流动和整合，反过来提升产业体系自身的生产效率。典型如上文所述教育和医疗等现代服务业的发展，旨在促进人力资本升级。要素质量提升推动知识经济发展，形成良性循环：一方面，新技术将大幅度提升资本和劳动效率；另一方面，又迫使劳动力进入更高技能要求和更个性化生产、难以被人工智能替代的领域。

高质量产业体系要求更高质量的产业信息网络。随着新兴现代服务业的兴起，经济结构逐步脱离以产品生产为主导的模式，而转入到要素质量提升的服务业形态。同时，个体化的网络联结也正在逐步取代传统产品的上下游联结，以个体网络化联系为基础的新兴服务业，颠覆式地改变了传统的生产、消费、支付的模式。产业之间产品链条的弱化和个体信息网络的增强，使得产业需要更高质量的信息生产网络。信息网络不同于产品链条的特点，在于门槛效应和规模报酬递增效应，因此，高质量发展阶段，随着信息网络重新构建和质量提升，产业体系的生产效率和竞争力也将不断增强。

第三节　推动高质量发展的产业政策体系

随着中国经济转向高质量发展阶段，产业政策体系也将进行相应的调整。从快速工业化时期的鼓励扩张型产业政策，转向高质量发展阶段的创新提升型产业政策；从鼓励特定优势产业发展，转变为构建要素自由流动和高效配置的产业环境；从鼓励以加工制造为主的产业链条，转向构建更完善、更国际化、更安全的产业链条；从依靠优惠补贴政策定向支持，转变为降低企业创新成本。简言之，推动高质量发展的产业政策体系，也就是从培育产业的创新融合发展动能、提升产业体系协调发展动力、提升产业效率能力三个角度去实施。

一、培育产业的创新融合发展动能

高质量发展要求的现代化产业体系，需要培育依靠创新驱动和融合发展的产业业态，支持传统产业的转型升级，提升"硬科技"能力，并适应制造业和现代服务业融合发展的大趋势，推动产业融合创新发展，形成更丰富更具有竞争力的产业业态。

要把制造业高质量发展作为重点。把制造业产业链安全、供应链稳定和价值链提升摆在更加突出的位置。强化创新引领，更加聚焦于"硬科技""新硬件"型技术创新，以强大国内市场和新型举国体制促进本土研发和国产替代，持之以恒解决"卡脖子"问题。要主动采取措施避免"技术脱钩"，注重在现有产业技术体系中打造"撒手锏"，具备可置信威胁能力维护供应链创新链的安全。增强制造业技术创新能力，以强大创新链支撑产业链。进一步完善创新激励体系，强化政府对基础研究的支持力度。发挥市场对技术研发方向、路线选择及各类创新要素配置的决定性作用，引导创新要素更多投向核心技术攻关。积极发挥企业的主体作用和新型研发机构、产业联盟、专利联盟等新型载体的支撑作用，积极发挥国产高端装备首台（套）政策、基于军事需求的军民融合发展战略的牵引作用，以推动科技成果转化、构建强大创新网络、完善公平竞争体制机制、提高劳动力素质为重点完善制造业科技创新生态。

推动传统产业转型升级。工业化进入中后期，传统制造行业普遍面临盈利水平下降、产能过剩的困境，产业整合和转型在所难免。加快制造业向高端、智能、绿色、服务方向转型升级，推动新旧动能接续转换。重点推动汽车制造、电子信息制造、石化制造、装备制造、金属冶炼等行业提质增效。推动兼并重组和优胜劣汰，强化基于产品质量和环保标准的公平执法，加快培育一批竞争力强的主导企业和"专精特新尖"的中小企业。大力推进"互联网＋"和"智能＋"，充分发挥新一代人工智能、新材料等新型通用技术在提升效率、创造价值方面的作用。

推进服务业扩大开放政策。服务业是未来对外开放的重点领域，要全面实施准入前国民待遇加负面清单管理制度，进一步扩大行业开放准入。加强知识产权保护，形成更具激励性的产业技术创新和研发环境，以及推进研发成果商业化的创业投资环境。扩大金融业对外开放，推动金融开放，吸引国际头部银行、资管、基金等金融机构来华从事业务，适度放宽此类机构的跨境资金使用限制。

二、提升产业体系协调发展动力

现代化的产业体系，本质上是对各个行业有机地进行整合和融合，提高产业之间的协同运作效率，通过投入产出结构的上下游联系和要素投入之间的相互联系，提高最终产出效率。因此，要建立现代经济体系，最直接的就是增强产业的深度融合和提高协同效率。

产业政策的重点，要从选择性支持转向消除行业扭曲。工业化追赶时期，中国倾向于采用支持性、补贴性的产业政策，但是这种政策很多时候也造成了不同程度的扭曲。高质量发展阶段，需要对产业政策的重点进行转向，从选择性的支持，转变为进行特定服务业的市场化改革以消除扭曲。需要进一步推动市场化改革，提高要素配置的效率，减少这些服务业的垄断收益，促进行业的协调发展。积极消除服务业扭曲，提高要素配置效率。要采取结构性调整，改革垄断程度较高的中国服务业行业，尤其是金融业行业。消除资本进入壁垒，促进服务业的资本要素配置提升，提高服务业的产业服务能力和国际竞争力。要提高实体经济回报率，促进资本要素的全行业优化配置，从而促进整体产出的增长。

加快加强产业之间的融合和协同。从要素投入驱动转为效率提升，一方面需要提高要素配置效率，另一方面要促进产业协同。实际上，产业协同与要素配置效率是一个问题的两个方面。正如前文所述，产业之间的协同效果，不但可以通过投入产出结构的影响提高产出效率，而且还可以通过国际贸易的影响扩大各类行业的效率。如服务业自身的扭曲消除和效率改进，可以促进下游可贸易部门产出效率提升，达到国际贸易的产出扩张性效果。而产业之间协同效率的提升，则需要借助信息化、人工智能等新手段，通过对农业、制造业、各类服务业的产业业态进行重新整合和融合，优化投入产出结构，减少无效损失。

尤其要注重促进要素的合理配置。完善要素市场体系是我国建立现代市场体的关键，要加快消除政府对要素市场的行政管制和不合理限制，打破地域歧视和市场分割，推动要素在更多市场主体之间、更大范围内合理流动和优化组合。中国的结构性扭曲主要就体现在要素市场化定价程度仍有待提高，资本的配置过多地受到行政和垄断力量的干预，而知识劳动力则受到体制机制的严重制约，不能得到市场化的回报，进而导致要素配置效率较低。第一，要打破行业间对于人才流动的限制，促进高素质人才在行业间的自由流动和获得合理的劳动回报，这需要经济体制的进一步深入改革，进一步完善人才评价和社会保障制度，破除劳动力跨地区、跨部门、跨所有制流动的隐性壁垒。第二，完善农村土地"三权"分置改革，加快建立城乡统一的建设用地市场，进一步完善城市建设用地供地机制和农村建设用地的高效配置机制，推动农村闲置宅基地盘活和变现，完善工业用地市场配置机制。第三，推动金融供给侧结构性改革，加快完善金融体系，更好服务实体经济，重点解决金融支持创新活动、制造业发展和小微企业融资问题。第四，建设枢纽型技术交易市场，完善技术市场定价机制，探索技术资本化机制。明晰数据信息产权，盘活数据信息资产，完善价值评估体系和交易规则，发展数据信息市场。

推动建立完备的产业链体系。推动企业"走出去"建立全球化的生产网络，促进产业结构爬升，逐步掌握国际分工价值链的主动权。加快培育高新技术行业的国内配套产业链，形成完整产业闭环。在努力稳住海外供应链的同时，关系国家安全的重大、敏感行业应优先替代。统筹用好各级财政技术创新专项资金和引导基金，加大对供应链上龙头企业创新的支持，尽快攻克难关，打破关键器件和核心技术受制于人的局面；加大对零部件领域供应企业的信贷支持力度，加快培养一批创新水平高、供应能力强的配套企业。加强新兴产业的产业链培育，形成产业链的梯度补充。重点培育5G、人工智能、智能运输、航空经济等新领域新业态，在未来五年内形成以我为主的制造生产链，形成多个新兴经济聚集带，形成对传统产业链退化的补充。加快新兴产业的国内行业标准制定工作，推动相关行业协会积极参与国际行业标准制定。

三、提升产业效率能力

创新驱动的新经济模式下，传统实物产品导向的经济模式已经难以为继，经济结构也从行业间的紧密联系，发展成为创新带动的要素间网络化联系。在这个过程中，不能再持有传统的产品经济思维，而应该树立全新的产业发展意识，并且鼓励传统行业积极融入网络化、智能化、数据化的大潮，同时监管者应该以包容、审慎的态度对待创新，最后要跟进服务业经济的统计核算体系调整。

树立全新的产业认识和产业政策意识。在工业化经济模式下，产品实物可见可触摸，而且中国作为一个工业化赶超国家，有发达工业化国家的经验可以借鉴，因此对于先进产业的认识、发展路径，以及产业政策制定都有十分明确的导向。但是新经济模式驱动下，一方面，创新的不确定性和创新商业模式的颠覆性，使得产业政策的制定不再具有针对性，条条框框的产业政策反而显得滞后和束缚；另一方面，中国已经走在网络化新经济的全球前沿，既面临先行先试的困难，又遭遇发达国家对中国经济的打压敌视。在新经济整合传统经济的过程中，要转变传统工业大部门经济的思维模式，而应该将研究的目标精细化到个体及其网络的联系上。而产业政策的制定也应该具有弹性和包容性，不应该再限定过多优先发展的产业和鼓励支持的产业，因为处于新一轮技术革命的突破期，政府很难认定产业的确切发展方向，过多的政策条框反而限制了产业的发展。

鼓励传统行业的网络化、数据化、智能化，为新经济的整合提供条件。新经济对传统产业的影响是深远的，通过网络化、数据化和智能化整合传统产业。将传统产业的投入产出联系以及产品的制作流程进行数据化，同时配合网络经济的大数据分析，进行最优生产的智能制造，一方面可以节约人工成本，另一方面减少了制造、销售过程中的信息损失问题。

以包容、审慎的监管对待创新。新经济的科技型企业不断涉足传统行业，尤其是金融业，已经引起了监管层的关注。但是，这种"涉足"并不是以往的非金融企业进军金融业，而是科技与其他行业的深度融合。为此，一方面，要坚持包容的监管态度。支持有序、有限的发展，鼓励科技与其他产业结合的创新。另一方面，也需要加强审慎监管，将成规模的融合型业务纳入宏观审慎监管，提高准入性的微观审慎监管要求。完善对信息、数据的统筹和分享机制，要加强政府多部门监管机构的协同监管能力。

跟进服务经济统计核算体系调整。中国的经济核算体系建立在传统的工业生产基础之上，无论是统计局的企业级调查，还是国资委的国有企业监管，更不用说税收体系，都是以工业企业为主体的。但是随着经济结构的大转型，中国服务业在中国经济中的重要性、支柱性、融入性越来越强，因此需要及时调整统计的核算体系，以助力服务业创新发展。

小　结

本章从产业体系现代化的时代性阶段性特征入手，首先阐述了产业体系分析的三大维度，根据这三大维度进一步分析了与高质量发展相匹配的现代化产业体系要求，并对推动高质量发展的产业政策体系进行了建议。

由于产业革命和技术创新不断迭代，产业体系现代化因而具有鲜明的时代特征，中国的产业体系现代化又具有鲜明的阶段性特征，既面临新一轮技术革命推动下的产业体系创新融合趋势，又要解决工业化后期资源要素约束不断增强下的产业体系转型问题。经历了快速工业化进程以后，中国的劳动力、土地、环境等要素成本不断上升，资源要素约束逐渐加强，传统依靠低附加值、规模扩张的产业模式难以持续，这构成了中国经济从中高速增长转向高质量发展的最基本产业发展背景。

高质量发展，要解决产业体系面临的业态层次低、体系协调性差、效率提升弱等问题，实现创新、协调、绿色、开放和共享，推动产业体系向着更具竞争力、更具协调性、更具稳定性的方向发展。为了更好地应对国内外风险挑战、提升产业体系的竞争力和创造力，顺应经济发展的客观规律，需要从产业体系的元素构成角度、产业链网络和效率提升结构三大层面实现现代化提升。一是形成更高级、更融合、更具竞争力的产业业态；二是形成高效率、精细化、全球化的产业联系；三是形成更高质量的生产要素和信息网络。

产业政策体系也应该作出相应的调整，从快速工业化时期的鼓励扩张型产业政策转向高质量发展时期的鼓励创新协调高效的包容性政策。从宏观产业发展的角度，从支持特定优势产业发展转变为构建要素自由流动和高效配置的产业环境。从产业链的角度，从以加工制造为主的产业链条转向构建更完善、更国际化、更安全的产业链条。从企业扶持的角度，以往依靠优惠补贴政策定向支持转变为降低普遍性的企业创新和转型成本。推动高质量发展的产业政策体系，也就是从培育产业的创新融合发展动能、提升产业体系协调发展动力、提升产业效率能力三个角度去实施。

第五章

国家创新系统演变与高质量转型

　　无论是新古典增长理论还是20世纪80年代兴起的内生增长理论，都非常强调创新在经济增长中的重要性，区别主要在于后者对创新行为内生化，即创新主体、创新活动等内容有了明晰的界定，创新再也不是"黑箱"。不过，也正是创新内生化的过程，导致创新行为的研究聚焦于创新生产部门或群体，而忽略了创新的整体性、协同性和网络性等特征，也无法解决创新这一行为市场失灵①等问题。国家创新系统是一种从系统整体性和局部相互依赖性来讨论科学、技术、技能等创新要件的作用和互动关系的总括性理念，它既强调将创新这一行为上升至国家整体层面，也注重不同创新主体的能动性；既突出从系统角度加强对创新生态构建，也重视创新系统内部各组成部分的互动互享。国家创新系统随着经济社会发展条件的变化而不断充实和更新，成为经济从低级向高级、从低质量向高质量爬坡过坎的重要催化剂，亦是中国经济向高质量发展转型的重要内涵。

---

　　① 创新的市场失灵问题可以概括为创新收益与投入匹配问题，特别是一些公共产品或服务创新、重大国家战略创新等，市场主体由于风险和投入等问题往往会导致这类创新产品供给不足。

第一节　工业化时期国家创新系统的特征、挑战

一、工业化阶段的国家创新系统特征

从历史脉络看，德国经济学家弗里德里希·李斯特（Friedrich List）在 1841 年出版的《政治经济学的国民体系》中，首次从国家整体视角，对落后国家采用和学习新技术实现赶超的问题进行了探讨。不同于亚当·斯密（Adam Smith）等古典经济学家将技术仅仅视为劳动分工的自发结果，李斯特更加强调知识积累对国家赶超的重要作用。他论述道："先前一代代人的发明创造、完善改进，使得知识不断积累，形成国家目前的技术状态。目前人类的智力资本也是由此积累而完成，每个独立国家只要知道如何站在巨人的肩膀上不断进步，就可以成为生产大国。"显然，从李斯特的研究观点来看，创新是整体社会行动有意识积累的结果，这类社会行动既蕴含教育体系、职业技能等社会整体人力资本水平的提高，也包含创新技术研发以及推广使用等内容。此外，他还说明了国家在制定长期经济增长之策中的重要作用。

弗里曼和泽特（Freeman 和 Soete，1997）总结了 18 世纪、19 世纪英国国家创新系统和 19 世纪、20 世纪美国国家创新系统的特征（见表 5-1），可以发现，随着工业化的快速推进，英国、美国都将创新作为工业化阶段的重要构件进行通盘考虑。工业过程中，创新行为虽然主要受到市场因素的影响，但从宏观层面看，众多的非市场因素同样对创新提供重要的支撑，如表 5-1 中提到基础设施、教育、技术引进和法律保护等内容。这说明国家层面对创新的支持，促进了工业化的进程，同时工业化的推进也促进了创新技术的突破、应用和对先进国家的赶超。

从其他国家历史实践看，19世纪下半叶德国完成对英国的赶超、第二次世界大战后日本经济崛起、"亚洲四小龙"腾飞等，都表明国家创新体系对于大规模工业化和实现赶超的关键作用。

由此，可以将工业化阶段的国家创新系统特征概括为以下两点：

其一，国家创新系统源于工业化的发展，也因工业化的快速推进而使得创新不再囿于独立个体、单一时间、特定空间甚至主权国家范围，亚当·斯密论述的带有自发特征的创新已经不能适应快速工业化的需要，必须有国家行动的支持。

其二，在工业化时期国家创新系统建设中，国家处于中心协调地位，在科学、技术、创新、高等教育、技能培训、产权保护以及更广泛的知识生产中起着核心作用，解决了创新市场失灵等问题，为大规模工业化和实现赶超创造了条件。

表5-1　英国和美国工业化阶段国家创新系统特征

国家	国家创新系统特征
英国	在国家和当地俱乐部的支持下，发展科学已经成为一项国家制度
	交通基础设施（运河、公路与铁路）的大力投资
	组织间的合作有利于发明者筹集资金并与企业家开展合作
	从国家或资本市场融资
	经济政策受到古典经济学的强烈影响，符合工业化的需求
	人们努力保护国家技术，阻止竞争对手赶超
	截至1850年，英国人均生产力为欧洲人均生产力的两倍
	减少或取消贸易壁垒
	大学教育、工人在职培训
美国	贸易和投资不受封建壁垒的限制、1865年奴隶制度取消、资本主义意识形态确立
	从1860年起，铁路等基础设施促进了国家统一市场的形成
	技术工人的缺乏促进机器和资本密集型技术的发展
	在大量投资以及规模经济的指引下，铁、铜、石油等国家资源得以开发
	大规模化生产、流水线生产技术的兴起

续表

国家	国家创新系统特征
美国	从 1776 年起，大力鼓励联邦和州级的科学技术教育
	资本密集型行业迅速壮大（通用汽车、通用电气、南方电力等），注重研发投入
	截至 1914 年，美国生产力是欧洲的两倍
	通过移民从欧洲引进重要的科学与技术

资料来源：[美]布朗温·H.霍尔、内森罗森伯格（Hall 和 Rosenberg）主编：《创新经济学手册》（第二卷）第二十七章，上海市科学学研究所译，上海交通大学出版社 2017 年版。

二、中国的国家创新系统建设

从形式上看，改革开放后中国进行大规模工业化实践，使得中国国家创新系统建设也采取了与其他国家相类似的路径（见表 5-1）。中国国家创新系统主要围绕吸收、模仿前沿国家创新实现工业化赶超这一条件而向前推进，最典型的就是在后进国家创新系统的技术一致性和社会能力两个方面，不断适应前沿发达国家技术和产业转移特征 [阿伯拉莫维茨（Abramovitz，1994）]。技术一致性指的是后进国家和前沿国家在市场规模、要素供给等领域的一致程度，例如，中国改革开放后开启工业化之路的一大成功因素，就在于国内广阔的市场规模以及初始工业化所要求的低成本要素（低劳动力成本、低资本成本和低土地租金等）。社会能力反映的是后进国家追赶中所必需具备的一些能力，例如，发展工业所需的人力资本和改善工业发展的基础设施（不仅包括硬件方面也包括金融体系等软件支持）。经由改革开放带来的生产力和要素解放以及对教育、科技、基础设施的高密度投入，中国的技术一致性和社会能力方面具备了大规模工业化赶超的条件；与此同时，大规模工业化强化了以技术一致性和社会能力为目标的国家创新系统的形成。因此，中国这一时期的国家创新系统内核带有深深的工业化烙印。这种创新系统虽然推动了中国从低收入国家向中等偏上收入国家的进阶，但在服务业和城市化时期却会出现种种不适应性，我们将在第二节系统总结中国工业化阶段国家创新系统建设的成就与经验。

随着大规模工业化结束，中国经济开启了服务业和城市化进程，后工业化时期的中国经济驱动力更加依赖于创新作用的发挥，新的国家创新系统与工业化时期创新系统建设有着本质区别。多样化知识、差异化需求和个性化生产中的创新需求，与工业化时期创新体系存在实质性差别，加之互联网等新技术的应用使得创新边界不断突破、部门前向和后向关联减弱、创新由单点向多点发散、由较为封闭的环境向开放的平台逐步转变，创新要素之间的线性关系变为互通互连的非线性网络结构。与国家在工业化创新系统建设中居于中心地位不同，国家的角色应该由主导向服务和协调角色转变，未来政策建设和措施发力点也需要和工业化时期有本质转变。

三、中国工业化时期创新系统的特征

中国在 1978 年开启了大规模工业化进程，为了使国家创新系统真正服务于工业化，根据阿伯拉莫维兹（1994）的研究，像中国这样的后进国家需要在创新系统的技术一致性和社会能力两个方面进行改革，以达到工业化赶超的初始参数条件。

围绕技术一致性和社会能力两个方面，中国工业化时期创新系统建设主要围绕以下几个方面展开：第一，从创新的投入看，在"人"的方面，适应快速工业化要求，持续加大教育投入，逐步形成了以中等教育为主的中低层次人力资本投入体系，这种形式的人力资本结构符合快速工业化阶段创新主要依靠技术引进、消化的特征，也符合工业化追赶阶段以"干中学"、通用技术为主的生产模式。但随着向城市化时期过渡，

这种人力资本结构特征越来越无法适应多样化创新的要求。第二，从创新投入的"资金"方面看，总量上虽然表现为研发支出强度逐年增长，但在满足多样化创新、颠覆性创新所需的覆盖企业成长全周期的多层次资本市场体系方面还有较大的进步空间。第三，从创新产出看，以专利为例，专利申请量和授权量均为世界第一，但结构上仍然以技术应用为主的外观设计和实用新型构成，而发明专利占比较低。

（一）创新人力资本体系"工业化特征"明显

改革开放后，面对短缺经济和资本稀缺的问题，中国实行了大规模的招商引资和发展劳动密集型产业，以使得中国技术一致性和社会能力方面尽力达到发达国家向中国转移技术和资本的初始条件，为大规模工业化创造了条件。结合农业剩余劳动力、城市初级产业工人和内外资本，以出口加工和贴牌生产为代表的工业化模式，使得工业化创新的基因天生较弱。相应地，以中等教育及以下为主的中低层次人力资本结构，也能够满足这类工业化的需要。虽然随着我国建设创新型国家的推进，整体国家创新能力有了大幅提高，但以中低层次人力资本为主的人才结构依然是城市化和服务业时期差异化、多样化创新的挑战。我们使用奥地利维特根斯坦人口与全球人力资本中心提供的全球人力资本数据库 2.0 版，从 1950—2015 年中国与英国、美国、日本、韩国等国家 15 岁以上适龄人口受教育年限来对这一趋势进行分析（见图 5-1）。图 5-1 表明，中国 2015 年适龄人口平均受教育年限为 8.33 年，不仅远低于其他发达国家水平，也低于其他国家同等发展水平下人力资本水平。[1] 上

---

[1] 以韩国赶超为比较，1992 年韩国人均 GDP 首次突破 8000 美元，中国也于 2015 年人均 GDP 突破 8000 美元，但 1990 年和 1995 年韩国适龄人口受教育年限分别已经达到 9.39 年和 10.09 年，而中国 2015 年适龄人口受教育年限仅为 8.33 年。

（单位：年）

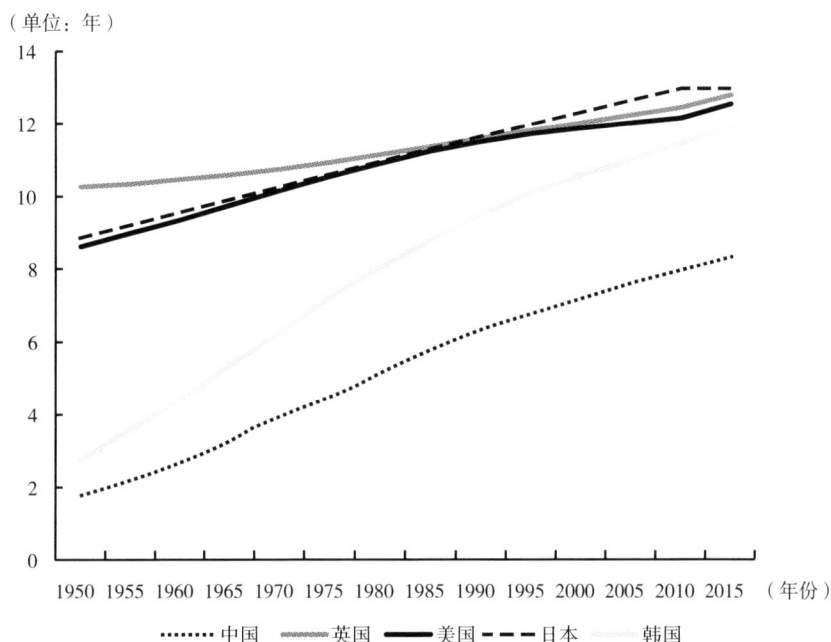

图5-1　1950—2015 年中国与其他国家受教育年限对比

述是对人口总体受教育年限的揭示，我们还可以分年龄段以发现不同组别人口受教育程度演变情况，本章将以 20—39 岁青壮年人口和 40—64 岁年龄组中老年人口平均受教育程度进行对比列示。分年龄组比较发现（见表 5-2），中国 20—39 岁年龄组人口受教育程度高于 40—64 岁年龄组人口，2015 年二者分别为 9.78 年和 7.68 年，反映了中国大规模工业化时期第一代产业工人更加重视子女教育，"80 后"、"90 后"新一代人力资本水平相比父辈有了大幅提高。从接受中学教育占适龄人口比重情况看，从表 5-3 可以发现，经过四十年大规模工业化快速追赶，中国 20—39 岁和 40—64 岁接受中等教育劳动力比例快速上升，这也契合了中国大规模工业化对劳动力需求的特征，中国接受中等教育劳动力仍是劳动力主体（袁富华等，2015；张鹏等，2019）。不同的是 20—39 岁接受中学教育的人口比重从 21 世纪开始已经增长趋缓，未来有下降的趋势，这也在一定程度上说明中国经济结构转型对劳动力素质要求的提高。从表 5-4 中可以发现，20—39 岁年龄组人口中接受高等教育的比重在 21世纪后有比较快速的上升，相比较之，40—64 岁年龄组人口接受高等教育比重上升幅度较缓，而接受中等教育人口的比重却快速地上升。

表 5-2　1950—2015 年中国与其他国家 20—39 岁和 40—64 岁年龄组受教育年限对比

（单位：年）

年份	20—39 岁年龄组					40—64 岁年龄组				
	中国	日本	韩国	英国	美国	中国	日本	韩国	英国	美国
1950	2.06	9.76	3.27	10.54	9.92	0.81	8.17	1.08	10.13	7.88
1955	2.66	10.20	4.18	10.69	10.36	0.97	8.52	1.47	10.23	8.35
1960	3.35	10.58	5.35	10.85	10.78	1.19	8.84	1.94	10.33	8.85
1965	4.06	10.97	6.52	11.06	11.18	1.51	9.20	2.53	10.44	9.37
1970	4.76	11.43	7.69	11.28	11.51	1.97	9.63	3.24	10.57	9.89
1975	5.48	11.85	8.85	11.57	11.80	2.52	10.07	4.18	10.71	10.39
1980	6.11	12.29	9.98	11.88	12.06	3.17	10.48	5.23	10.89	10.87
1985	6.78	12.77	10.90	12.16	12.25	3.87	10.90	6.25	11.11	11.35
1990	7.39	13.22	11.65	12.41	12.34	4.55	11.43	7.38	11.43	11.82
1995	7.92	13.58	12.27	12.60	12.39	5.25	11.95	8.51	11.75	12.16
2000	8.30	13.87	12.78	12.79	12.42	5.93	12.49	9.68	12.04	12.35
2005	8.63	14.11	13.22	13.01	12.45	6.66	13.03	10.67	12.31	12.47
2010	9.21	14.34	13.58	13.24	12.53	7.20	13.54	11.57	12.55	12.56
2015	9.78	14.11	13.65	13.64	12.90	7.68	13.60	12.34	12.95	12.87

资料来源：Barro-Lee 数据库。

从国际比较看，无论是 20—39 岁年龄组还是 40—64 岁年龄组，中国接受中等教育人口比重已经达到其他发达国家水平（见表 5-3），但接受大专及以上高等教育人口的比重却显著低于发达国家（见表 5-4）。未来十五年内 40—64 岁年龄组人口逐步达到退休年龄将退出劳动力市场，20—39岁年龄组人口将成为劳动力市场的主要组成部分。目前国际上推算分年龄组人口人力资本的各类预测（Barro 和 Lee，2013；Cohen 和 Soto，2007），包括本章用到奥地利维特根斯坦人口与全球人力资本中心提供的数据，均假设人口在 25 岁以前接受各类教育，这样就可以使用 25 岁以后人口受教育程度数据递推不同年龄人口受教育程度。因此，将中国 2015 年 20—39 岁年龄组人口向前递推十五年演变为 35—54 岁年龄组，基本可以确定现阶段 20—39 岁年龄组人口人力资本情况，将主要决定未来中国劳动力主体人力资本分布情况。2015 年中国 20—39 岁年龄组人口接受各类教育比重分别为：小学及以下为 8.6%、中学为 70%、大专及以上为 21.4%，因此中国未来十五年内劳动力结构还主要以中等教育为主、高等教育为辅的人力资本结构为主导。

表 5-3　1950—2015 年中国与其他国家 20—39 岁和 40—64 岁
年龄组接受中等教育占适龄人口比重

（单位：%）

年份	20—39 岁年龄组					40—64 岁年龄组				
	中国	日本	韩国	英国	美国	中国	日本	韩国	英国	美国
1950	7.4	67.2	12.1	89.2	64.2	2.4	40.8	2.0	89.7	37.6
1955	10.7	72.3	16.8	87.9	68.7	2.7	46.7	3.3	88.9	43.1
1960	15.0	75.4	23.4	86.4	71.5	3.4	52.6	4.7	88.1	49.3
1965	20.1	77.3	30.0	85.0	72.3	4.5	59.0	6.8	87.1	55.4
1970	25.6	79.6	38.4	83.3	72.5	6.4	65.1	9.8	86.1	59.9
1975	33.7	79.5	48.7	80.8	71.1	8.9	69.9	14.0	84.8	62.7
1980	42.6	77.7	58.9	77.6	68.2	12.5	73.0	19.7	83.2	64.4
1985	51.8	74.3	64.5	75.1	65.3	17.2	74.9	26.3	81.1	64.1
1990	59.6	68.5	65.8	72.7	63.6	22.6	75.6	34.7	78.2	61.7
1995	65.6	63.4	64.3	70.5	62.8	30.6	74.1	43.8	75.3	59.7
2000	68.4	58.7	61.0	68.1	62.2	39.7	70.7	52.5	72.7	59.0
2005	69.2	54.7	55.2	65.4	62	49.3	66.7	57.3	70.1	58.4
2010	69.6	50.9	47.8	62.6	61.5	56.6	62.0	59.0	67.6	57.5
2015	70.0	45.1	40.6	58.0	59.0	62.3	55.8	57.2	64.6	57.0

资料来源：Barro-Lee 数据库。

　　基本判断：中国过去四十年的大规模工业化，最大限度地开发了以中等教育扩张为特征的第一次人力资本开发，满足了工业化时期国家创新系统的要求。随着中国经济向后工业化和城市化阶段转型，要求匹配更高层次的以高等教育为主的第二次人力资本开发（袁富华等，2015）。根据上文分析，现阶段 20—39 岁年龄组的人力资本分布特征决定了中国未来十五年内仍然以中等教育为主、高等教育为辅的人力资本结构为主导，低层次人力资本"壅塞"和高层次人力资本不足问题并存。造成的问题主要在于，由于路径依赖的惯性和大规模工业化思维的负面影响，使得国家创新系统升级受阻，国家创新系统依然是围绕工业化时期规模化、流水线式等通用技术开发和应用为主，不太适应服务业和城市化时期多样化创新要求，当然对于消费者个性化、定制化需求响应能力也较弱，不利于中国经济由工业向服务业、由投资向消费、由要素向创新的转型。

**表 5-4　1950—2015 年中国与其他国家 20—39 岁和 40—64 岁年龄组
接受高等教育占适龄人口比重**

（单位：%）

年份	20—39 岁年龄组					40—64 岁年龄组				
	中国	日本	韩国	英国	美国	中国	日本	韩国	英国	美国
1950	0.2	6.9	1.0	10.8	9.4	0.2	5.7	0.3	10.3	6.1
1955	0.4	7.9	2.0	12.1	10.6	0.2	5.8	0.6	11.1	7.0
1960	0.7	9.2	3.6	13.6	12.8	0.3	5.7	1.1	11.9	7.7
1965	1.3	11.1	6.0	15.0	15.8	0.5	5.9	1.8	12.9	8.9
1970	2.0	13.1	8.2	16.7	18.6	0.8	6.7	2.8	14.0	11.1
1975	2.8	16.2	10.6	19.3	21.8	1.3	8.1	4.2	15.2	14.1
1980	3.7	20.3	13.7	22.4	25.9	2.1	9.8	5.7	16.8	17.6
1985	4.9	25.4	18.2	24.8	29.4	2.6	12.0	7.2	18.8	22.4
1990	6.1	31.4	24.2	27.2	31.4	3.0	15.7	9.1	21.8	28.3

续表

年份	20—39 岁年龄组					40—64 岁年龄组				
	中国	日本	韩国	英国	美国	中国	日本	韩国	英国	美国
1995	7.8	36.5	30.5	29.5	32.3	3.4	20.2	11.6	24.7	32.5
2000	9.9	41.2	36.7	31.9	32.9	3.9	25.8	15.8	27.4	34.7
2005	13.2	45.2	43.9	34.5	33.5	4.8	31.7	21.2	29.9	36.2
2010	17.9	48.9	51.6	37.3	34.4	5.8	37.7	27.9	32.4	37.4
2015	21.4	54.8	59.1	42.1	37.6	7.2	44.2	35.2	35.3	38.2

资料来源：Barro-Lee 数据库。

（二）创新投入体系"工业化特征"明显

从创新的投入看，与大规模工业化同步，创新支出规模和强度都在逐年提升。1978 年中国 R&D 经费投入仅为 52.89 亿元，占 GDP 的比重为 1.46%，而到了 2019 年，中国 R&D 经费投入为 21737 亿元，占 GDP 比重超过 2%，达到 2.19%。根据最新版的 WDI 数据，2017 年中国、法国、德国、日本、韩国、英国和美国的研发投入强度分别为 2.13%、2.19%、3.04%、3.20%、4.55%、1.67% 和 2.80%，研发强度已经高于英国平均水平，与法国较为接近，这说明中国总体研发强度已经达到发达国家的平均水平。但从研发支出内部结构看，问题就比较明显（见图 5-2），一方面，表现为基础研究类支出在总的 R&D 经费中的比重多年一直保持在 5% 左右，中国 R&D 经费支出的大头，主要集中在试验发展和应用研究方面，特别是前者占到 80% 以上，考虑到试验发展与应用研究，主要用于对已有创新技术的试验开发和二次应用；另一方面，对原始创新投入（基础研究）的投入很少，这也符合工业化时期中国创新的基本特征，即技术创新主要集中于技术引进及对现有技术的二次升级改造，一般通用技术已经能够满足出口加工、代工的需求。

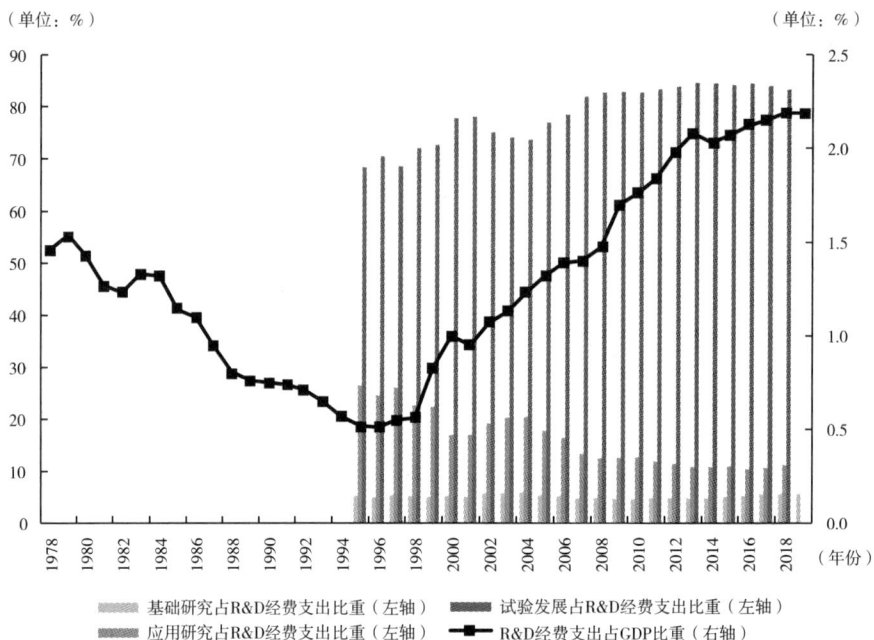

图 5-2　1978—2018 年中国研发支出趋势与结构

　　与创新研发支出相一致的，还表现在工业化时期企业融资体系上。研发支出除政府支出外，企业的研发投入为全社会研发支出的主要组成部分。从发达国家的经验看，以证券融资为主的直接融资体系，是促进创新活动和提高企业核心竞争力的重要组成部分，从表 5-5 可以看出，中国目前融资结构依然以间接融资体系为主，直接融资体系中股票融资所占比重非常低，结果是：一方面，企业融资成本较高，大量中小企业不得不依靠于"影子银行"等体系高成本获得资金，利息费用较高吞噬了企业净利润，从而对创新投入造成负面冲击；另一方面，可能最重要的是，已有的融资结构不能满足创新的风险与收益相匹配的特征，使得支持创新的资金投入较少。一般而言，创新的风险较高，由于间接融资体系对项目的未来现金流有比较明确的预期，相应地，它们也不愿将资金贷给有风险的创新项目。当然，从结构上看，这样的融资体系也符合工业化时期中国创新的基本特征，正如上文所言，工业化时期的创新主要还是集中于现有技术的引进、二次升级和开发，这样创新的风险最低，也最能挖掘工业化规模化、短平快的收益。但随着中国经济向城市化和服务业时期转型，差异化创新和多样化创新占据主导，中小企业的创新主体地位更加重要，显然以银行间接融资体系为主的融资结构不符合新时代国家创新的要求。

表5-5　2002—2019年以银行间接融资体系为主的融资结构

（单位：%）

年份	人民币贷款占社会融资规模比重	企业债券融资占社会融资规模比重	非金融企业境内股票融资占社会融资规模比重
2002	91.90	1.80	3.10
2003	81.10	1.50	1.60
2004	79.20	1.60	2.40
2005	78.50	6.70	1.10
2006	73.80	5.40	3.60
2007	60.90	3.80	7.30
2008	70.30	7.90	4.80
2009	69.00	8.90	2.40
2010	56.70	7.90	4.10
2011	58.20	10.60	3.40
2012	52.10	14.30	1.60
2013	51.35	10.46	1.28
2014	59.44	14.74	2.64
2015	73.14	19.08	4.93
2016	69.86	16.85	6.97
2017	52.93	2.39	3.35
2018	69.67	11.70	1.60
2019	66.01	12.67	1.36

资料来源：WIND金融资讯终端。

（三）创新产出体系"工业化特征"明显

由于专利是创新者前期大量投入而产生的专有权利和利益，因而成为创新产出的重要衡量工具。这里使用历年专利申请和授权数据，对工业化时期中国创新产出的结构进行描述。创新投入的大幅增长必然要反映在创新产出上，我国目前专利申请量和授权量均为世界第一，是真正意义上的创新大国。但从专利的内部结构看，对基础原始创新有重要作用的发明专利占比却较低。从表5-6的结果看，中国1985年申请发明专利和授权发明专利所占比重分别为43.19%和34.23%，此后便一直下降；2018年申请发明专利和授权发明专利所占比重仅为33.61%和14.81%，与创新投入的结构特征相一致，中国创新产出还是集中于实用新型和外观设计等应用上，两者占有专利申请和专利授权的绝大部分。

表 5-6　1985—2018 年中国创新产出的结构化特征

（单位：%）

年份	申请专利中各类别所占比重			授权专利中各类别所占比重		
	发明专利	实用新型	外观设计	发明专利	实用新型	外观设计
1985	43.19	53.95	2.86	34.23	50.45	15.32
1986	25.54	70.03	4.43	1.95	92.77	5.28
1987	18.35	76.65	5.00	4.86	88.69	6.45
1988	16.72	77.64	5.64	5.46	89.56	4.98
1989	17.35	75.10	7.55	7.00	86.39	6.61
1990	15.94	75.13	8.92	5.95	86.74	7.31
1991	16.24	73.04	10.72	6.19	81.22	12.59
1992	16.22	71.53	12.25	4.90	84.60	10.51
1993	17.73	69.33	12.94	4.63	81.58	13.79
1994	16.41	66.11	17.48	4.16	80.99	14.86
1995	14.41	62.46	22.19	3.65	72.10	22.74
1996	13.82	59.43	25.77	3.43	66.84	28.21
1997	14.11	55.40	30.48	3.30	58.60	38.10

续表

年份	申请专利中各类别所占比重			授权专利中各类别所占比重		
	发明专利	实用新型	外观设计	发明专利	实用新型	外观设计
1998	14.26	53.22	32.51	2.70	54.93	42.37
1999	14.18	52.03	33.78	3.36	60.90	35.73
2000	18.06	48.78	33.16	6.49	57.13	36.39
2001	18.12	47.82	34.06	5.43	54.41	40.15
2002	19.37	44.84	35.79	5.23	50.93	43.84
2003	22.60	42.92	34.48	7.62	45.65	46.72
2004	23.58	40.00	36.42	12.05	46.27	41.68
2005	24.40	36.04	39.56	12.06	45.53	42.41
2006	26.01	34.02	39.98	11.20	47.49	41.31
2007	26.10	30.69	43.21	10.59	49.20	40.21
2008	27.13	31.23	41.64	13.22	49.71	37.07
2009	26.10	35.19	38.70	13.03	40.28	46.69
2010	26.42	36.71	36.88	10.77	46.21	43.02
2011	27.64	38.63	33.73	12.71	45.83	41.46
2012	28.00	38.41	33.60	12.37	48.72	38.91
2013	31.55	39.62	28.84	11.68	55.86	32.45
2014	36.24	38.95	24.81	13.45	57.88	28.67
2015	36.68	42.42	20.89	16.50	54.40	29.11
2016	36.46	44.42	19.12	18.55	55.07	26.38
2017	35.23	47.50	17.27	19.00	56.22	24.78
2018	33.61	49.77	16.62	14.81	63.02	22.17

资料来源：国家统计局。

　　综上所述，从投入看，中国工业化时期国家创新的特征反映了大规模工业化的特征，创新资金投入更加侧重于技术应用，也正是由于技术主要集中于引进和更新改造现有技术，工业化所需的人力资本便以中低层次教育人口为主，即侧重于机器的熟练操作和使用。投入决定产出，创新产出中主要以实用新型和外观设计为主，发明专利占比很低。这样的创新结构显然无法满足高质量时期差异化、多样化创新的要求，高质量发展时期创新系统构建需要进一步的深入研究。

第二节　高质量发展时期中国国家创新系统的主要构件

国家创新系统的分析，最早出现于弗里曼（Freeman，1987）对日本国家创新特征的系统研究，他指出国家创新系统是指"公共和私营部门的机构网络，它们之间的活动和相互作用产生、引进、修改和传播新技术"，这一系统的特征主要表现为以下5点：（1）政策的规划制定，特别是日本经济产业省的作用。他认为日本政策制定者通过战略性产业的选择，大大加快了日本赶超其他国家的进程。（2）公司研发投入的持续增长。（3）支撑创新的人力资本和技术教育体系的扩张。（4）日本大企业集团的组织形式，有利于通过公司间的互动实现创新的外部成本内部化。（5）制度的重要作用，制度嵌入是国家创新系统绩效的重要因素。总结可以发现，弗里曼的研究说明创新系统中国家的作用不可替代，公共机构及公共机构与私人机构的网络，扩大了政府政策的传导和引领作用。因此，与单纯的私人机构创新相比，包括公共部门的国家创新系统对于赶超和经济腾飞至关重要。伦德沃尔（Lundvall，1992）认为，国家创新系统是由各种微观元素和它们之间的关系组成，客户和生产者之间的互动构成了创新的重要来源，学习和探索[①]是这个系统最重要的特征，通过学习和探索能够带动渐进性创新和颠覆性创新不断累积，创新知识可以保持连续增长。因此，无论是学习、探索还是互动，都反映了国家创新系统的开放性，开放性是保持系统永远处于创新前沿的重要保障。伦德沃尔对国家整体层面的关注，更加聚焦于制度。制度的重要性

[①]　在伦德沃尔看来，学习和探索是两种不同的活动，学习主要与日常活动相关联，比如个体在生产、消费中获得经验、知识，这类似于阿罗所提倡的"干中学"概念。而探索主要指企业研发或者学术研究，当然也包括其他种类的搜索。

有两个方面：一方面，能够有效增进生产者与客户之间的关联，客户的诉求可以畅通生产者。换言之，生产者与客户之间的关系，已经脱离了单纯的生产与消费的关系，应该将二者视为互动平等的个体，互动和反馈促使生产者根据消费者的需要不断创新产品。另一方面，制度可以减少交易成本。无论是历史、文化形成的惯例性制度，还是法律形成的规范性制度，制度的完善可以降低创新体系中的不确定性和嬗变性，为创新开展提供稳定的预期。尼尔森（Nelson，1993）的研究则主要聚焦于各类 R&D 投入在国家创新体系中的作用，特别强调如何促进科研机构"科学"与企业"技术"的相互融合，以及国家整体制度设计如何促进研发。

20 世纪 90 年代后，主要发达国家中传统产业对经济的贡献逐步降低，而以新技术、新产业为特征的知识经济的崛起，却使得各国对创新的人才需求大幅增长，弗里曼所强调的赶超时期日本国家创新系统，也面临着越来越不符合差异化创新、颠覆式创新的困境。同时，日本于 20 世纪 90 年代后经济进入长期停滞状态，而美国却以信息技术为特征的知识经济的崛起，实现了经济总量增长和结构的优化。种种迹象表明，知识经济的兴起，使得传统国家创新理论所推崇的以工业化追赶模式为主的经济增长正日益式微，那时的创新都是围绕工业化这一目标而开展，一定意义上创新带有"附属"和"服务"工业发展的特征。知识经济的发展土壤与传统工业经济存在本质差别，知识经济与传统部门一样作为独立的部门而存在，知识的生产、分配在全社会创新中处于中心和枢纽地位。

正是基于这一判断，越来越多的研究开始在第一代国家创新系统理论的基础上，将国家创新系统的分析与知识经济发展相互联系起来，将知识经济发展置于国家创新系统建设的中心和重心地位。这其中比较典型的就是 OECD（1994，1996，1999，2001）对区域内整体与个别国家创新系统的分析，通过大量的调研和数据分析，OECD 对国家创新系统和知识经济的关系提出了一个总括性分析结论。

第一，创新系统分析必须与知识经济这一发展趋势结合起来，知识的生产、扩散和应用已经成为决定经济增长的最重要因素。因此，创新驱动型经济必须建立在知识生产、扩散和应用等全过程之上。

第二，知识的生产与知识的分配同样重要，这个概括意味着知识生产过程与知识分配过程更加相融。全社会创新系统建设，必然以更大规模促进知识生产和更快速度加快知识分配为目标，由此，无论是知识生产的主体还是知识应用的主体，都是国家创新系统的重要组成部分。

第三，指出了国家创新系统"知识配置力"（Knowledge Distribution Power）的重要性，即国家创新系统能够确保创新主体及时接触和获取相关知识存量的能力。知识的配置涉及多主体、跨区域等行为，例如知识在科研机构与实业界之间的分配、知识在生产者与消费者之间的配置、知识在区域内与区域外的互联共享等，以及已有知识与新知识的结合利用、存量知识的排列组合，甚至知识在军用与民用之间的开发，都是国家创新系统知识配置能力的集中体现。国家创新系统的知识配置力，影响到创新主体从事创新活动风险与收益匹配程度、开发和利用知识的程度，以及减少信息不对称造成的低效率和重复性创新资源投入。因此，国家创新系统的知识配置力是国家创新系统效率的重要衡量指标，是 OECD 国家进入服务业时期和城市化时期经济增长和经济竞争力的决定性因素。

党的十九大报告指出，我国当前已由高速增长阶段转向高质量发展阶段。高质量发展是中国经济进入服务业和城市化阶段的必然要求，是达成"创新、协调、绿色、开放和共享"新发展理念的高水平状态，也是新时代打造中国经济发展升级版的必然要求。从根本上说，高质量发展是经济增长到一定阶段之后，经济发展面临结构性减速（张平等，2012）以及由此产生的新旧动能转换、效率提升和结构优化的问题。随着移动互联网、云计算、大数据和物联网"云大物移"兴起，将会重塑高质量时期发展的新动能并对旧动能进行升级和改造，高质量发展的新动能主要指以新技术、新产业、新产品、新业态模式为核心，以知识、技术、信息、数据等新的高级生产要素为支撑的推动高质量发展的动能（任保平、赵通，2019）。回顾 OECD 国家创新系统的系列论述，虽然随着时代的变迁，今日的技术变迁与 20 世纪 90 年代已有较大差异，但强调知识经济在国家创新系统中的重要作用却永不过时。中国经济进入高质量发展阶段，面临着与 OECD 国家在 20 世纪 90 年代比较相似的发展背景，其国家创新系统的建设经验值得借鉴。

中国国家创新系统建设框架如图 5-3 所示。高质量发展时期，中国国家创新系统仍然要以知识生产和分配这一内核为中心，通过科研机构、企业、消费者和政府等创新主体的互动[1]进行知识生产和知识分配。这里特别强调互动性，原因在于：第一，知识经济时代创新系统具有开放性，知识生产的主体不再局限于科研机构、企业和政府，而消费者或客户同样是知识生产和知识分配的关键节点。工业化时代消费者对于产品或信息的处理更多处于被动接受状态，生产决定消费的特征较为明显，知识经济时代消费者的知识、反馈和互动能够通过新技术准确达到其他创新主体那里，成为决定知识生产和实际生产的"信息源"，这时消费决定生产的特征更加明显，因此与工业化时代各类创新主体之间

---

[1]　所有国家创新系统的共同特征之一就是所有创新主体几乎从未单独开展过创新。很多研究表明，创新主体与其他主体、外部环境需要不断的互动和合作，这样才能产生互动式学习的良性循环，加快创新各要素的产生、传播以及使用存量知识和新知识的能力。

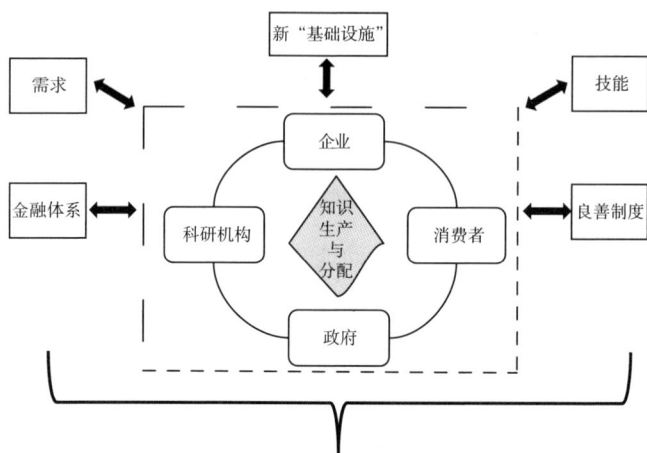

图 5-3　中国高质量发展时期国家创新系统框架

相对封闭不同，知识经济时代包括消费者在内的创新系统是开放的。第二，创新主体之间对于新知识开发和存量知识利用具有共享性和互动性，这不仅意味着创新边界不断被打破，也意味着社会信任和社会信用体系的健全完善。一些研究如奈可和基夫（Knack 和 Keefer，1997）、察克和奈可（Zak 和 Knack，2001）都发现社会信任程度更高的国家国民收入也较高。从现代创新和金融体系的关系看，创新融资特别是初创企业（Startups）所需要的风险投资，会涉及创新者与风险投资者之间的信任关系，如果社会信任程度较高，将会使得越来越多的风险投资成功。

　　上述事实说明创新主体之间的互动性和共享性，除强调这一事实之外，新时代法律制度的完善和包括社会信用体系建设在内的社会资本积累都是促进创新主体之间知识共享和互动的重要举措。处于创新主体外围则是国家创新系统建设的关键支撑"部件"，我们根据文献和知识经济发展趋势列举了以新"基础设施"、需求、技能、金融体系和良善制度建设五大板块为代表的构成，这些内容基本涵盖了中国向高质量转型中创新发展的关键难点和痛点，只有通过改革和开放打通这些难点和痛点，才能迎接以知识生产和知识创新为内生动力的高质量发展时代的到来。

第三节　高质量发展时期中国国家创新系统建设的主要内容

根据国际经验和中国高质量发展要求，前文构建了国家创新系统框架。这一框架，一是说明了以知识生产分配为内核，企业、科研机构、政府和消费者为主体，通过互动和互动化学习的开放、共享环境来提高知识生产能力和畅通知识分配渠道，进一步提高国家的"知识配置力"；二是表明系统外围国家创新系统建设的关键着力点，诸如新"基础设施"、需求、技能、金融体系和良善制度建设五大板块，它们之间相互联系又独立在各自领域发挥着作用。譬如，良善制度建设能够减少信息不对称增加社会资本存量，促进多层次金融市场体系，更好地服务创新活动，使创新的收益和风险相匹配；技能的提高带来人力资本积累，实现收入不断递增，带来个人消费需求的提高，而需求层面又会通过新"基础设施"反馈至生产端，生产端通过完善的金融体系能够及时进行产品或服务创新，化解创新收益与风险不匹配矛盾，进一步形成创新人才收入来源。总之，五大板块之间相互联系、相互作用，共同组成国家创新系统的外围。

这五大板块的建设说明，国家创新系统将从理论向政策实施层面转变，对于高质量发展时期创新系统建设具有重要的意义。

一、需求反馈和生产引导

这里,我们之所以要强调需求的作用,主要在于经济服务化和城市化时期,需求和供给的地位与方向,较之于工业化时期发生了明显变化,二者之间的互动性更强,消费者和企业通过互动和互动式学习满足个性化、定制化和场景化需求,企业生产也更具科学性和智能性。第一,在工业化时期,供给决定需求的特征较为明显,特别是在改革开放之初的短缺经济时代更是如此。正如克里斯滕森等人的研究指出的那样,大众消费市场是决定工业化规模生产优势存在的基础,而随着大众消费市场的饱和,个性化、定制化需求的利基市场是消费市场的主要特征,这些小众、利基消费者规模庞大但分布却呈"碎片化""散点化"趋势,生产者能否捕捉这些消费者的需求特征和变化趋势,是决定产品是否具有生命力的重要因素。第二,在服务业和城市化时期,差异化创新和多样化创新逐步成为经济发展的方向,知识生产和消费将成为中国经济增长的创新驱动力。以传统制造业为例,经济进入后工业化时期制造业规模化、标准化的生产已经饱和,制造业企业的营业收入增长率、利润率和 ROE 都出现下降。

这时,需求反馈和引导生产的作用突出体现在两个方面:一方面,传统企业植入通过嫁接以 ICT 为代表的信息化服务,以移动互联网、物联网大数据、云计算等现代科技手段,对需求端的消费群体进行更具特征性的跟踪与分析,可以敏感地捕捉到需求侧的变化和发展趋势,使生产更具有针对性。这里需要说明的是,虽然传统产业的生产率得到了一定提升,但我们可以发现在劳动力投入和传统资本投入不变的情况下,真正促进传统产业生产率提升的因素,是对创新的投入以及需求引导的生产方式的改变(技术效率的提升),因此可以理解为需求端反馈和引导了生产端的创新和技术进步,需求的作用更加重要。另一方面,后工业化时期，知识生产和消费逐渐成为技术进步的主要表现形式。知识依赖于各种平台将生产和消费融为一体，解决了传统管制性技术、教育、文化和卫生部门效率低下，有效降低了这些部门人力资本"壅塞"。近年来，居民消费结构发生质的变化，消费层次不断升级，居民消费从普通耐用消费品向住房、汽车和信息产品等大宗和高档消费品以及教育、旅游、文化娱乐等个人发展型和享受型消费的档次提升。教育、文化娱乐等知识生产部门正成为后工业化时期人们消费升级的体现。当然这种变化能够透过消费反映到生产端的技术创新，形成消费者和生产者互动式的创新系统。

二、全生命周期下的技能提升

技能提升是高质量时期国家创新系统促进人力资本积累的重要途径，这是国家教育体系与研究能力的重要体现。传统理论讨论国家创新系统时，比较注重国家高等教育体系的分析，但高等教育只能体现生命周期某一阶段的技能提升。高质量发展提倡全生命周期下的技能提升，意在倡导不同同生群人力资本积累的重要性，以及个体生命周期下不同阶段人力资本积累的相互联系与衔接。

（一）生命周期视域下，人力资本积累渠道有机衔接性有待提高

造成青年劳动力就业漂移的一个主要原因在于生命周期视域下人力资本积累渠道有机衔接性不高。人力资本积累分为学龄前、学龄阶段、青年时期和工作时期，从内容上看分为学龄前干预即儿童早期发展（Early Children Development）、学龄接受教育阶段、青年时期接受进一步的高等教育或者职业教育、工作时期通过在职学习培训提高技能等（世界银行，2010），而且四个不同时期不同内容是相互衔接、有机

统一的，今天学龄儿童就是明天的青年、今天的青年就是昨天的学龄期儿童，某一环节内容建设缺失都会对个体生命周期下人力资本积累形成负面影响（见表5-7）。从目前我国的现实看，青年人口中接受中等教育已经赶上主要发达国家水平，但青年时期无论是高等教育还是职业教育、职业训练等内容都无法满足中国经济由资本和要素推动转向知识和技术效率驱动的要求，从表5-7的内容看，即青年时期向工作时期过渡衔接出现问题，高等教育虽然从规模上有了大幅提高，但高等教育人口与发达国家还有较大差距，而职业教育在师资、办学模式、资金支持和资格认证等多个方面都限制了职业教育的社会认可和教学质量的提高。按照表5-7的开展步骤，由于青年时期是接受高等教育、职业教育、职业训练的密集时期，在这一时期人力资本积累出现问题使得该时期无法满足社会和企业的需要，导致被迫选择向下漂移。

表5-7　个体生命周期下人力资本积累方式与途径

开展步骤		个体生命周期			
		学龄期前	学龄期	青年时期	工作时期
1	让孩子有个好的开始	营养保障，心理和认知引导，基本认知和社交能力	学校卫生和基本教育	—	—
2	确保适龄人口接受教育		认知能力、社交能力、行为能力	第二次教育机会，行为能力	
3	培养职业技能	—	基本职业训练、行为能力	职业训练、高等教育、学徒制、特定项目培训	企业提供的培训、再认证、在培训
4	鼓励创业与创新	—	培养发问意识	大学、创新集群、创业培训、风险管理系统	
5	促进劳动力流动和就业匹配	—	—	学徒制、技能认证、咨询	中介服务、劳动力市场监管和社会保障建设

资料来源：世界银行：《逐步升级技能：创造更多就业和提高效率》，2010年。

（二）农业转移人口离真正市民化还有较长的路要走

总体而言，中国近年来推进农业转移人口市民化方面取得了很大成绩，例如户籍制度改革、社会保障覆盖、外来人口城市融入、子女入学等方面都卓有成效，但距离城乡居民福利平等化要求还有较大差距。户籍制度还没有完全放开，城镇落户对个人附加条件较多。社会保障方面，目前居民基本养老保险和基本医疗保险实现城乡并轨，在制度设计层面已实现全覆盖，但农业转移人口与城镇人口在社会保障方面还不完全平等，农民工社会保障还不能完全覆盖。就业技能方面，市民化的关键在于农民工能有一技之长，能够适应企业和经济社会转型的要求，但目前很多企业对农民工就业培训较少，农民工主要还是从事重复性、可替代性较强的手工劳动，被替代和失业风险较大，目前从 OECD 发达国家的经验看，高端蓝领和白领收入已不存在巨大差异，高端蓝领的技能溢价反映的其实是经过长期职业培训和经验、知识所累积的人力资本。

（三）拓宽老年人就业和创业渠道、提高劳动参与率的政策支持不足

目前，无论从老年人在劳动力中的构成比例还是劳动参与率方面都与发达国家存在较大差距，如何为老年人口提供更好的选择和激励他们在老年继续工作对于应对人口迅速老龄化的挑战至关重要。上文也提到由于生理退休年龄比法定退休年龄延长，老年人口特别是低龄老年人口还具备工作能力，无论是知识、技能还是非认知能力都比较完备，因此，提高劳动参与率和拓宽老年人就业和创业渠道是开发老年人口人力资本的关键。但目前强制对退休制度、年龄歧视、就业激励方面还存在一些问题，在职务晋升、就业渠道方面也有诸多限制，老年人的创业渠道狭窄和政策支出不足，上述这些问题的存在不利于挖掘老年人口技能知识、促进就业流动性和鼓励老年人更多地参与劳动力市场。

三、多层次资本市场体系

高质量发展时期创新的多样化、差异性特征，使得创新资金来源更加依赖于多层次资本市场体系。工业化时期，依靠国家隐形担保下的银行信贷体系能够加速工业化扩张，迅速完成工业化积累和占领大众需求市场。城市化时期，大众需求市场已经饱和，个性化、定制化的利基市场占据主要地位，民营、中小企业和初创企业的发展兴趣聚焦于利基市场主体，创新的投入风险相对较高受益也相对较高，同时这类企业与大型企业不同，可利用的抵押物通常不足，传统银行信贷没有足够的意愿对该类创新行为提供资金支持，迫使国家创新系统转向多层次资本市场体系寻求支持，以期从根本上解决中小企业融资难、融资贵等问题。

在传统经济模式式微并亟须转型和新兴经济模式、业态的逐渐崛起过程中离不开资本市场的支持。根据 UNECE（2009）的研究，新经济企业从萌芽到初创期（Startup）的过程中，资金支持通常依赖于自由资金，现金流较为紧张，很大一部分会落入"死亡之谷"（见图5-4），因此这一阶段为了支持创业者逃离"死亡之谷"，政府补助和天使投资等支持就显得非常重要。随着创业者的创新逐渐由思想转变为具体的创新产品，企业从初创期到早期成长期，通常还是会面临现金流状况紧缺的现象，主要是由于新产品将会经历开拓市场及逐步被市场接纳的过程。天使投资和风险投资等专业投资者的出现，不仅可以帮助企业降低信息不对称风险，还能更好地为企业提供资金、渠道支持及管理经营先进经验，使企业的现金流状况逐渐得到改善。最后，在新企业扩张期将更多依赖包括债券、股票等资本市场的融资便利支持。

当前，中国多层次资本市场逐步建立，形成了5层次的交易市场，包括主板市场、创业板市场、新三板市场、全国股权转让系统，加上产

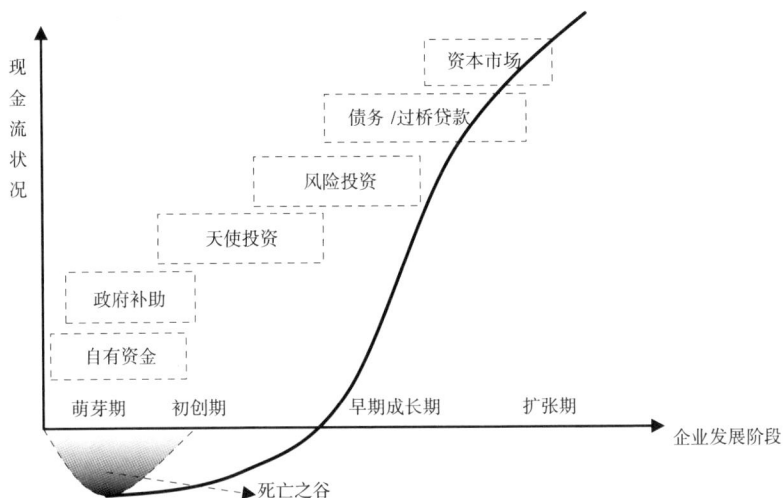

图 5-4　企业不同阶段资金来源

业基金、私募股权基金（PE）、风险投资基金、天使投资形成了覆盖企业从萌芽、初创、成长和成熟等不同时期融资支持的渠道。多层次资本市场在支持传统经济形式转型及新兴经济形态成长过程中，正发挥着越来越重要的作用。多层次资本市场的形成，直接促进了企业的转型和融资，特别是中小企业的融资难已经不是真实的问题，只要中小企业能切实地转型升级，大量资金都会跟追投。而对于没有竞争力的上市公司，则会在资本市场逐渐被投资者所"遗弃"，因此股票市场淘汰没有竞争力的公司，推动公司的转型与创新是其最重要的配置资源功能的体现。

四、新"基础设施"

从表 5-1 可知，英国、美国工业化时期国家创新系统的一大特征，就是加强基础设施建设，促进全国统一市场的形成，加快工业化进程。

时至今日，基础设施概念有了新的变化，基础设施不再局限于道路、设施等，而是适应互联网、5G 等新技术革命有了新的内涵。2018 年，中央经济工作会议首次提出"新基建"这一概念，至今已有 7 次中央级会议或文件明确表示加强"新基建"。"新基建"具有新时代的丰富内涵，既符合未来经济社会发展趋势，又是城市化时期多样化创新的重要平台保障，成为高质量发展时期国家创新系统的重要组成部分。

从目前世界发展趋势看，我们翻阅德国工业 4.0、美国国家先进制造战略计划以及中国制造 2025 等内容可以发现，一方面，新"基础设施"建设涵盖 5G 网络、工业互联网、人工智能、大数据中心等新兴技术，将带动国民经济各行业的生产基础设施向数字化、网络化、智能化转型，从而有效推动创新系统内各主体技术创新、产业创新和商业模式创新，促进新业态、新模式的发展；另一方面，新"基础设施"本身也是新时期国家创新系统建设的重要成果。5G、人工智能、工业互联网、物联网等新"基础设施"建设是国家创新能力不断提高的集中体现，也是上文所提及的创新主体互动和互动式学习的必然结果，同时新"基础设施"的不断完善更加促进了互动和互动式学习，进一步增强了国家创新系统的知识支配力。

五、制度建设

制度是国家创新系统的关键组成部分，制度通过国家创新系统为参与系统的其他各方合作、互动提供成文和不成文的保障，降低交易成本。从广义而言，制度即法律条款、惯例或者文化习俗（Nelson 和 Winter，1982），是创新者之间合作、互动被接受的方式以及对违约者的惩罚机制。艾坤斯特和约翰逊（Edquist 和 Johnson，2002）对创新系统内部不同的制度进行了分类，例如正式的法律与非正式的惯例、习俗、传统等、基本性制度保障（例如产权保护、冲突纠纷的解决方案）和基本制度的执行机制、硬性制度（对主体有约束力、管制力的）与软性制度（即暗示性或没有强制约束的）等。显然，对创新产生重要作用的不止正式的法律制度，其他非正式制度对创新的作用同样不可小觑。阿科马和威尔（Akcomak 和 Weel，2009）分析了社会资本在全社会创新中的重要作用，这里的社会资本主要指创新主体之间的关联——社会网络、互动性规范和由此产生的社会信任程度，是创新主体在社会结构中所处的位置给他们带来的资源。社会资本存量的增加能够对知识生产积累产生积极作用，如果创新主体拥有更大范围的社会网络以及主体之间可信任程度较高，那么风险投资发展就会比较顺畅，风险投资家也愿意为风险项目进行投资。他们基于欧盟十四国 102 个地区 1992—2002 年的面板数据分析，发现了社会资本是影响创新的重要因素，人均收入增长贡献中有 15% 的因素可以归因于社会资本。

从创新系统的观点来说，要使创新系统达到最优状态仅仅依靠市场力量是不够的，制度的完善可以使系统达到或者接近最优状态。这主要体现在两个方面：第一，制度的介入能够有效降低市场失灵。比如，在一些重要的创新领域，企业或个人对研发缺乏激励，即研发收益无法弥补投入成本，存在一定的外部性。这时政府对企业进行补贴就可以降低投入成本，提高企业创新投入水平，使社会边际成本等于社会边际收益。在更广泛的研究中，巴赫和马特（Bach 和 Matt，2005）、戴维和霍尔（David 和 Hall，2000）等揭示通过补贴可以将外部性内部化，提高知识吸收能力，更广泛地促进科研机构与产业间的合作。第二，制度的重要性还体现在制度的规范化和惯例化使得政府或政策制定者成为国家创新体系的重要组成部分，其行动的最优化方式将会基于创新系统内部要求而作出，从创新系统角度而言，制度或政策更加具有渐进性和适应性，政策的柔性和韧性使得创新系统的效率最高。中国从工业化时期创新系统过渡到高质量时期创新系统，制度建设也是重中之重。从支持多样化、差异化创新而言，制度建设的关键在于从"管"到"放"、从"僵硬"到"灵活"、从"刚性"向"柔性"转变，这涉及政府职能转变，深化"放管服"改革，全力优化营商环境等内容，这样制度才能成为国家创新系统各主体进行互动和互动式学习的"润滑剂"，有利于国家创新系统向开放型和共享型转变，使系统成为知识生产的聚集高地和知识分配的中心枢纽。

小　结

国家创新系统建设是新时代中国高质量发展转型的重要手段。本章首先总结了中国工业化时期国家创新系统的特征，为了使国家创新系统真正服务于工业化的目的，像中国这样的后进国家需要在创新的技术一致性和社会能力两个方面进行改革和投入，以达到工业化赶超的初始参数条件，造成的结果就是：（1）创新的人力资本投入层次较低，呈现出中低层次人力资本"壅塞"和高层次人力资本投入不足的局面，无法满足城市化时期多样化创新的需求；（2）研发支出强度逐年增长，但满足差异化创新和企业全生命周期的多层次资本市场体系建设与发达国家还有较大差距。

但是，随着向城市化和服务业时期转型，知识的生产、分配在全社会创新中处于中心和枢纽地位。鉴于差异化创新、多样化创新的现实需求，本章提出了高质量发展时期国家创新系统的框架，即以知识生产和分配这一内核为中心，通过科研机构、企业、消费者和政府等创新主体的互动和互动式学习，进行知识生产和知识分配。处于创新主体外围的，是创新系统建设的一些关键支撑"部件"，主要由新"基础设施"、需求、技能、金融体系和良善制度建设五大板块构成，这些内容基本反映了高质量发展和创新型国家的关键难点和重点。

显然，只有实现从工业化创新系统向城市化创新系统的转变，才能迎接以知识生产和知识创新为内生动力的高质量发展时代的到来。

第六章

城市化过程中人口质量与数量增长的再平衡

人口增长向低度均衡路径收敛，是大规模工业化之后发达国家的普遍经历，在现在和未来较长时期，中国面临类似的局面，这是城市化发展和结构条件变化的必然。借助"公共政策—经济效率"的一体化协调，实现低度均衡路径上人口增长的补偿，以免人口增长长期滑出合意的均衡路径。政策次序上以人口质量提升为先、兼顾质量提升和数量增长的再平衡，是理解中国城市化人口问题的根本切入点。

上述判断是基于发达国家人口模式的考察得出的。欧洲老牌发达国家低度均衡模式、东亚发达国家向低度均衡快速收敛的模式，以及开放的美国模式，从长期人口增长趋势看，这些模式具有一些共性因素，我们归纳为4个假设：（1）增长和发展对于人口增长的诱致效应存在递减趋势，即数量型增长的驱动力减弱，迫使人口增长向低度均衡路径演进，人口数量型扩张让位于质量型增长。（2）人口低速增长时期，存在围绕低度均衡路径的增长波动，此时的人口增长表现为补偿性增长，工业化时代的加速趋势消失。（3）社会职业群体中知识技术阶层的扩张对于人口更新率的提高具有挤出效应。（4）经济社会条件变化诱致的人口增长率下降和生育意愿降低，需要公共政策提供有效补偿。

城市化时期对人口质量的重视，与发展分析视角由工业化阶段"从生产看待消费"转向城市化阶段"从消费看待生产"的观念变化有关。

人口—消费—效率—政策相互作用的机制，在两个发展阶段有本质上的不同，具体到中国城市化深度推进及其对人口增长造成的多方面冲击，本章认为，要想维持中国未来的人口低均衡路径，必须重视如下协调机制：强制性政策失灵的条件下，人口政策总基调应转向民生—经济效率一体化；促进消费—投资一体化的公共政策体系；促进服务业要素化与高质量生产一体化。

第一节 城市化与人口增长模式：欧洲、美国、东亚

经济匮乏对于发展中国家人们思维的影响是深远的。过去长期物质短缺带来的肉体和精神折磨的阴影，即使经历了几代人甚至到了后工业化富裕时期也很难忘记，于是，以生产和产出扩张的眼光看待发展历史和未来，成为人们思考的惯性模式，一旦跳出这种思维定式，才发现它有多么不合时宜。

如果跳出经济学模型和寓言框架，采用更贴近现实的眼光观察发展历史，那么，发展的逻辑应是这样：物质匮乏问题得到解决后，产出扩张的思维让位于产品质量，以生产看待发展的思维让位于以消费看待发展，人口规模增长思维让位于人口质量提高。上述逻辑是结构条件变化的自然结果，这些变化包括后工业化时期城市生活水平提高和生活成本上升，以及城市化所导致的消费者群体分化等。这个过程中，随着社会流动性的增强，外部影响在人们意见形成过程中的权重逐渐增大，示范效应的主导力量开始显现。

两个阶段的思维有着显著不同。从发展经验来看，由物质匮乏到中等收入水平这个工业化加速时期，资本积累、劳动力需求增加和就业的

稳定性预期，与较高人口增长率和生产率快速提高相一致。后工业化时期，基于物质匮乏消失的城市化过程，通常呈现低增长和高成本并存的态势，城市生活费用的提高以及消费示范效应的增强，抑制了人口的较快增长。对于家庭和社会而言，孩子抚养逐渐成为一种"奢侈品"和"投资品"，对人口质量的关注超过人口数量的关注，并因此影响了公共政策和未来经济发展趋势。由此引发出了后工业化和城市化阶段，人口变动及其与社会经济结构条件相互作用的多种方式和结果。

一、发达国家人口统计趋势：三种模式

为了分析方便，我们参照理斯曼等（Riesman 等，1988）的人口变动趋势分析框架。这个框架把长期人口增长的"S"形曲线分为三个阶段：传统农业社会的"人口高度增长潜力阶段"，人口增长缓慢是其特征；工业革命以来的"人口增长过渡阶段"，表现为人口的快速增长，大致对应于工业化过程；"人口初期下降阶段"发生在服务业主导和后工业化时期，第二次世界大战后随着发达国家城市化步入成熟，这种现象越来越显著。根据人口增长和长期趋势，发达国家人口模式大致可以分为三类：一是欧洲老牌强国的低度均衡和补偿模式，也就是发达经济社会水平对意外人口下降的有效遏制；二是以美国为代表的较为稳定的增长模式，与发达经济水平和移民政策有关；三是以日本、韩国为代表的增长率快速下降模式。其中，欧洲强国和东亚的人口模式，与我们对中国人口增长的问题的比较分析和结论直接相关。

（一）历史上人口增长和经济增长的一致性：各国共性与人口统计趋势

首先看一下"S"形人口增长曲线的长期表现（Riesman 等，

1988）。图 6-1、图 6-2 和表 6-1 提供了 1821—2016 年间主要发达国家的人口增长率和人均 GDP 增长率（2011 年美元不变价）的 HP 滤波趋势，近 200 年的人口增长变化基本囊括了发达国家为工业化起飞做准备、起飞直至后工业化的整个历史图景，呈现了"人口增长过渡阶段"向"人口下降阶段"的转换动态。[①] 这个统计概览主要是想突出以下统计现象，借此对不同国家人口增长的共性因素给出一个说明。

表 6-1　1821—2016 年发达国家人口增长率与人均 GDP 增长率的长期变动趋势

（单位：%）

年份＼国家	1821—1913	1920—1938	1947—1973	1974—2016
加拿大：（人口增长率，人均 GDP 增长率）	2.8，1.8	1.6，1.0	2.2，2.6	1.1，1.5
德国：（人口增长率，人均 GDP 增长率）	1.0，1.5	0.7，3.8	0.7，6.5	0.1，1.5
法国：（人口增长率，人均 GDP 增长率）	0.3，1.3	0.4，2.7	1.0，4.6	0.5，1.3
英国：（人口增长率，人均 GDP 增长率）	0.8，1.0	0.5，2.1	0.5，2.2	0.4，1.6
意大利：（人口增长率，人均 GDP 增长率）	0.7，0.5	0.8，1.7	0.7，5.7	0.2，1.3
日本：（人口增长率，人均 GDP 增长率）	0.8，1.2	1.4，1.7	1.3，8.0	0.4，1.7
韩国：（人口增长率，人均 GDP 增长率）	—	1.5，1.6	2.1，4.7	1.2，6.6（1974—2000 年）；0.5，3.3（2001—2016 年）
美国：（人口增长率，人均 GDP 增长率）	2.5，1.6	1.1，0.9	1.5，2.3	1.0，1.6

资料来源：麦迪逊（Maddison）数据库。

[①]　理斯曼的著作成书于 20 世纪 40 年代末期，"人口初期下降阶段"是作者的一种假设，本章图 6-1 提供了发达国家城市化阶段这种下降趋势的比较坚实的证据，故直接采用"人口下降阶段"这种说法。

（单位：%）

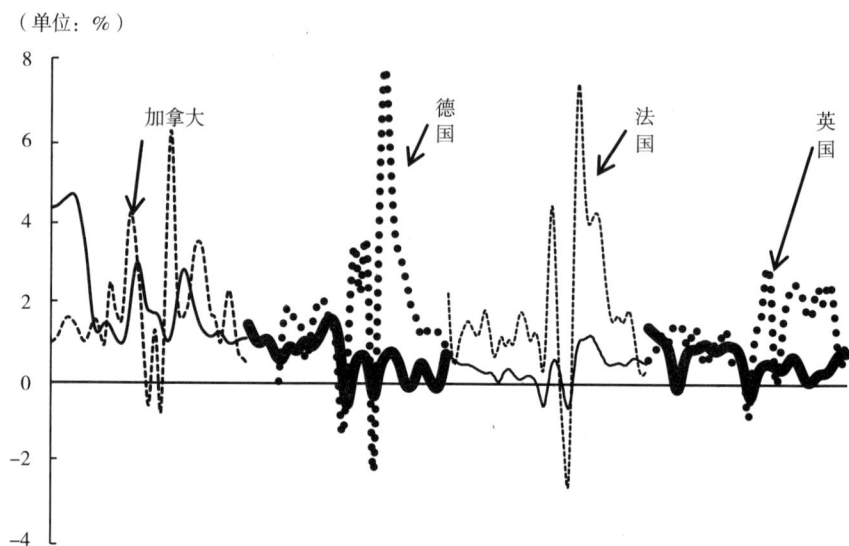

图 6-1　1821—2016 年加拿大、德国、法国、英国人口增长率（实线）
与人均 GDP 增长率（虚线）

资料来源：麦迪逊（Maddison）数据库。

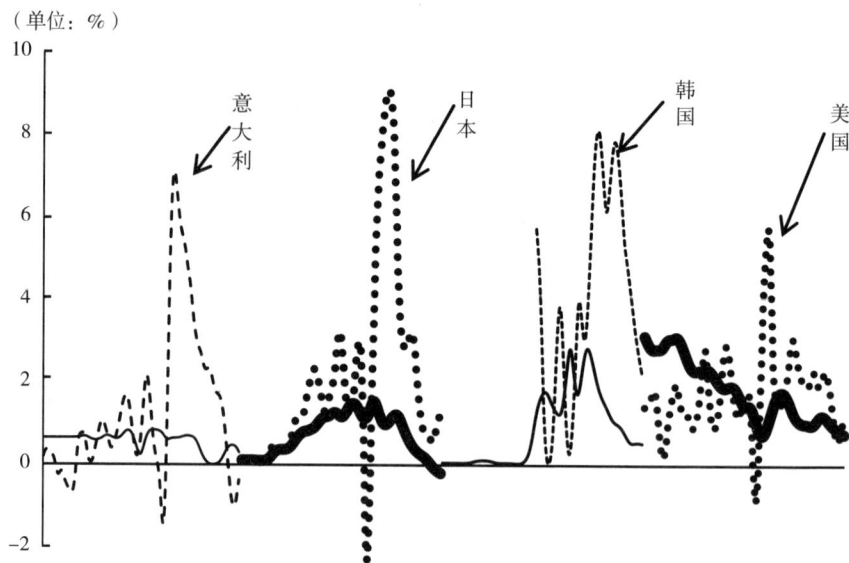

（单位：%）

图 6-2　1821—2016 年意大利、日本、韩国、美国人口增长率（实线）
与人均 GDP 增长率（虚线）

注：图中各变量序列为 HP 滤波趋势。

资料来源：麦迪逊（Maddison）数据库。

第一，经济结构服务化主导的城市化阶段，人口的低速增长是一种普遍现象。不纯粹是历史巧合，发达国家在 1974 年以来普遍出现了低速的人口增长率，这种较低的人口增长率是与 1820—1973 年这个漫长工业化时期相比较而言的。换句话说，基于工业化巨大生产力之上的丰裕社会，在摆脱了物质匮乏之后，以往围绕生产和产出增长的生育观念也发生了变化，发达国家城市化阶段的低速人口增长，显然与服务业和消费主导的经济社会条件有关。这是下文关注的重点。

第二，从长期来看，人口增长率的变动与 GDP 增长率变化之间存在着趋势上的一致性。这种判断暗含了人口增长与经济发展之间相互关系的一些认识，如库兹涅茨（1989）就持这样的观点：现代经济增长的一个重要特征是巨大人口规模基础上的高速增长。人口的加速增长最早出现在首先受到现代经济增长影响的欧洲，欧洲人向北美洲的移居在加速该地区人口增长的同时，也提高了欧洲人居住地区总人口的加速增长，这个过程在 20 世纪结束，大大低于 19 世纪后半叶的最高水平。总之，现代类型的人口高速增长在不同的时期出现在世界不同地区，处于人口加速的地区是不断变换的，一旦现代增长扩展到世界所有地区，在现时代中，人口加速增长将成为常规增长。

考虑战争和石油危机等重大事件的影响，表 6-1 把近 200 年的人口和经济增长划分为四个阶段：第一阶段是 1821—1913 年，根据罗斯托（Rostow，1960）的理论，这一阶段，欧美列强和日本先后步入从起飞到持续增长的工业化过程，这个阶段城市化率较低，主要得益于农业生活条件改善的人口增长。第二阶段至第三阶段城市化率提高，农村人口增长空间收缩，城市化人口增长空间打开，但是没有农村提供的空间多，工业规模经济提供的工作岗位增多，但是比土地低，此时人口质量的提高开始提上日程。第四阶段是人口质量阶段。生活水平改进速度降低，城市人口数量型增长让位于质量型增长，生产型的人口观念让位于消费型的人口观念。总体印象是，与1920—1973年发达国家工业化加速比较起来，20世纪70年代中期进入经济减速之后，人口增长速度出现了显著的降低。因此，城市化成熟时期的低速人口率，成为发达国家的普遍现象。

第三，经济发展对人口增长的影响，存在诱致效应的边际递减倾向。作为本章的第一个假设，我们的理解是，各个演化阶段上人均GDP——生产率和生活水平提高，对人口增长的诱致效应存在递减趋势，即数量型增长的驱动力减弱，迫使人口增长向低度均衡路径演进，并且在这个过程中人口数量型扩张让位于质量型增长。作为后工业化和城市化阶段的重要特征，人口质量型增长这一主题的经济社会含义是我们关注的重点，涉及"城市化阶段人口补偿性增长"的假设。在这里，我们暂就第一个假设提供进一步的数据补充和说明。强调的基本认识是，随着城市化率的提高，人口增长的社会经济环境发生了变化，这种变化作为诱致效应边际递减的促动因素存在。如表6-2所示，除了工业化起飞最早的英国外，老牌发达国家大致在19世纪后末期开始进入城市化发展的加速时期，这个加速时期在第二次世界大战后结束，逐渐趋于城市化率"S"形曲线的顶端，1960—1970年之后进入高城市化率的成熟期。

沿着这条城市化率"S"形曲线，人口增长的格局如下：（1）在19世纪早期阶段，欧洲发达国家相对较高的人口增长主要是发生在农村地区，这时城市化率较低，经济的持续发展不仅为人口增长提供了营养改善的条件，而且也提供了广阔的农村就业空间，当这种生存空间受到压迫时，向区域外移民就成为缓解就业和生存压力的重要手段。比较而言，现代经济增长在工业化起飞至成熟的过程中，为人口增长提供了较大的诱致效应。（2）随着城市化率的提升，人口增长的经济社会条件发生了变化，抑制人口增长的因素——如就业机会、生活成本和消费态度等因素的影响逐渐显现。传统农业社会和工业化时期为生产而生育的观念，被消费和生活质量提高的观念替代。尤其是在 20 世纪 70 年代中期以后，城市化步入成熟，城市生活成本的提高使得养育变成"高档品"，一改工业化及之前时期把孩子视为家庭生产力的观念。此时，尽管生活水平和社会生产力大幅度提高，但是人口增长的抑制因素也同样很强大。

表 6-2　1800—2016 年主要发达国家城市化率

（单位：%）

年份 国家	1800	1890	1960	1980	2016
法国	8.8	25.9	61.9	73.3	79.8
德国	5.5	28.2	71.4	72.8	75.5
意大利	18.3	21.2	59.4	66.6	69.1
英国	20.3	61.9	78.4	78.5	82.8
美国	6.1	35.1	70.0	73.7	81.8

注：1800 年和 1890 年英国数据口径是英格兰和威尔士。

资料来源：麦迪逊（Maddison）数据库；世界银行·世界发展指标（WDI）数据库；英国历史统计（Historical Statistics of the United States）数据库。

（二）基于人均 GDP 水平区分三种人口增长模式

上述人口增长一些共性因素，结合各发达国家的国情时，具体表现出各国差异化的人口模式。按照世界范围内人口迁移趋势以及工业化进程启动的先后顺序，我们主要立足于人均 GDP 水平观察发达国家的人口增长变动特征，并对三类模式给出一个更加直观的说明。鉴于欧洲和日本人口趋势对于中国相关问题分析的重要性，两种模式自然成为叙述的主要关注点。

1.欧洲人口增长模式及其特征

从图 6-3（a）可见，相比于其他地区发达国家的经历而言，作为工业化发源地和人口移出地的欧洲发达国家，人口高速增长发生在人均GDP 为 10000—20000 美元（2011 年美元不变价）这个区间之前的时期，对应的时间段大致是 20 世纪初期（即表 6-1 第一阶段）；其后，进入一个低度均衡增长时期；再后，即在人均 GDP 30000 美元及其更高收入水平之后，可以明显观察到人口低度均衡状态下的波动——补偿性增长的情景。直观的例子是德国和意大利，尽管表 6-1 中显示了这两个国家 1974—2016 年发生了极低的人口增长，但是如图 6-3（c）所示，若继续对各个时期样本进行比较，可以观察到显著的波动性增长。一个简单归纳是：欧洲老牌发达国家第二次世界大战后人口低度均衡增长，建立在高收入水平的基础之上，更加显著的特征是，这些老牌资本国家较高的社会福利水平，导致其人口补偿性增长能力较强。

2. 日本和韩国人口增长模式及其特征

与欧美发达国家的发展路径不同，作为工业化后起之秀的东亚国家——典型如日本和韩国，没有受到国际上大规模人口迁移的影响，工

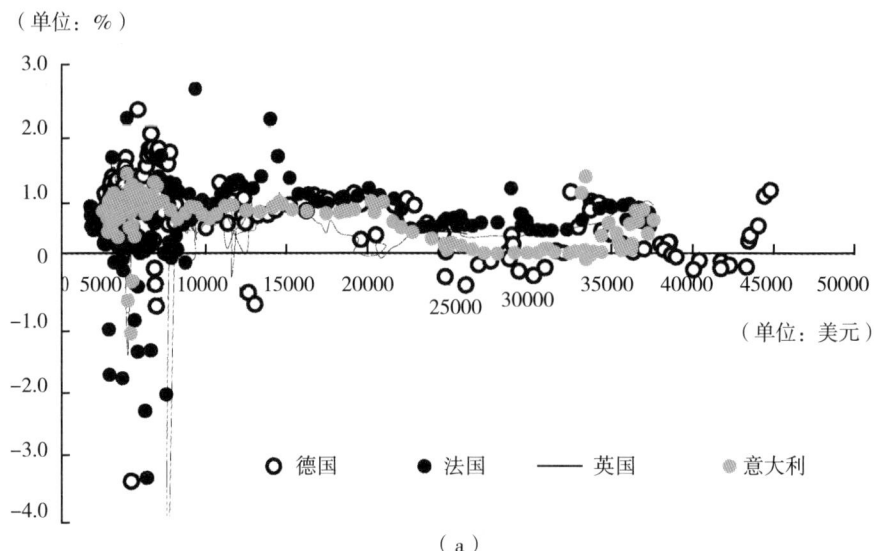

（a）

（单位：%）

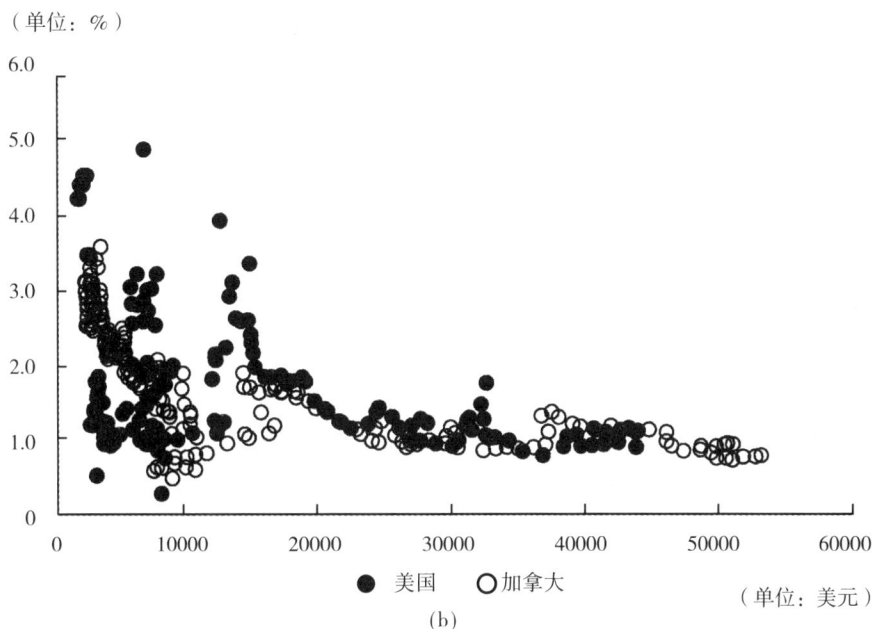

（b）

（单位：%）

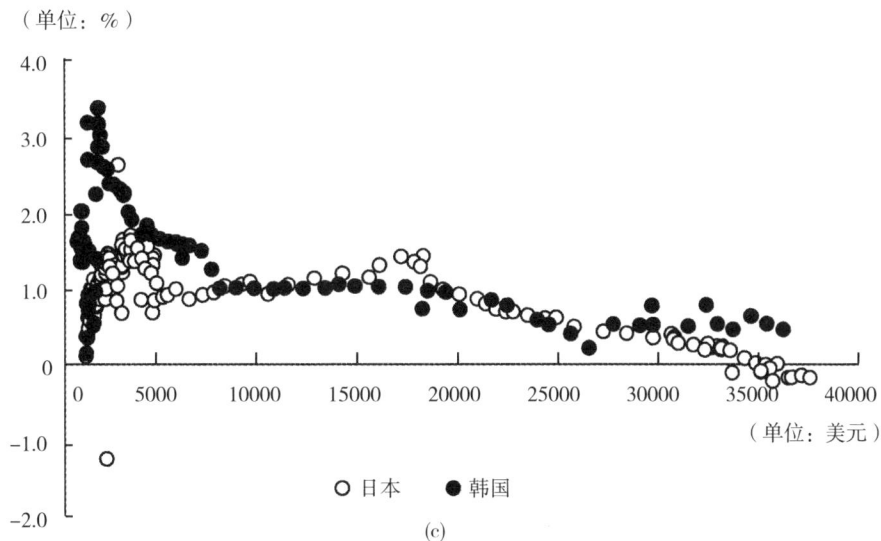

（c）

图6-3　三种人口增长模式的对比

业化城市化各阶段和各个收入水平上的人口变化呈现了显著的加速和减速态势，这种情景对于理解中国工业化过程具有启发性。总体上，工业化过程中日本和韩国人口增长的倒"U"形趋势比较显著，伴随着经济增长的加速、减速以及人均 GDP 的持续提高，两个东亚国家展示了人口红利窗口开启及人口红利关闭的情景。值得注意的是，与欧洲高预算福利国家不同，日本人口增长在人均 GDP 为 30000 美元及更高收入水平之后，没能显示可以明显观察的补偿性增长，只是呈现持续的下降。日本和韩国人口高速增长，大致发生在人均 GDP 在 10000—15000 美元（2011 年美元不变价）这个区间之前的时期，其后进入低速增长阶段。

3. 美国人口增长模式及其特征

北美国家早期历史上人口的高增长主要是因为欧洲国家移民的推动，人均 GDP 达到 20000 美元之后，进入一个低速均衡增长时期。与欧洲和东亚人口不同的是，美国和加拿大作为移民国家，仍然具有较大的人口增长潜力，即使大家都处于相似的发达水平上，北美广阔的空间地理条件，始终是一个区别于其他地区人口模式的决定性因素。

（三）第二次世界大战后发达国家城市化因素对人口增长的影响：
补偿性增长假设（第二个假设）

回顾前文述及的人口增长的第一个假设——经济发展对人口增长的诱致效应存在边际递减倾向，这种说法在发达国家 20 世纪 70 年代中期之后得到普遍的数据支持，这个时期较之于以前更高的人均 GDP 和更好的生活水平，只是提供了人口低增长均衡的保证。这点在欧洲老牌发达国家表现得尤为突出，德国和意大利人口增长波动较为频繁的情景，只是为了突出低度增长均衡路径上的补偿效应，实际上，这种低度均衡路径上的增长在英国、法国等其他欧洲发达国家同样存在，只是波动幅度较小罢了。由此引申出本章的第二个假设，即人口低速增长时期，存在围绕低度均衡路径的增长波动，此时的人口增长表现为补偿性增长，工业化时代的加速趋势消失。

表 6-3　各历史时期人口增长率与人均 GDP 增长率

（单位：%）

德国（人口增长率，人均 GDP 增长率）	意大利（人口增长率，人均 GDP 增长率）
1974—2016 年 （0.1, 1.5）	1974—2016 年 （0.2, 1.3）
1974—1987 年 （-0.1, 2.0）	1974—1984 年 （0.3, 2.4）
1988—1996 年 （0.6, 1.0）	1985—2001 年 （0.0, 2.1）
1997—2011 年 （0.0, 1.5）	2002—2014 年 （0.5, 0.7）
2012—2016 年 （0.5, 0.7）	2015—2016 年 （-0.1, 0.9）

资料来源：麦迪逊（Maddison）数据库。

第二节　从人口高增长到低度均衡路径的补偿性增长：一个理论框架

我们在这里继续针对发达国家人口变动的两个假设及其描述提供理论分析，依据的是理斯曼等（1988）和罗斯托（1960）经济社会发展阶段思想。回顾前文，人口长期增长趋势性变动的假设一，说的是随着工业化向更高发展水平的城市化的演进，生活水平和生活质量的持续提高对人口增长的诱致效应是递减的。这个递减效应的持续作用，进一步导致发达国家当代城市化阶段人口增长向低度均衡路径收敛（尽管国情不同，低度均衡增长速度表现出一些差异），并且，高收入水平是提供人口增长补偿进而维持低度均衡路径的必要条件，这是假设二的内容。实际上，这两个假设具有丰富的发展内涵，涉及以下具有启发性的思考：第一个问题涉及不同发展阶段上个体和家庭观念的变化问题，特别重要的变化是，不同于工业化及其以前的生产观念，富裕的城市化阶段转向了从消费角度看待生育和人口增长。第二，伴随家庭观念转变的一个悖论是，追求生活质量提高导致的家庭生育意愿下降，与社会总体对生产可持续的要求之间存在分歧，国家不得不借助于一系列社会保障和福利政策遏制人口趋势的下降，生育问题在发达国家的城市化阶段发生有趣的转变，即从以早期家庭负担为主变为以当代国家负担为主（这至少是增长补偿有效性的一个保障条件），可以说，这是发达国家城市化人口问题最值得关注的变化了。

表6-4 发达国家人口变动与发展阶段的对应性及发展特征

		人口增长过渡时期	人口初期下降时期
理斯曼—格拉泽—戴尼模型	1. 人口特征	人口快速增长	人口增长速度放缓
	2. 发展阶段	工业化	后工业化或城市化
	3. 发展特征	重视资本积累和产品数量，轻视消费	人的问题成为核心
	4. 职业特征	群体内部引导（进取、开拓、事业心）以金钱报酬衡量成功；职业稳定，个人发展的可预见性	自主性，自由职业；关注消费和闲暇
	5. 消费心理	匮乏心理：追求财物的获取占有，炫耀消费和个人主义追求（知道需要什么，不了解所喜欢的东西）	富裕心理：他人引导下的消费，欲望无止境（不知道需要什么，只知道喜欢什么）
	6. 消费偏好	注意的是产品本身，而非如何使用产品，无视自己也是一名消费者	从节约储蓄到尽情消费，以消费眼光看待公司
	7. 传媒影响	崇拜产业领袖	崇拜消费领袖
罗斯托模型		趋向成熟阶段—第二次世界大战	第二次世界大战后的繁荣
	1. 发展特征	产出—供给导向的增长	增长依赖于需求因素。注重相对收入和消费偏好差异化。中心问题不是经济，而是政策的再平衡和广义上的福利
	2. 职业特征	—	白领阶层比重高

资料来源：[美] 理斯曼、格拉泽、戴尼：《孤独的人群——美国人性格变动之研究》，刘翔平译，辽宁人民出版社1988年版；Rostow, W. W., *The Stages of Economic Growth: A Non-Communist Manifesto*, Cambridge: Cambridge University Press, 1960。

一、理斯曼—格拉泽—戴尼模型

上文第一个问题源于理斯曼等（1988）关于人口增长与社会条件关系的看法——归纳为一点就是，在后工业化或城市化阶段，人们一改工业化时代以生产为中心的观念，逐渐学会用消费的眼光看待生产和产品，并变为积极的、挑剔的消费者。消费者和家庭这种心理倾向的变化源于不同发展阶段上经济社会条件的动态演进。鉴于本章目的，表 6-4 撷取了理斯曼—格拉泽—戴尼模型中（对应于人口"S"形曲线）工业化和城市化两个阶段的情景，并与罗斯托的类似思想进行比较。理斯曼等作者的初衷，是通过人口增长不同阶段上经济社会结构条件的变化，观察社会性格和个体行为变化的机制。此处，我们综合这些启发性结论，分析结构条件和个体行为的变化对人口增长带来的潜在影响。我们把注意力集中于 1970 年前后工业化加速和后工业化或发达城市化减速两个时期，阐释本章人口增长假设的发展理论含义。

（一）工业化支持较高人口增长率的经济社会条件

整体来看，相对于 20 世纪 70 年代中期以后低度均衡收敛现象的发生，发达国家在其工业化过程中，普遍表现出较为快速的人口增长。毋庸置疑，这种现象与工业化起飞至工业化成熟这个过程的结构条件密切相关，以下两个方面值得关注。

其一，发展特征及其影响方面。产出—供给导向的增长是工业化加速的基本特征，工业化的持续加速建立在资本积累之上，产品规模化、标准化生产的目的，是从根本上解除物质匮乏对生存和发展的制约，在这个过程中，产业分工的深化和消费围绕生产观念展开，收入水平快速提高而不是消费选择多样化，构成消费者的主要追求目标。也正是"生产中心"的观念，使得家庭和社会在看待人口增长的态度方面具有基本的一致性：规模化、标准化的大生产，部分替代了个体知识技能，节约了家庭的生育成本；持续快速增加的收入，提高了家庭养育能力；（至少在第二次世界大战前）普遍较低的社会保障没有为社会带来更多的负担，这三个因素降低了人口再生产成本。

其二，职业特征和消费行为。理斯曼等（1988）把工业化过程中个人发展的可预见性和职业稳定，看作与人口增长相伴随的重要现象，这种可预见性源于分工和社会结构变化的加速。实际上，在产出—供给导向的工业化过程中，职业的稳定和分工扩大，是收入较快增长并覆盖生活成本的前提，这一点根本上不同于后现代时期服务、休闲和消费导向的发展路径。更为重要的是，这个时期中追求物品占有的消费观念，也与工业化、规模化、标准化生产方式相一致，"从生产的角度看待消费"不仅成为扩大再生产的动力，而且成为劳动力扩大再生产的基础。

（二）后工业化阶段结构条件的变化，迫使人口增长向低度均衡路径收敛

结构条件的变化以个体和家庭面临的三种压力的增强为标志，即收入改进速度下降，生活成本上升，生活节奏加快。这三种压力构成服务业和消费主导的城市化过程中人口增长诱致效应的显著下降，直接表现为低度均衡路径上的波动，以及高收入水平上的补偿性增长（即本章假设一和假设二）。

第一，发达国家20世纪70年代中期以后普遍的经济减速产生了深远的影响。人均GDP增速的显著放缓发生在结构服务化和消费主导的经济社会环境之中，这个阶段最本质的特征是大规模、有组织、预期稳

定的工业部门就业，被自主性、相对分散性的服务业就业替代，促使社会对人口潜力进行重新评估，即大规模、粗放型的劳动力需求下降了，代之以高技能和白领就业需求的增加，后者的再生产需要更高的收入水平和收入改进能力支撑，这就与经济减速导致的收入增长速度下降趋势相矛盾。

第二，城市化阶段导致生活成本上升的压力，在需求方面表现为消费结构升级，在供给方面主要是现代性服务业生产成本和空间集聚导致的成本上升，两个方面是相互联系的。发达国家服务业结构的升级与消费结构升级是相互促进的良性循环，尤其是科教文卫等高端消费项目比重的上升，使得人们在注重消费质量提高的同时，也迫使生育观念改变——新增人口再生产过程中由于知识积累因素的加入，在很大程度上把孩子抚养变为"奢侈品"，从社会再生产的角度看，孩子教育成本的上升恰恰是维持经济结构知识化和高端化的必要前提。联系到城市化阶段生产率和收入增长减速的现实，家庭生育意愿降低是合理的趋势。

第三，生活节奏加快。不同于理斯曼等所处的时代及其"生产／休闲"二分法的时间观念，步入经济减速时代的城市化，面临着生活节奏持续加速的趋势，时间资源迫使个体在工作、消费体验和下一代抚养之间进行时间再平衡，现实的情况是，这种再平衡不利于生育数量的提高。

二、示范效应在降低个体和家庭生育意愿上的作用：理斯曼、杜森贝利和默顿

除了上述绝对收入水平和个体自身对压力的感觉构成人口增长放缓的影响因素外，还有更加广泛的结构条件和机制强化这种意愿，它们主要与城市化阶段群体分化、社会流动性和示范效应的影响有关。这一点

在表 6-4 的对比中得到了简要说明：理斯曼等对不同阶段个体观念和行为的塑造机制，分为工业化时期内部引导和后工业化时期他人引导两种机制，这种分析具有丰富的发展和人口变动含义，分析如下。

（一）个体和家庭与社会群体的关联方式的变化，推动预期和观念的变化

工业化时期群体内塑造个人意愿的机制，在后工业化时期移交给多重参考群体机制，即在向谁看齐这个预期社会化问题上，个体和家庭现在开始拥有更多的选择和更加开阔的比较视野。这不仅与城市化所呈现出来的更大的开放和流动性有关，而且更多地与特定发展阶段社会评价标准（或价值和规范的）有关，特别是诸如与"生活富裕"相联系的标准——如职业成功、道德水平等，直接左右了个体的选择方式。个人生活于社会群体中的多重参考标准的建立，发挥了示范效应的作用，杜森贝利（1969）对此给出了最为系统的深刻分析。在他那里，示范效应概念的设置是为了解释个体偏好相互依赖的心理与社会条件，这些条件与罗斯托和理斯曼等对结构条件变化的考察是一致的。

示范效应发挥影响的机制，立足于三个假设：一是个体和家庭具有趋向于较高消费水平的意愿；二是追求较高生活标准，本身就是一种目的且构成主要的社会目标；三是高度社会流动性。基于这些假设，发达国家城市化消费示范作用日益显著的机制是：个体和家庭不仅可以与相似阶层进行比较，而且可以与群体外的他人进行比较。于是，从社会目标的影响角度看，个体必定把其生活标准，与那些比自己高的群体比较。这将进一步强化消费行为向上的变动性这一社会目标，推动高度消费标准与高级社会身份相互维持的循环。

（二）示范效应的长远影响表现

由此引出本章人口增长的第三个假设。上述消费示范效应导致的社会化预期，在长期中将促使习惯和态度的变化，并最终导致理斯曼等所谓"以消费眼光看待公司（或生产）"观念的确立，这种观念本质上不同于工业化阶段"生产中心"的观念。因此，从表面上看，发达国家大规模工业化之后低增长时期消费倾向和观念的变化，与收入增长速度下降等减速压力有关，深层次的推动力是社会群体的分化及群体变动。这种趋势涉及后工业化时期知识技术层的崛起和该阶层的扩大再生产。

白领阶层在社会群体中比重的扩大乃至占据主要地位，是第二次世界大战后发达国家的重要特征，尤其是 20 世纪 70 年代后，随着服务业主导和消费主导的新格局的定型，中产阶级比重扩张过程中的知识属性越来越显著，也正是由于这个原因，知识技术层再生产及其示范效应，改变了个体和家庭消费行为和观念。偏好多样性及消费结构升级在结构服务化时代的深层次含义是，消费行为和观念的转变具有持续的生产率和补偿效应——或者说促进"消费能力—资本深化能力—劳动生产率提高"这个良性循环在城市化阶段的持续达成，这个循环的内生动力根本上源于高端人力资本的积累和供给，这种趋势又与消费结构中教育、文娱等高端消费项目的比重增加甚至占主导地位的态势有关。个体和家庭向知识技术阶层的上升以及维持阶层身份的愿望，对生育和意愿形成抑制，换句话说，随着知识技术阶层的扩大，人口再生产的特征由这一部分人群赋予。

总体上来看，在发达的城市化阶段，由于知识再生产机制比重的提高，不仅提高了人口再生产成本，而且消费高端化——即用于科教文卫消费的提高——对人口再生产到来的时间、资源诸方面的挤压，人口自然增长的趋势在这个阶段进一步受到抑制，生育决策越来越受到经济社会条件和价值观念的制约，于是以下判断似乎是有其合理性：

假设三：社会职业群体中知识技术阶层的扩张对于人口更新率的提高具有挤出效应。

三、家庭和社会对生育和人口增长的意见分歧：运用公共政策缓冲示范效应的影响

让我们把视野继续扩大，放到家庭、群体及其与公共政策的联系中去，考察发达国家人口增长低度均衡路径形成的必然性，以及低度均衡路径上增量补偿有效发挥作用的外部条件。在示范效应扩散和日益受到强化的城市化阶段，我们的这种想法一开始就出现如下矛盾，即家庭与社会对生育和人口增长的意见的分歧。对此，进一步的机制和条件分析，还需要暂时回到家庭和社会对供给与消费的不同要求上去。

首先需要明确的一点是，在发达国家，作为高度现代化的根本表征，生活水平的持续提高是最综合的指标。这个指标在个体层面表示收入增长和消费能力的维持，在社会层面表示生产率的持续改进与要素投入的更新。对于社会总体而言，尽管知识技术层扩大是必然的趋势，但是不论知识属性附加程度如何，总体劳动力投入维持一个合意的水平是必要的："合意"的概念大致对应于这样的经验——劳动力短缺不至于对持续增长带来不可逆转的威胁。

面对家庭生育意愿的下降，改变预期和缓解示范效应的影响，构成公共政策的目的。仅仅从这一点来看，发达城市化阶段的公共政策带有更加综合性的特征，它本质上不是一个大政府小政府的问题，而是一个政策实施有效性的问题——即针对补偿性人口增长的有效达成，至少做

到低度均衡状态的可持续。由此，我们进一步得到如下推论：

假设四：经济社会条件变化诱致的人口增长率下降和生育意愿降低，需要公共政策提供有效补偿。

到目前为止，我们可以有把握地说，在结构服务化过程中，经济社会条件对人口增长的诱致替代了人口的自然增长，既然如此，用经济公共政策抵消结构条件变化的冲击是自然而然的事情。需要强调两点：一是人口增长的补偿的有效性问题，这种有效性立足于发达水平；二是就发达国家历史和经验来说，压力和示范效应的扩散导致家庭生育意愿下降，人口自然增长趋势让位于外部的宏观政策，这是客观的必然。由此，我们看待公共服务的眼光便发生了变化，典型地，第二次世界大战后至 20 世纪 70 年代欧洲老牌发达国家迅速提高的公共支出，根本上是为了稳定未来人口增长预期。[①] 以人口增长补偿效应的有效性为目标，公共服务支出成为高度现代化阶段生产率提高、就业稳定、财政平衡的枢纽。

第三节　人口数量还是人口质量？中国问题的反思

对发展中国家而言，已经讨论过的人口增长的四个假设，暗含了这样一个问题，即后工业化阶段或城市化阶段的人口增长，数量和质量哪个更加优先或哪个选择更加重要？城市化过程中的群体分化和示范效应，使得家庭更易受到他人引导因素的影响，家庭生育意愿的降低，不

---

① 欧美发达国家第二次世界大战后迅速增长的公共支出，在 1980 年达到峰值。这种趋势的更加丰富的史料参见 Lindert, P.H., *Growing Public*, Cambridge: Cambridge University Press, 2004。

仅出于日常生活负担的考虑，而且与其对后代成长和发展的期望有关。公共政策中人口数量型思维模式，无疑属于大规模工业化时期的"生产中心"思维，这种纯粹立足于传统劳动力供给之上的观念，虽然契合劳动力短缺的工业化逻辑，但在城市化时代却是被误置的认识。错误的原因很简单，没有认识到城市化是以高素质的人口为支撑并维持的。人口质量成为经济社会的优先选项。

一、现代化过程中人口质量含义的嬗变

（一）概念

为了避免混淆，首先征引罗斯托（2014）的人口质量概念，这个概念随着发展阶段不同而发生内容的变化，可归纳为两种理解——传统的和现代的，其中个体健康评价准则替代传统的个体—社会联系评价准则，可视为当代人口质量概念上的一个认识突破。

传统的人口质量提高基于个体—社会联系，这个概念流行的时期大致覆盖了人口增长"S"形曲线的底端和中段，即人口增长潜力阶段和人口高增长阶段。具体地，西方发达国家18世纪至20世纪20年代，人口质量的主题是"健康和疾病预防"；20世纪30年代，分子生物学的发展更新了人口质量内涵，特别是20世纪50年代以后工业化进程在全世界的扩散，使得贫穷国家日益认识到人口膨胀导致的诸多问题，优生成为这一时期的主题，人口增长的总体社会受到关注，个体可能的生育愿望受到限制——典型的如中国的计划生育政策。

几乎与后工业化时期步调一致，发达国家在步入成熟城市化之后，特别是20世纪80年代信息技术的发展，使得人口质量内涵再次发生变化。当代西方发达国家政府，一方面，保留了传统责任或保证公民健康

的一般条件（食品管理、卫生等）；另一方面，政府角色从控制群体型转变到促进个体发展型，鼓励个体进行自身的生命、生活质量管理。

罗斯托把人口质量问题的考察，置于个体能力和发展权力的政治经济学框架下，再一次向我们表明了社会条件变化这一主题在理解人口增长趋势上的重要性，宏观发展环境的变化蕴含了决定人口变动的其他力量，个体家庭主观的生育意愿反而因此居于从属地位。对于发展中国家来说，这种质量观念的意义太重大了，它涉及社会经济政策和发展战略的选择与调整，说到底就是沿着代际传递路径保证人口在教育、消费、就业方面的质量持续提高，这正是罗斯托所谓（大众高消费时代）发展政策再平衡的主旨（见表6-4）。

（二）人口质量与消费观念的联系

如前所述，从社会扩大再生产的逻辑看，现代化过程中人口增长观念的转变，与生产和消费观念的转变是一致的，我们把表6-4中隐含的思想明晰表述为这样的理念：从生产角度看待消费，转向从消费角度看待生产，是贯穿于后工业化时期和发达国家城市化过程的核心理念，这样的理念源于群体示范效应的扩散及其对个体的影响，之后促进针对消费主导的公共政策的变化。这里的假设是，相对于个体和群体的需求变化，公共政策的反应可能存在某种程度的滞后，至少对于发展中国家来说，这种假设有其合理性。

以发达国家城市化的情景作为参照，可以发现，发展中国家人口质量提升环节的缺失导致多种可持续发展问题。首先，囿于大规模粗放型工业化规模扩张的理念，发达国家的人们一般习惯于把注意力放在传统增长核算的框架内思考，人口增长的政策建议往往以传统的劳动力供给为主，而不考虑这种未来劳动力的特征与成长前景。其次，与这种短视的、不顾发展条件已经发生变化的观念相比较，发展中国家公共政策的失误，最集中体现为不能为知识技术阶层的再生产提供助益，这个阶层的持续扩大连同社会流动性，是发达国家和发展中国家在人口问题上的根本区别之一。这里的意思是，鉴于结构服务化不同于大规模工业化的特征，有效率的服务业乃至服务业发展之于整体经济所提供的效率补偿能力，已经不能由工业化意义上的劳动力投入所提供，否则将陷入拉美国家那种过度城市化和增长长期停滞的困境。再次，从消费角度看待生产在城市化阶段的经济意义，主要是通过消费结构升级提供可持续的知识过程循环和人力资本积累，也就是我们前期研究中所谓消费的效率补偿①，当然，这种补偿的实现，本质上与知识技术层扩大再生产具有效率上的等价性。

二、中国人口向低度均衡路径收敛的必然性

中国人口增长依据经济社会结构条件变化的趋势，比较类似于日本的情况。相似的地方，受到大国人口规模巨量的影响，人口更新速度将比小国更加缓慢，人口红利快速耗竭之后出现大幅度下降。当然，这种态势与普遍的城市化阶段的经济社会发展水平以及示范效应等社会心理都有关系。我们强调的是，在人口增长下降时期的公共政策及其实施力度，对于人口低度均衡增长的补偿效应将起到决定性作用。中国进入收敛通道，2018 年中国人均 GDP 为 9700 美元，同时城市化率达到 60%，根据前文发达国家人口统计规律，这是比较典型的迫使人口低度均衡增长路径发生的推力。

---

① 对于这个主题的进一步详述，我们将在随后的一篇讨论中给出。

（一）中国城市化快速发展直至成熟阶段，人口增长趋势将呈现出向低度均衡路径的收敛

事实上，这种趋势在 20 世纪 90 年代就开始了——伴随着改革开放深化和城市规模扩张的加速，中国人口增长率开始在倒"U"形曲线的右边部分运行。历史的相似性再度呈现出来，正如发达国家一度经历的那样，20 世纪 50 年代以来的工业化、现代化和医疗卫生的进步，推动中国人口增长保持了一个较大的速度（尽管受到计划生育的控制）。但是，中国人口的倒"U"形趋势特性，是以时间压缩的工业化冲击下传统农业社会在迅速解体为代价的，这点类似于日本的人口增长趋势和背景。以往支撑人口快速增长的传统生育观念，随着城市化加速受到进步削弱。不同于日本已经处于发达水平的经济条件，中国现阶段较低的人均收入和迅速膨胀的城市生活成本，又对生育意愿施加了更为现实的约束。可以推测，现阶段直至迈向高收入水平的未来一定时期，中国人口将会处于持续地向低度均衡路径收敛的状态。同时，为了避免（可能的）持续负增长，公共政策支持和经济效率必须同时发挥作用，这是中国未来人口—经济—社会联系的最核心的问题。

（二）抑制生育意愿的几个重要因素

再强调一下我们对于中国正在进入低度均衡人口增长路径和效率补偿的认识。结合养老、养小、养自己这个现实，特别需要注意的一点是——发展阶段及相应结构性条件变了，无论是社会总体层面还是个体、家庭层面，都不可能回到曾经的大规模工业化阶段的理念上去了，由个人和家庭意愿保证的人口增长，是基于工业化的职业稳定、收入增长和低成本预期，在城市化阶段，这一切都将因为城市集聚的示范效应和高成本而发生改变。不仅仅是处于阶层流动中的城市户籍居民，第三

代农民工也由于更加强烈的城市认同感而受到示范效应扩散的影响。在个体身份由多样性参考群体决定的城市化时代，城市居民在"养自己"上，将会把时间、资金等更多资源用于终身教育、阶层上升机会捕捉和职业竞争上，这一点在中国的大城市已经有了非常明显的体现——大龄剩女、大龄剩男、推迟婚育即是最好的例子。中国现阶段经济的脱实向虚，把两代人的养老问题推到风口浪尖。首先，高房价往往耗尽上一代老年的储蓄以支持子女购房；其次，在城市化经济减速时代，高房价伴随着收入提高放缓和工作不稳定预期，致使当代人对未来养老左支右绌。虑及少儿抚养的教育和未来发展的压力，生育意愿只有在少数生活宽松的家庭才能自动发生。

（三）人口质量问题

更为艰巨的发展任务是，中国必须在增量人口的素质提升和数量增长方面进行再平衡。具体到中国发展历史，这涉及如何看到过去和未来的一些重大认识问题。中国的工业化走的是设备引进的"复制"的技术进步，文献中称为"干中学""投中学"，这种大规模工业化的好处是，可以充分利用过剩劳动力，由此，中国工业化时期的劳动力和人口扩大再生产集中于数量或粗放型劳动力投入方面。我们的前期研究，把这种工业化模式的后果称为中低教育程度人力资本"壅塞"。中国使用全世界最大规模的中等教育人口，铸造了世界排名第二的 GDP——这是奇迹，但是却不能把这种奇迹的因素复制到城市化中，因为城市化本质是服务业主导的要素化过程，特别是劳动力要素质量的提升，是城市化可持续的关键。因此，（1）就生活质量而言，相对应于工业化的大规模、标准化，中国生活质量总体水平主要是基于物质生活的满足，即匮乏问题得到了解决。作为高质量发展的最综合的生活质量提高，是立足于教育、文化等服务品消费能力提高之上的。(2)就生命质量而言，工业化时期的收入和公共服务，提供的是基本的个体健康和疾病预防，城市化阶段的生命质量的含义是上文述及的生命的自我管理的一系列事项。(3)就业能力方面，城市化阶段就业政策的目的，是围绕知识技术阶层再生产的塑造，而非工业化阶段"边疆拓展"的粗放型职业增长模式。这些质量要求，不是自动从工业化路径中演进出来的，而是围绕以人口质量提升再造为主的经济社会体系。

三、人口增长补偿有效性的保证，应成为中国未来政策议题

与发达国家不同，中国大规模工业化结束和人口红利的耗竭，是在短短的四十年里发生的，无论是从经济发展还是从人的发展方面，国家政策在很大程度上是为了集中化的资源动员和物质生产而设立的。毋庸置疑，这只是上文所述围绕人口质量提升再造经济社会体系的主要原因。但是，如果与发达国家——尤其是日本的低度均衡路径上人口增长补偿的条件和效果做一比较反思就会发现，在城市化阶段（或者换一种说法，在物质匮乏问题得到解决而步入富裕社会），有效激发起家庭生育意愿，进而弥合社会整体和个体这方面的意见分歧，绝非轻而易举的事情。我们再次强调：考虑人口数量和人口质量再平衡的挑战问题，中国城市化阶段的人口增长，不可能再恢复到以前的较高人口增长速度，实行效率—公共政策协调以发挥人口低度均衡增长的维持，这已经是一件很艰难的事情了。限于篇幅，在这里提示一下城市化阶段公共政策在人口增长补偿方面达到有效性的几个一体化问题。

（一）强制性政策失灵的条件下，人口政策总基调应转向民生—经济效率一体化协调

我们赞同罗斯托（1960）的下述思想——城市化的特征不是产品生产供给主导，而是围绕消费多样性和人的发展所进行选择再平衡。以此反观国内关于人口和经济社会发展的声音，我们只能说，以强制和说服性的办法提高个体生育意愿不可行了。城市化的示范效应、城市化对人的发展质量要求的提高，以及城市化的高成本，这些已经构成了最有力的说服。即使如此，我们认为，公共政策仍然具有巨大控制力和说服力。但是，值得注意的是，城市化阶段的公共政策的作用领域——用集中于生活质量提升，实现民生保障—经济效率的一体化协调。这个判断的核心，旨在说明这样的机制：第一，中国仍处于发展阶段，只有经济效率财政保障不断扩张的社会保障体系；第二，社会保障体系作为公共总政策的核心，本质上是为了稳定个体和家庭生活预期——让人有未来。效率和保障环节良性循环，有利于城市经济社会发展预期的平稳，这是人口低度均衡路径可持续的前提——尽管是在较低程度上的可持续（请回顾前文德国和意大利的数据例子）。

（二）促进消费—投资一体化的公共政策体系

这涉及城市化阶段对消费认识的改变。就像我们前期研究反复强调的那样，城市化阶段的个体和家庭消费之所以不同于工业化阶段，就在于消费结构的高端化。这句话可以进一步理解如下：以科教文卫为代表的高端消费项目，每一项都具有跨期性，跨期性也就意味着投资和未来的收益性质。于是，我们是这样理解城市化消费的，不同于普通商品的即时性市场买卖，科教文卫等项目的消费从非即时性角度看，同时也是投资。典型如教育（无论是个体终身学习，还是代际教育投资）、医疗

和社会保障投资等。消费—投资的这种一体化形式，当然与高度发达的城市公共服务高端化相互联系，这也是高质量的人的再生产机制。

（三）促进服务业要素化与高质量生产一体化

消费—投资一体化的个体高端化倾向，投射到产业就是这样要求，即高端服务业发展中所蕴含的服务业要素化趋势。我们的这种认识基于发达国家城市化的如下事实，也就是说，城市化不断向成熟推进的过程中，以高端服务业发展为代表的要素市场发展是新的导向，即是变了传统工业化阶段产品生产供给导向。这种认识更新的目的，即是为了进一步解释创新驱动城市化的资源配置新机制。这样我们就容易理解服务业要素化与高质量生产一体化的真实含义了：城市化阶段消费—投资一体化中蕴含的人力资本和知识开发潜力，用于商品市场上就为达成高质量生产提供了可能。也可以进一步明晰如下：（1）成本—商品是工业化概念，降低劳动力成本是效率的重要途径，但是通常忽略劳动力质量提升以及人口质量的重要性，中国工业化阶段就是这样；（2）要素服务化—人力资本是城市化概念，城市化的核心就是促进要素化趋势的形成，建立和巩固创新基础。

（四）促进知识技术层再生产与职业发展一体化

作为人口质量提升的标志，知识技术阶层扩张的再生产，乃至在社会群体中占据主要地位，是城市化可持续的基本前提。由此，我们认为职业发展是一个与知识积累相联系的概念，也是公共政策的重要目标。关于这一点，我们的前期研究已有分析，这里不做赘述。

小 结

立足于发展阶段转换和经济社会结构条件的变化,本章对发达国家人口增长模式给出了一个概览,目的是通过比照找出中国人口增长向低度均衡路径收敛的一些论据。鉴于中国仍然处于发展阶段的这种特殊性以及未来风险挑战,本章重视中国未来人口增长中数量增长和质量增长的平衡问题。我们给出了中国人口向低度增长路径收敛这样一个较强判断,并且对维持低度均衡路径的公共政策的补偿能力予以特别的重视。可以很明确地说,为了达成新阶段发展的可持续性,在服务业要素化趋势成为必要条件的情境下,人口质量问题无疑是政策优先选项,只有这样才有望实现"经济效率—民生保障"的良性循环。

第七章

人力资本与高质量发展

党的十九大报告明确指出，要坚定实施科教兴国战略、人才强国战略、创新驱动战略，实现中国经济实力、科技实力大幅提升，跻身创新型国家前列。这种全新战略观的确立，既与中国高速增长转向高质量发展的转型趋势有关，也与跨越"中等收入陷阱"、迈向高收入国家的预期目标有关。为了保持高质量转型升级的稳健，国家战略部署上进一步强调效率、创新与人力资本升级的协同，即在质量第一、效益优先的原则下，以供给侧结构性改革为主线，推动经济发展质量变革、效率变革和动力变革。从根本上来说，创新型国家的坚实基础，就是在人才培养、激励机制完善的基础上，逐步完成适应于知识经济的人力资本升级。第二次世界大战后欧洲、日本、拉美国家现代化的经验教训表明，经济追赶的本质即是人力资本追赶。特别是在工业化向城市化转型的过程中，人力资本结构升级的成败，直接决定了结构服务化时代的经济质量，拉美陷阱的实质在于无法突破服务业主导时代所必需的人力资本门槛。

增长动力从要素驱动转向内生动力驱动，离不开人力资本升级与合理配置。转型时期，中国对人才强国战略的重视，不仅有着可资借鉴的国际经验，而且有着系统的理论基础，有必要进行简要回溯。较早的理念——如舒尔茨（Schultz，1961）和贝克尔（Becker，1964）的认识是，人力资本体现为劳动者的个人能力、知识存量水平和基本技能；丹尼森（Denison，1962）明确将劳动要素区分为数量和质量两个层面。宇泽弘文（Uzawa，1965）对人力资本和物质资本的明确区分，进一步推动了人力资本理论的发展，自此，人力资本作为同物质资本一样的增长要素，成为讨论经济增长问题不可或缺的变量。[①] 随着新增长理论的发展，以罗默和卢卡斯为代表的开创性贡献，将人力资本要素视为增长的源泉纳入内生增长模型之中，将技术进步内生化，从而能对不同国家的增长差异进行解释。人力资本或知识要素具有的外溢属性，可以实现要素回报递增，从而能对经济持续增长进行很好的阐释（Romer，1986、1990；Lucas，1988；Grossman 和 Helpman，1991；Aghion 和 Howitt，1992）。就人力资本对经济增长的作用机制而言，阿吉翁等（Aghion等，1998）将其归结为两类：一类是尼尔森—菲尔普斯机制（Nelson 等，1966），强调人力资本是通过提高生产效率而作用于经济增长；另一类是卢卡斯机制（Lucas，1988），将人力资本视作一种生产要素，通过要素积累和投入的方式作用于经济增长。人力资本对经济增长的促进作用，在学界已基本形成共识。

　　本章提供代表性国家的人力资本水平和人力资本结构的比较研究，找寻人力资本在不同增长阶段的变动规律；同时考察中国当前人力资本积累水平和配置效率，并发起有关人力资本抑制因素的探讨，以便从人力资本的角度找寻实现高质量发展的优化路径。研究发现：（1）经济体

---

　　① 典型如人力资本测度问题。主要有以下几种方式，即成本法（Machlup，1962；侯风云等，2007；钱雪亚，2008）、收入法（Jorgenson 和 Fraumeni，1989；Mulligan 和 Sala-i-Martin，1995；李海峥等，2010；朱平芳和徐大丰，2007）、指标法（Barro 和 Lee，1993；Vandenbussche 等，2006；蔡昉等，2002）以及余额法（World Bank，2005）等等。笔者认为人力资本积累过程主要通过教育实现，同时考虑数据的可得性以及便于展开人力资本水平与人力资本结构的跨国比较分析，因此主要采用巴罗和李（Barro 和 Lee）提供的世界各国分年龄段的人口教育水平的相关数据展开研究。

由低收入阶段向高收入阶段的演进过程，会伴随着人力资本结构的梯度升级。在此过程中，追赶成功的经济体将依次经历初级人力资本的倒"U"形变动、中级人力资本的倒"U"形变动，并一直伴随着高级人力资本的不断积累和提升。(2) 通过国际比较分析发现，经济体跨越"低收入陷阱"的时间点，往往发生在初级教育劳动者占比出现下降的拐点处；向高收入阶段迈进时，跨越"中等收入陷阱"的时间点，则会略微滞后于中级教育劳动者占比下降的拐点。这意味着，在较低发展阶段，低层次人力资本效能的发挥是立竿见影的，人口红利能得到快速释放并转化为增长动能；但进入较高发展阶段之后，高层次人力资本主导格局最终形成，需要大力培育。(3) 值得注意的是，中国当前初级和中级教育劳动者占比偏高，高层次人力资本积累严重滞后。通过对中国各行业人力资本分布和配置效率的分析发现，中国人力资本过度集中于政府管制或垄断竞争部门，激励扭曲造成了人力资本使用效率低下。中国垄断竞争部门和政府管制部门的工资差异，导致劳动力市场的二元分割，进而导致人力资本过多集中于非生产型、非科技创新型部门，高层次人才使用效率低下。

第一节　人力资本结构特征的国际比较

对比不同国家人力资本的特征和变化，总结人力资本演进规律，可以得出一些有益于中国人力资本问题分析的启示。三类典型国家样本分别为：一是高收入阶段持续稳定增长的发达经济体——美国、英国；二是成功实现经济追赶的东亚经济体——日本、韩国；三是在高收入门槛附近徘徊不前，被认为很可能陷入"中等收入陷阱"的拉美经济体——巴西、阿根廷。此外，我们还提供了一些东南亚样本——如泰国和马来西亚等，以便丰富比较分析。

一、人力资本积累的跨国比较

根据样本国家在过去半个多世纪的发展表现，各个国家整体平均受教育年限基本处于稳步提升的趋势，赶超经济体（日本、韩国）也表现出对发达经济体的教育追赶。根据巴罗－李（Barro–Lee）给出的每隔5年的各年龄层的受教育年限数据，我们测算出主要劳动者（20—59岁）的平均受教育年限情况（见表7-1）。数据分析发现，处于不同发展阶段的经济体，劳动年龄人口的平均受教育年限均稳步提升。其中，整体教育水平提升幅度较大的是韩国，1950年平均受教育年限为4.55年，至2010年已经接近美国的水平。与之对比的阿根廷，1950年的平均受教育年限为4.82年，高于韩国的水平，而至2010年已经远落后于韩国了。中国教育水平提升较大，从1950年的1.21年逐步提升至2010年的8.12年的水平。

表 7-1　1950—2010 年各国劳动年龄人口（20—59 岁）各级受教育平均年限

（单位：年）

| 整体教育平均年限 | | | | | | | | | | | | |
年份 国家	1950	1955	1960	1965	1970	1975	1980	1985	1990	1995	2000	2005	2010
美国	8.90	9.40	9.90	10.70	11.40	12.10	12.60	12.80	12.90	13.10	13.40	13.30	13.60
英国	6.28	6.53	6.79	7.49	8.14	8.48	8.54	8.81	9.45	9.85	10.30	11.90	12.80
日本	6.73	7.26	7.63	7.64	8.14	8.87	9.68	10.30	10.90	11.60	12.10	12.50	12.80
韩国	4.55	5.01	4.23	5.42	6.45	7.37	8.45	9.51	10.60	11.40	12.10	12.60	13.30
巴西	2.09	2.41	2.63	2.88	3.20	2.95	3.19	3.84	4.74	5.66	6.70	7.67	8.53
阿根廷	4.82	5.14	5.57	5.96	6.47	7.02	7.54	8.12	8.72	9.07	9.23	9.72	9.98
马来西亚	2.18	2.38	2.78	3.19	3.94	4.65	5.71	6.73	7.82	8.58	9.35	10.20	10.90
泰国	1.80	2.14	2.49	2.26	2.27	2.88	3.54	4.17	4.87	5.48	5.87	7.51	8.54
中国	1.21	1.73	2.45	3.09	3.89	4.65	5.53	6.16	6.49	7.29	7.84	8.06	8.12

续表

初级教育平均年限												
年份 国家	1950	1955	1960	1965	1970	1975	1980	1985	1990	1995	2000	2005	2010
美国	5.30	5.40	5.49	5.66	5.79	5.87	5.93	5.90	5.89	5.95	5.96	5.96	5.97
英国	4.99	5.06	5.13	5.27	5.39	5.44	5.42	5.49	5.56	5.59	5.63	5.82	5.92
日本	5.13	5.30	5.37	5.45	5.53	5.62	5.70	5.77	5.82	5.89	5.91	5.94	5.95
韩国	4.14	4.43	3.32	4.10	4.64	5.06	5.37	5.54	5.78	5.86	5.91	5.94	5.96
巴西	1.71	1.95	2.05	2.18	2.33	2.03	2.06	2.43	3.25	4.01	4.80	5.52	6.16
阿根廷	4.40	4.55	4.76	4.98	5.25	5.52	5.73	5.95	6.13	6.34	6.47	6.69	6.77
马来西亚	1.73	1.90	2.22	2.53	3.04	3.50	3.96	4.36	4.72	5.01	5.21	5.42	5.55
泰国	1.57	1.89	2.20	1.90	1.90	2.40	2.80	3.30	3.80	4.20	4.40	5.00	5.50
中国	1.00	1.40	2.00	2.50	3.10	3.70	4.20	4.30	4.50	5.00	5.20	5.20	5.20

中级教育平均年限												
年份 国家	1950	1955	1960	1965	1970	1975	1980	1985	1990	1995	2000	2005	2010
美国	3.14	3.44	3.77	4.36	4.83	5.23	5.47	5.43	5.46	5.63	5.73	5.67	5.77
英国	1.23	1.41	1.61	2.04	2.44	2.65	2.74	2.92	3.28	3.51	3.80	5.21	5.85
日本	1.44	1.76	2.04	1.98	2.31	2.80	3.38	3.80	4.21	4.67	4.97	5.23	5.38
韩国	0.37	0.52	0.80	1.17	1.57	2.04	2.73	3.48	4.19	4.67	5.05	5.32	5.50
巴西	0.35	0.43	0.53	0.64	0.79	0.77	0.94	1.21	1.27	1.41	1.63	1.89	1.99
阿根廷	0.38	0.52	0.71	0.85	1.05	1.28	1.53	1.82	2.15	2.35	2.47	2.73	2.90
马来西亚	0.41	0.44	0.51	0.61	0.86	1.11	1.66	2.20	2.83	3.31	3.83	4.32	4.77
泰国	0.20	0.23	0.27	0.28	0.33	0.43	0.60	0.71	0.83	1.00	1.19	1.99	2.51
中国	0.20	0.28	0.42	0.55	0.75	0.95	1.34	1.77	1.93	2.22	2.51	2.68	2.71

高级教育平均年限												
年份 国家	1950	1955	1960	1965	1970	1975	1980	1985	1990	1995	2000	2005	2010
美国	0.48	0.53	0.59	0.70	0.82	1.05	1.18	1.42	1.57	1.57	1.67	1.70	1.82
英国	0.06	0.06	0.05	0.18	0.30	0.38	0.38	0.41	0.62	0.75	0.82	0.93	1.00
日本	0.17	0.20	0.22	0.22	0.29	0.44	0.60	0.76	0.91	1.04	1.19	1.35	1.44
韩国	0.05	0.06	0.11	0.16	0.24	0.27	0.35	0.49	0.64	0.85	1.14	1.35	1.82
巴西	0.03	0.04	0.05	0.06	0.08	0.16	0.18	0.20	0.22	0.24	0.26	0.26	0.37
阿根廷	0.04	0.07	0.11	0.13	0.16	0.22	0.27	0.35	0.44	0.39	0.29	0.30	0.31
马来西亚	0.04	0.04	0.04	0.04	0.04	0.04	0.09	0.17	0.27	0.27	0.31	0.43	0.57
泰国	0.02	0.02	0.03	0.03	0.04	0.1	0.15	0.20	0.23	0.24	0.26	0.50	0.54
中国	0.01	0.02	0.03	0.03	0.04	0.04	0.04	0.05	0.07	0.12	0.17	0.16	0.16

资料来源：巴罗－李教育数据库（Barro–Lee Educational Atttainment Dataset, 2018 June）。表中数据为笔者根据 Barro–Lee 提供的数据测算得出。

结合样本国家增长阶段跨越和教育水平的演进过程，研究发现，跨出低收入阶段而进入中等收入阶段的经济体，基本已完成初级教育年限的收敛趋势；跨过中等收入阶段而进入高收入阶段的经济体，会进一步表现出中级教育年限的收敛趋势。[①] 依据世界银行给出的国家发展阶段的划分标准以及世界银行 WDI 数据库给出的人均 GNI（依 Atlas 法测度）的数据情况，样本国家跨过中等收入门槛的时间点分别为：英国（20 世纪 60 年代中期）[②]、日本（1966 年）、韩国（1978 年）、巴西（1975 年）、阿根廷（1964 年）、马来西亚（1977 年）、泰国（1988 年）、中国（2001 年）。样本国家均已跨过低收入阶段，各个国家初级教育年限也基本呈现出收敛至 6 年左右的水平。而跨过高收入门槛国家的中级教育年限收敛趋势较为明显，呈稳步收敛至 6 年左右的水平，其他仍在中等收入阶段的国家则存在明显的差距。样本国家中，跨过高收入门槛经济体的时间点分别为：美国（1980 年）、英国（1987 年）、日本（1986 年）、韩国（1996 年）。这也意味着，经济体如果能避开贫困陷阱，进入中等收入发展阶段，均经历了初级教育的普及和饱和；而有能力突破"中等收入陷阱"并进入高收入发展阶段的经济体，均实现了中级教育的饱和过程，这是必须经历的初级到中级人力资本升级过程。

当前，中国劳动年龄人口平均初级教育年限接近发达经济体的水

---

① 对国家发展阶段的划分，我们根据世界银行 2012 年的划分标准，即按 Atlas 法测度的人均 GNI 水平衡量，将人均 GNI 小于等于 1005 美元的国家定为低收入国家；人均 GNI 在 1005—12276 美元之间的国家定为中等收入国家；人均 GNI 大于 12276 美元的国家定为高收入国家。参见楠玉、刘霞辉：《中国区域增长动力差异与持续稳定增长》，《经济学动态》2017 年第 3 期。

② 世界银行 WDI 数据库为各个国家 1960 年之后的数据，美国 1962 年人均 GNI 为 3120 美元，大致推测美国跨过中等收入门槛的时间点应在 20 世纪 50 年代甚至更早；英国最早的数据为 1970 年，人均 GNI 为 2450 美元，故推测跨过中等收入门槛的时间点为 20 世纪 60 年代中期左右。

平，但高级教育水平仍有较大差距。

二、人力资本结构变动特征

一个经济体在向高收入阶段迈进过程中，会依次经历初级教育劳动者占比先上升后下降的倒"U"形变动、中级教育劳动者占比先上升后下降的倒"U"形变动，并始终伴随着高级教育劳动者占比不断上升的过程。图7-1和图7-2分别给出了样本国家不同教育程度劳动者占比情况与美国的对比——图7-1为发达经济体[①]与美国的比较，图7-2为美国与仍处于中等收入阶段经济体的对比情况，可以发现：（1）样本国家初级教育劳动者占比的变动形态均呈现快速下降的趋势，而其中增长追赶表现较好的日本和韩国，均呈现中级教育劳动者占比快速上升后的下降态势。韩国尤为明显，自1990年之后已出现明显向下变动的趋势，同时高级教育劳动者占比已经超过了中级教育劳动者占比，形成了以高级教育劳动者主导的增长形态。（2）图7-2中，各个发展中国家的初级教育劳动者呈现先上升后下降的倒"U"形变动特征，但是，这些国家仍处于中级教育劳动者占主导的发展阶段，初级教育劳动者占比也高于发达经济体水平。值得注意的是，中国的中级教育劳动者占比超过70％，远高于其他国家，而高级教育劳动者占比较低且增长缓慢。

值得关注的一个规律性趋势是：初级和中级教育劳动者占比发生下降的拐点，也是经济体实现增长跨越的关键节点。经济体跨越贫困陷阱的时间点，往往处于初级教育劳动者占比开始下降的拐点处；而跨过

---

① 阿根廷2017年人均GNI为12370美元，按照世界银行标准算是已经跨过了高收入门槛，暂不考虑未来可能的经济波动，此处将阿根廷放入样本一国家与美国进行比较。

（单位：%）

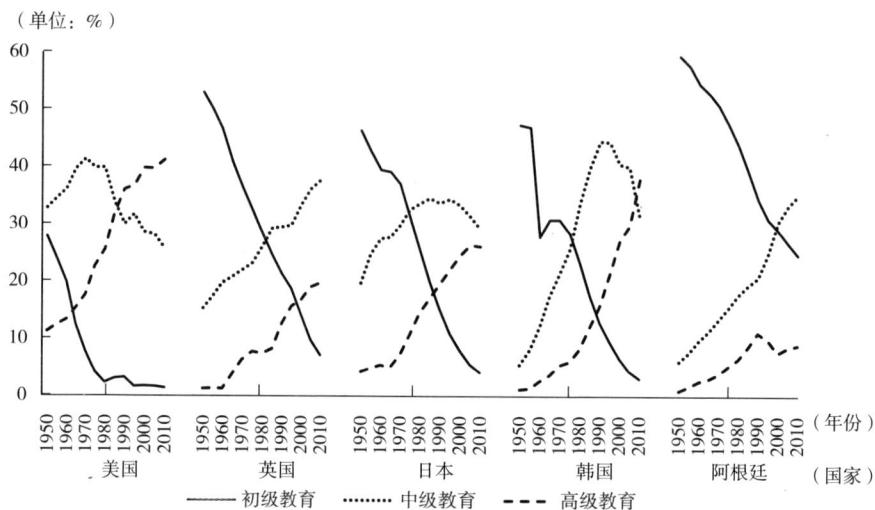

图 7-1 1950—2010 年样本一地区人力资本分布变化趋势

资料来源：巴罗 – 李教育数据库（Barro–Lee Educational Atttainment Dataset，2018 June）。表中数据为笔者根据 Barro–Lee 提供的数据测算得出。

（单位：%）

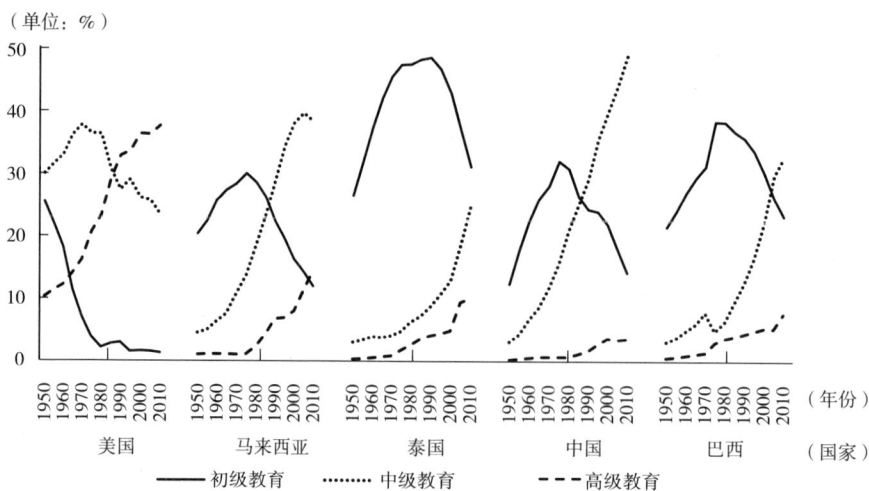

图 7-2 1950—2010 年样本二地区人力资本分布变化趋势

资料来源：巴罗 – 李教育数据库（Barro–Lee Educational Atttainment Dataset，2018 June）。表中数据为笔者根据 Barro–Lee 提供的数据测算得出。

"中等收入陷阱"的时间点，会略微滞后于中级教育劳动者占比发生下降的拐点。如图 7-1 和图 7-2 所示，巴西、马来西亚、泰国初级教育劳动者占比发生下降的时间点分别为 1975 年、1975 年、1985 年，与这些国家跨入中等收入阶段的时间点基本吻合。英国、韩国中级教育劳动者占比开始下降的时间点分别发生在 1970 年、1990 年，而这些国家迈进高收入门槛的时间点分别为 1980 年、1996 年，稍微滞后数年。自 1980 年起，日本中级教育劳动者占比一直维持在 35% 左右的水平，至 1986 年进入高收入国家俱乐部。值得注意的是，中国初级教育劳动者占比从 1975 年开始下降，但直至 2001 年中国才跨入中等收入阶段，这可能与中国十年"文化大革命"造成的文化、经济等各方面的发展停滞有关，使得中国跨出低收入阶段与其他国家相比艰难许多。

发达国家的普遍经验是，经济体要成功实现增长阶段的转型，需要逐步实现由以初级教育劳动者为主，转变为以中级教育劳动者为主，并最终实现以高级教育劳动者为主的增长状态。对此，我们提供进一步的理论解释。钱纳里将经济增长阶段划分为六个阶段，分别为初级产品生产阶段、工业化初期阶段、工业化中期阶段、工业化后期阶段、后工业化社会以及发达阶段。经济体在初级产品生产阶段，增长驱动模式以资源禀赋为主，处于农业社会发展阶段，经济发展以初级教育劳动者为主。进入工业化发展阶段后，劳动和资本密集型产业发展意味着增长以劳动和资本驱动为主，尤其是随着工业化的深化，进入工业信息化和智能化发展阶段，经济发展对劳动者教育水平的要求逐步升高。中国增长经验表明，工业化初期阶段，劳动力部门间重新配置就能产生极大的增长动能，初级教育劳动者直接从农业部门流动至工业部门，依靠人口红利优势就可以释放极大的增长潜能。但随着工业化的深化，工业发展对劳动者技能和教育水平的需求逐步升高，要实现工业化阶段较好的发展，劳动力应以中级教育劳动者为主，并逐步向以高级教育劳动者为主过渡。因此，如果经济体不能在各个阶段较好地完成劳动者教育结构的转换，经济发展将会面临较大阻碍。如泰国，虽然初级教育劳动者占比已经历较长期的下降，但由于占比过大，至今仍是以初级教育劳动者占主导，从而阻碍了其工业化发展过程中产业升级路径。大野健一（Ohno，2009）关于落入"中等收入陷阱"国家面临的产业升级的"玻璃屋顶理论"中就指出，处于技术吸收阶段的泰国，正是由于不能及时提升自身的人力资本收入，很难达成经由技术吸收实现高质量产品生产的阶段，无法突破迈入下一个产业发展阶段的隐性"玻璃屋顶"，从而使增长陷入停滞的状态，泰国2018年人均收入仅为6610美元，离跨越高收入门槛仍有较大的距离。

三、跨国增长经验对中国的启示

通过国际比较研究发现，经济体由低收入阶段向高收入阶段的演进，会伴随着人力资本结构的梯度升级，追赶成功的经济体在这个过程中会依次经历初级人力资本的倒"U"形变动，到中级人力资本的倒"U"形变动，最后实现高级人力资本的不断积累和提升。阿西莫格鲁（Acemoglu，2002）就专门强调了高等教育和教育组织的重要性，主要认识是，对于经济增长而言，不仅教育支出的总量会起作用，教育的组织尤为重要，那些更接近技术前沿的国家都会更加重视高等教育。美、英、日、韩等发达经济体表现出高等教育比重较高且稳定增长，而其他处于发展中的国家其初级教育已基本实现饱和增长，中级教育和高级教育水平仍有待提升。

发达经济体的增长经验显示，中级人力资本积累达到拐点并转向高层次人力资本积累后，需要经过多年的发展才能有效实现高收入门槛的跨越。成功实现增长追赶的东亚经济体在增长跨越阶段，能快速完成低层次劳动者占比的迅速下降，并转向中高层次的人力资本积累过程。这也意味着，人力资本的培育、积累并发挥功效是长期的过程，当前的人力资本结构在某种程度上决定了未来十多年后的增长成效。与此相比，发展中国家通常出现的问题是，在其完成初级和中级人力资本积累之后，由于无法在较短时间内实现人力资本结构的优化升级，导致增长陷入停滞。在高收入门槛徘徊不前的经济体，多数仍以中级人力资本占主导，高层次人力资本积累不足。

当前中国的初级、中级教育水平已趋近于饱和水平。但是，高技能、高等教育程度的劳动力比重与发达国家相比仍有较大差距。特别是，受到加工制造工业化路径依赖的制约，中国中级教育劳动者占比超过 70%，而人力资本升级趋势比较缓慢，这是发达经济体不曾经历过的现象。换句话说，以中低层次教育为主的人力资本结构不适用于服务业主导的城市化，在当代知识经济主导的格局下，唯有高层次人力资本结构才是创新和可持续发展的基础。

第二节　中国人力资本行业分布及配置效率

一、中国各行业人力资本分布

为了对比中国和发达国家各行业人力资本分布的差异，我们利用美国综合社会调查（GSS）数据和第六轮欧洲社会调查（ESS Round 6）数据，以及《中国统计年鉴》各行业的数据，通过测算中国与欧美国家各个行业的人力资本强度指标[①]，来进一步观察不同国家各行业人力资本分布的情况。人力资本强度指标越大，表明行业人力资本越密集。根据数据的可得性，我们选取的欧洲国家包括英国、法国、意大利、比利时、丹麦和瑞士。测算结果见表7-2。

中国人力资本过度集中于政府管制或垄断竞争部门，激励扭曲造成人力资本使用效率低下。如表7-2所示，中国的电力、热力、燃气及水生产和供应业，卫生和社会工作部门，文化、体育和娱乐业以及公共管理、社保和社会组织等属于典型的国家行政事业单位，而中国这些行业的人力资本强度是最高的。这表明，相较于欧美市场化部门，中国行政管制部门的人力资本聚集较多，这些部门主要依靠财政拨款，属于非市场化的参与主体，但却汇集了大量的科研人才和创新人才，究其原因则是政府管制部门的激励扭曲造成的。现实中这些部门的工资收入未必具有绝对优势，但其工作中的隐含福利使得政府部门或事业单位的长期收益预期高于市场化部门，从而形成对高层次人才极大的吸引力，一直存在的"公务员热"现象就是对此最好的说明。同时，中国扭曲程度较高的垄断竞争部门也集聚了大量的人力资本，典型如金融业和房地产业。这些部门由于垄断经营、不公平竞争以及较易获得政府高额补贴，能长期获得高额利润，形成高层次人才集聚的核心吸引力。

表7-2　不同国家各行业人力资本强度对比

行业＼国家	美国	英国	法国	意大利	比利时	丹麦	瑞士	中国
农、林、牧、渔业	0.176	2.070	2.777	3.696	2.251	0.000	3.731	0.004
采矿业	0.000	0.075	2.358	1.330	4.299	0.000	0.979	0.306
制造业	0.661	1.222	1.465	1.206	1.501	1.443	0.855	0.040

---

① 人力资本强度指标，即各行业大学及以上学历人口占比/行业增加值占GDP的比重。

行业＼国家	美国	英国	法国	意大利	比利时	丹麦	瑞士	中国
电力、热力、燃气及水生产和供应业	0.502	0.435	0.595	0.651	0.432	0.504	0.295	2.235
建筑业	0.563	1.307	1.401	1.098	1.089	1.607	1.173	0.125
批发和零售业	0.580	1.452	1.140	1.282	0.984	1.230	0.806	0.304
交通运输、仓储和邮政业	0.553	1.269	1.264	0.633	0.833	1.294	1.155	0.817
住宿和餐饮业	0.900	2.473	1.561	2.071	2.023	3.149	2.095	0.080
信息传输、软件和信息服务业	1.031	0.439	0.322	0.362	0.697	0.453	0.731	1.651
金融业	0.945	0.426	0.690	0.388	0.630	0.603	0.555	1.700
房地产业	0.084	0.093	0.073	0.006	0.045	0.208	0.528	0.944
租赁和商务服务业	2.808	0.314	0.363	1.120	0.465	0.752	0.380	3.449
科学研究和技术服务业	0.556	1.697	1.351	0.113	6.115	5.071	3.918	9.197
居民服务、修理和其他服务业	1.102	1.091	3.026	0.785	3.103	1.054	0.437	0.594
教育	23.647	1.648	1.364	1.675	1.115	1.307	14.525	4.129
卫生和社会工作	1.469	1.757	0.976	1.503	1.256	1.982	2.085	5.794
文化、体育和娱乐业	1.654	1.535	1.304	2.737	3.936	2.850	3.600	12.230
公共管理、社保和社会组织	0.878	1.395	1.048	1.114	1.026	1.844	0.800	2.772

资料来源：美国综合社会调查（GSS，2012）、欧洲社会调查（ESS Round 6）、《中国统计年鉴》以及中国经济增长前沿课题组（2014）。

二、中国各行业相较于制造业的工资水平

为了进一步印证上述观点，这里提供中国各行业相对工资水平的对比分析。部门间要素报酬扭曲，造成人力资本大多沉积于事业单位和垄断部门，而不能进入科技创新型部门。中国的制造业是竞争性行业，市

场化程度较高，因此我们以制造业为基准，比较其他行业相较于制造业的相对平均工资水平。图 7-3 显示，交通运输、仓储和邮政业，电力、热力、燃气及水生产和供应业，信息传输、软件和信息服务业等垄断竞争行业，以及科学研究和技术服务业，公共管理、社保和社会组织等政府管制部门的相对工资水平较高。其中，金融业相对工资水平仅次于信息传输、软件和信息服务业，而之前连续多年（2009—2015 年）金融行业平均工资排名第一，近期略有改善。

中国垄断竞争部门和政府管制部门的工资差异，使得市场化部门和非市场化部门存在劳动力市场的二元分割，造成人力资本过多集中于非生产型、非科技创新型部门，高层次人才使用效率低下。在劳动力市场充分开放、信息透明的情况下，人才在市场条件下能通过充分流动发掘自身价值。当存在高度垄断或政府管制部门（也可称之为"体制内部

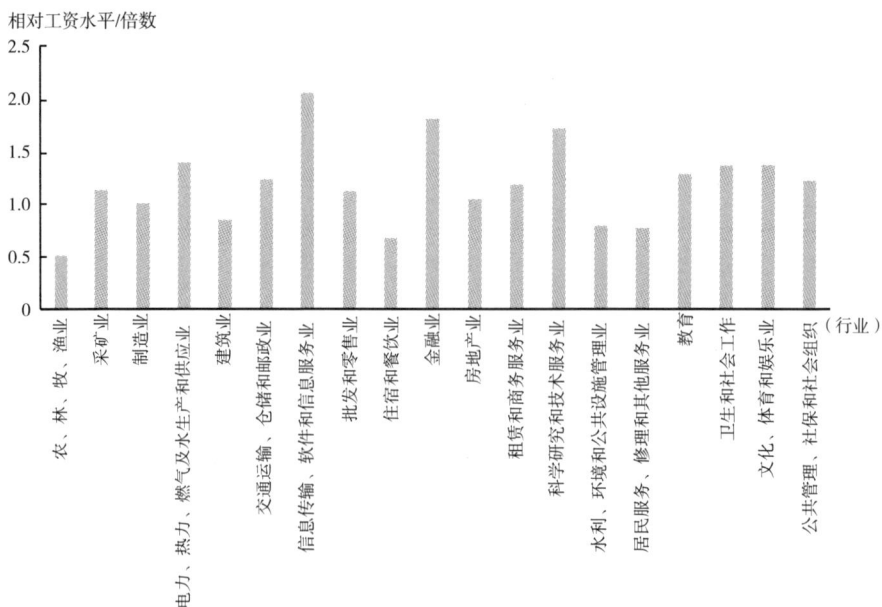

图 7-3　中国各行业相较于制造业平均工资的比较

门"）时，劳动力市场分割使得信息不对称，造成劳动力流动受阻，个体的自我配置能力也将由活跃状态转变为休眠状态，甚至是关闭状态。据悉，美国80%左右的优秀人才聚集在企业部门，而中国有大量的科技人才聚集在党政机关、高校和科研院所等部门，科研人员过多地分布在企业之外的地方，不利于人才的充分利用和开发。而政府管制部门的工资政策也不能准确鼓励高层次人力资本获取与其能力和努力相符的回报水平，因此缺乏个人进行人力资本投资的激励（Heckman，2003），不利于这些部门的人力资本结构升级。劳动力市场的二元分割使得体制内外的劳动力市场存在制度性障碍，造成体制内和体制外的人才在收入、激励和福利等方面存在巨大差距，这也严重制约了人才的流动和优化配置。

人力资本培育是长期的过程，现有人力资本配置的不合理极大地降低了人力资本的使用效率，造成对人才的极大浪费。我们在重视人才长期培养的同时，也应注重有效引导人力资本的合理配置，最大限度地发挥人力资本的使用效能，助推经济增长。

第三节　城市化阶段人力资本升级与知识消费

中国知识消费水平与发达经济体相比，还存在一定的差距。本章关于知识消费的界定主要借鉴中国经济前沿课题组（2015）的相关研究，与广义人力资本积累有关的消费项包括健康、文化娱乐、教育以及杂项。鉴于国内数据的可得性，这里把知识消费支出归拢为以下三个项目之和，即教育文化娱乐消费、医疗保健消费、其他用品及服务消费。2017年，中国知识消费占比为21.7%，距离其他发达经济体差距较大。

值得注意的是，随着中国居民收入水平的提升，知识消费占比却表现出下降的趋势。改革开放以来，中国知识消费水平稳步提升，从19世纪80年代的16.6%提升至2000年的24.3%，但进入21世纪之后，却表现出逐渐下降的趋势，2010—2017年知识消费占比平均水平为21.7%，与2017年水平一样。而通过对中国各区域知识消费水平的分析发现，经济发达的东部地区知识消费水平不及中西部落后省份（楠玉等，2018）。这在一定程度上反映了中国人力资本深化过程受阻的现状。

表7-3 1970—2017年各国知识消费占比情况

（单位：%）

年份 国家	1970	1980	1990	2000	2010—2017年 平均	2017
美国	29.5	34.3	40.6	44.0	46.0	47.2
日本	31.8	25.8	28.5	29.8	27.6	27.7
新加坡	27.8	31.8	35.7	36.3	39.6	40.8
韩国	15.1	24.5	28.6	31.6	32.9	32.7
中国	—	16.6	18.2	24.3	21.7	21.7

资料来源：根据UNDATA数据库和《中国统计年鉴》居民消费支出数据计算而得。

广义恩格尔定律表明，当发展阶段进入工业化后期，伴随着生活水平的提高，消费者偏好多样性变得重要起来，消费结构升级通过人力资本积累转化为创新动力，需求弹性较大的科教文卫等项目居于消费模式的高端。从国际增长经验看，20世纪70年代以来，伴随着经济减速增质，发达经济体普遍呈现出高城市化率、高服务业占比和高知识消费占比的特征。

换句话说，城市化阶段高质量发展的核心是，摆脱大规模工业化时期以产品供给为中心的增长模式，转而塑造以要素质量高端化为支撑的发展模式，发挥城市化的消费带动功能，实现劳动力要素质量提升和效率持续改进（袁富华等，2020）。对此，中国经济增长前沿课题组（2016）提出消费的效率动态补偿命题，强调"消费结构升级—人力资本提升和知识创新—效率提升—消费结构升级"的动态循环至关重要，这是创新发展的基础。因此，如果知识消费促进人力资本提升的链条受阻，将不利于通过整个动态循环实现。现阶段，中国知识消费水平落后且增长缓慢的主要原因，在于知识消费相关的现代服务业发展不充分，这也是转型时期高质量发展的重大挑战。在知识和人力资本积累升级本应发挥重要作用的科教文卫部门，大多受到管制，市场竞争的缺乏使得相关产业活力不足，无论从提供服务的数量或质量来看，均有待发展和改善。

小　结

本章着重通过对典型代表性国家的人力资本水平和人力资本结构的特征刻画和比较研究，找寻人力资本在不同增长阶段的变动规律；同时考察中国当前人力资本积累水平和配置效率，以及对阻碍人力资本积累和效能发挥的因素进行探讨，以便从人力资本的角度寻找实现高质量发展的优化路径。通过国际比较发现，经济体由低收入阶段向高收入阶段的演进会伴随着人力资本结构的梯度升级，追赶成功的经济体会依次经历初级人力资本的倒"U"形变动，到中级人力资本的倒"U"形变动，并始终伴随着高级人力资本的不断积累和提升。经济体实现增长跨越的关键节点也与人力资本结构变动相关联，一个国家跨越贫困陷阱的时间点往往处于初级教育劳动者占比开始下降的拐点处，而顺利跨过"中等收入陷阱"的时间点，则会略微滞后于中级教育劳动者占比下降的拐点。中国当前初级教育水平已趋近饱和，劳动力结构以中级教育劳动者占绝对主导，中级教育水平有待提升，高级教育劳动者占比较低且增长缓慢。因此，要进一步提升人力资本结构，推动高级教育劳动者占比的提升，为实现创新发展蓄积力量。

通过对中国各行业人力资本分布和配置效率的分析发现，中国人力资本过度集中于政府管制或垄断竞争部门，激励扭曲造成人力资本使用效率低下。中国垄断竞争部门和政府管制部门的工资差异使得市场化部门和非市场化部门存在劳动力市场的二元分割，造成人力资本过多集中于非生产型、非科技创新型部门，高层次人才使用效率低下。而与人力资本积累密切相关的知识消费水平与发达经济体相比，存在一定的差距，同时还表现出一定的下降趋势。

未来需要强化以市场需求为导向的人才培养模式，注重教育培养主体的多元化和社会化趋势，加快教育培养方式和培养手段的现代化，逐步构建形成终身学习的现代化教育体系，从而引导各层次人力资本质量提升，并逐步完成人力资本结构升级过程。具体措施如下：

（1）通过规范职业技能培训和渠道，拓展中级教育劳动者人力资本积累渠道和提升现有中级教育劳动者的教育质量。针对中级教育劳动者占比高而教育质量不足的现状，应拓宽生产工人和技术工人的技能、教育培训渠道，强化教育激励，推动形成一套系统的、有效的职业技能培训体系。要大力破除中国职业技能培训体系碎片化的局面，建立职业技能培训的统一机构，负责协调企业、培训机构、学校以及行业协会的力量，搭建企业公共的职业培训平台，引导和调动市场与企业在工人职业教育和技能培训中的积极性；努力推进行业组织的建设，充分发挥其作为中间层在协调政府和企业参与技能培训和认证中的作用；规范产教融合和工学结合政策的实施，完善职业技能培训等。

（2）通过产学研深入融合，保证人才的培养能满足市场的需求，实现人才供给与人才需求的完美匹配。推进产教融合是党的十九大报告中明确提出的改革任务，能加快产业链、创新链、教育链和人才链的有机衔接，培育市场创新主体，重塑人力资本优势，提升产业核心竞争力和呈现高质量发展。通过激励企业深入参与产教融合改革，能有效打通人才培养体系和科技创新链条，推动人才供给端和需求度的深入融合，释放人才供给侧改革的强大动力。另外，创新人才管理机制，探索"厂中校"的现代学徒制培养模式，培养具备工匠精神的高技能人才，推动产业结构和人才结构优化升级，为实现高质量发展和现代化建设提供人才支撑。

（3）加快服务业供给侧改革，推进教育、医疗、健康等与人力资本积累有关行业的市场化进程，提高相关服务的供给效率。党的十九大报告明确指出："中国特色社会主义进入新时代，我国社会主要矛盾已经转化为人民日益增长的美好生活需要和不平衡不充分的发展之间的矛盾。"[①] 要积极推进科教文卫体等事业单位和公共服务部门的转型和改革，积极引入社会资本发展相关行业，提高行业发展的市场化程度。2019 年年底召开的中央经济工作会议也明确提出，"要发挥市场供给灵活性优势，深化医疗养老等民生服务领域市场化改革和对内对外开放，增强多层次多样化供给能力，更好实现社会效益和经济效益相统一"。要将事业单位改革和放松管制相结合，盘活现有的人力资本存量，提升服务业供给效率和人力资本积累效率。

（4）通过加强政策支持、完善社会保障制度、增加政府公共资源用于科教文卫体支出等措施，激发个人进行人力资本投资的动力。在决定高层次人力资本的流向上，政府垄断力量比市场力量更强大，因此推进

---

① 习近平：《决胜全面建成小康社会　夺取新时代中国特色社会主义伟大胜利——在中国共产党第十九次全国代表大会上的报告》，人民出版社 2017 年版，第 11 页。

公共部门和事业单位的市场化改革，重点推进高层次劳动力市场的开放，打破人力资本市场分割和垄断，提升资源的配置效率（袁富华等，2015）。同时，加快政府和事业单位的用工和社会保障制度改革，政府应加大教育、医疗、养老等公共福利方面的支出，积极推进公共福利均等化，缓解个人进行人力资本投资的压力，推进整个社会人力资本结构升级进程。中国经济过去四十多年的快速发展，很大程度上源于1978年改革开放前已经积累的大量中等技术水平的人力所释放的增长潜力。这是当时社会主义平等教育政策的结果，即所有人都有公平获得教育的机会。而随着中国持续几十年的高速增长，人口生育率下降以及老龄化等因素，使得中等技能劳动力正面临枯竭。中国需要培养有技能的劳动力，用劳动力质量提升来抵御劳动力数量下降对增长的损害。未来可考虑在一定程度上延续1978年之前公平的教育政策，重点应用于学前教育和高等教育的培养上，建立更加平等的教育机制。

第八章

全球视角的高质量城市化

城市就是未来。城市化是中国高质量发展的空间载体，是率先实践"创新、协调、绿色、开放、共享"新发展理念的实验场。高质量的城市化是经济高质量发展的必要条件，城市治理体系和治理能力现代化是推进国家治理的关键。

本章采用全球视角，分析面向 2050 年的世界城市体系中的中国高质量城市化。一个完整的城市功能，包括生产率、宜居性和城市体系三个方面（Bryan 等，2019）。本章对城市高质量发展立足于三个层面：第一是建立城市经济竞争力的持续提升机制；第二是建立以城市为基本预算单位的公共财政分享体制；第三是城市消费的扩大与升级。这三个层面分别关注城市的生产功能、消费功能和福利特征。笔者认为，高质量的深度城市化应当立足于实现经济效率（全要素生产率和劳动生产率）和居民福利的双重改进，由此，高质量城市化分析必须立足于生产视角和消费视角、初次分配视角和再分配视角。

第一节 全球视角下的中国城市化展望

中国城市化是与美国高科技产业发展并列的 21 世纪世界两件大事。分税制改革后，中国以市场导向和劳动力迁徙为特征的城市化，开始正式进入诺瑟姆（Northam）曲线 30%—70% 的加速区间。从 1994 年到 2019 年，中国的城市常住人口增加了 5 亿人，城市化率从 28.51% 增加到 60.60%，户籍人口城市化率超过 45%。学术界的一致预测是，到 2030 年中国的城市化率将超过 70%（国务院发展研究中心和世界银行联合课题组，2014；张平、陈昌兵，2018），正式走出诺瑟姆曲线的加速区间。届时中国的城市人口将超过 10 亿人，超过现有的欧洲城市人口总和（麦肯锡，2008），城市人均 GDP 将接近 2 万美元，成为全球最大的新增市场和最重要的市场之一。

我们迎来了一个城市主导下的城市经济世纪（Glaeser，2014）。21 世纪绝大部分的国家——从美、欧、日等城市化已经完成的发达国家，到城市化水平不低于发达国家的拉美地区和城市化率已经稳定的大洋洲，再到城市化快速推进并已经成为城市化进程主体的亚洲，再到正在接棒亚洲、经济发展水平还远远滞后的非洲，整个世界将在 21 世纪完成城市化，进入城市主导经济、政治和社会的时代。

按照《联合国世界城市化展望 2018》（*World Urbanization Prospects 2018*，WUP 2018）的数据，从 2007 年全球城市人口超过农村人口（即全球城市化率超过 50%）开始，2018 年全球 55% 的人口已经居住在城市，2050 年全球城市化率将接近 70%（预测值为 68%）。在城市化率和城市人口快速增加的背后，各地区城市化的速度将是高度不平均的，主要趋势是：（1）在拉美和加勒比、北美等 2018 年城市化率已达 80% 的国家和地区，城市化已经完成，全部人口和城市人口大体稳定，城市化率只会有轻微上升（2050 年预测值为 90%）；欧洲的城市化率将从 75% 缓慢增加到 2040 年的 80% 和 2050 年的 85%；大洋洲的城市化率维持在 70% 的份额。（2）非洲和亚洲成为城市化的重心。2018—2050 年全球新增的城市人口 25 亿人，其中近 90% 来自亚洲和非洲，其中非

（单位：万人）

（单位：%）

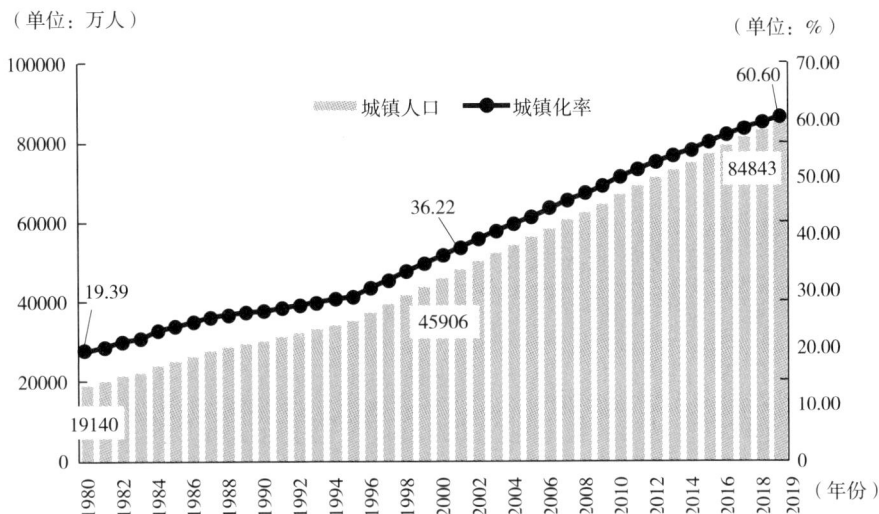

图8-1 1980—2019年中国城镇化

洲的城市化率将从 2018 年的 40%上升到 2050 年的 59%，亚洲的城市化率将从 2018 年的 50%上升到 2050 年的 66%。[①]（3）发展中国家将出现大批巨型城市（megacities）。人口 1000 万以上的巨型城市从 1990 年的 10 个增加到 2018 年的 33 个和 2030 年的 43 个（其中 2000 万以上人口的城市 12 个），增量的主要部分来自发展中国家。21 世纪以来，随着发展中国家城市化的快速推进特别是大城市的过快发展，大量人均 GDP 不足 1000 美元的贫穷巨型城市开始在亚非拉地区涌现并成为世界城市化的新现象（Glaeser，2014）。印度的孟买（Mumbai）、孟加拉国的达卡（Dhaka）、巴基斯坦的卡拉奇（Karachi）、刚果金的金沙萨（Kinshasa）、尼日利亚的拉各斯（Lagos）等大城市人口将超过 2000 万人。（4）世界城市人口的重心从欧美转向亚洲。欧洲和美国的城市人口 1950 年占全世界的 51.4%（Glaeser 和 Henderson，2017），2018 年

---

① 联合国预测非洲 2050 年城市化率将达到 58.9%，城市人口总量增加到 15 亿人左右，是 2018 年城市人口总量的 3 倍（*World Urbanization Prospects 2018*）。

占全世界城市人口比重已经下降到20%以内。与此对比，2018年亚洲的城市人口占全世界比重已经达到54%，世界城市人口最多的两个国家——中国（8.37亿人）和印度（4.61亿人）合计占世界城市人口比重的30%，其中中国城市人口已经超过欧美城市人口之和(8.22亿人)。①到2050年，随着亚非地区城市人口的快速增长，非洲城市人口比重将上升到22%，亚洲比重为52%，美国和欧洲的城市人口比重合计将进一步下降到15%以内。(5)亚洲（特别是东亚）拥有全世界最高的人口密度，也是全球巨型城市的集中地。2030年印度德里（Delhi）的人口将接近4000万人，超越东京的3700万人口而成为世界第一大城市。从日本东京到印度德里，世界第一大城市始终出现在亚洲（虽然到2030年还看不到中国城市的痕迹）。除了德里和东京，亚洲巨型城市还有上海（人口不到3300万人，排名世界第三）、达卡(2800万人，排名世界第四)、孟买(2500万人，排名世界第六)、北京（2400万人，排名世界第七）都位列世界十大城市之列。亚洲拥有世界十大城市中的六个，剩余四大城市是埃及开罗、墨西哥城、巴西圣保罗和非洲城市金沙萨。

第二节　城市与现代化经济体系：生产、消费、创新与福利

现代城市是"创新、协调、绿色、开放、共享"新理念的重要实验

---

①　《联合国世界城市化展望2018》的数据显示，2018年全世界城市人口（以下同）为42.20亿人，其中中国和印度分别为8.37亿人和4.61亿人，美国和欧洲分别为2.69亿人和5.53亿人（合计占比19.48%）；2050年全世界城市人口预计为66.80亿人，其中中国和印度分别为10.92亿人和8.77亿人，美国和欧洲分别为3.47亿人和5.99亿人（合计占比14.16%）。

场。发达国家的城市较好地实现了创新发展、协调发展、绿色发展、开放发展和共享发展的有效结合。城市是创新的中心，更是推动城乡、区域、产业均衡发展的关键所在。同时也是人类减少排放、实现绿色发展的核心（格莱泽，2012）。

城市是现代经济的主体和信息中枢，也因为制造业产业和现代服务业集聚而成为现代化经济体系和现代国家治理体系的中心。发达国家绝大部分生产活动和消费活动都集聚在城市中，这意味着很大程度上城市化水平与经济发达程度紧密相关。2000 年美国的城市集中了 80% 的人口和 85% 的收入（Rossi–Hansberg 和 Wright，2007），日本 2018 年的城市化率更是达到 93%，并孕育了当今世界上最大城市——东京（3700万人）。从全世界来看，以 50% 的城市化率为界进行分组，高城市化率（高于 50%）国家的人均收入是低城市化率（低于 50%）国家的 5 倍多，高城市化率国家的婴儿死亡率只有低城市化率国家的不到 1/3。

城市是生产的中心。各国城市化率与人均 GDP 水平呈现强相关。按照《联合国世界城市化展望 2018》的数据，2018 年高收入国家组城市化率为 81.5%、中等收入国家组为 52.6%（中上收入国家组为 66.6%、中下收入国家组为 40.6%）、低收入国家组为 32.2%，不到高收入国家组城市化率的一半。但城市化率与国民收入之间的强相关关系并不代表因果关系，把相关性当作推进城市化可以促进繁荣的观点也是错误的。从全球视角看，城市化速度（城市化率增长率）和国民收入及其增长率并不直接相关。麦肯锡研究院（McKinsey Global Institute，2012）认为，到 2050 年全球最大的 600 个城市将增加 300 万亿美元的 GDP，占全球增长的 2/3。大城市提供了更多理想的就业机会。实证分析表明（Wheeler，2008），青年人往往工作更换更加频繁，以寻找到更理想的匹配。中小城市则基本没有这种机会，这也促使大城市和工资增长得更高更快。

城市是生活和消费的中心。世界上最大的城市群，往往也是世界最主要的消费中心，关于消费城市（consumer city）的研究，大多强调居民可选消费品和本地服务的多样化、文化和物理环境、公共服务水平和移动速度（Glaeser 等，2001；Handbury 和 Weinstein，2015；Couture，2013）。尽管城市规模对生产率差距的影响基本不会转化为城市福利，因为高生产率的好处会被高生活成本抵消一部分（Desmet 和 Rossi-Hansberg，2013），也不是所有的城市化都能推动生产率增长，但是，城市规模对居民消费、社会消费的作用是毋庸置疑的。城市的消费功能要比生产功能更加确定。尽管有些拉美国家的城市并没有产业产出和全球竞争力，但这些城市依然是消费的中心，也被学术界称为消费城市。从市场和消费的角度看，毫无疑问，大城市是大市场，小城市是小市场。这也是创业者前往大城市追梦的重要原因。对于发展中国家来说，城市消费增长往往是城市带动农村发展的重要渠道。

城市是创新的中心。企业家创新活动对经济增长至关重要，是城市成长的主要动力。大城市有更多的企业家资本（entrepreneurial capital）、更多的资源再配置、更丰富的企业家创造和市场的自由进入。大城市多元的就业和产业、更加包容性的文化氛围，给予了创新创业更良好的环境，充当新产品的孵化器。创新活动往往比生产更加集中在大城市，以显示出更强的集聚特征，特别是对于研发等高技能劳动力而言更是如此。大城市的创业创新活动主要是带来就业增长（而非更快的收入增长），主要是因为创业的收益往往被更加灵活的劳动力市场和就业转换所吸收，但历史形成的本地企业家才能（local entrepreneurship）对当地经济增长也非常重要。采用专利和引证数据的研究表明（Carlino 和 Hunt，2009），大城市不但有更多的人均创新，而且往往具有更高的成果引用率。哥伦比亚最大的三个城市，总人口占比约为40%，却提供了全国70%的创新（Duranton，2015）。美国1700家私人研发实验室按公司的研究领域密集地分布在加州和东北走廊的10个星形区域，形成了东北走廊四个（波士顿、纽约—新泽西北、费城—威明顿和华盛顿特区）和加州三个明显的创新集群（湾区Bay Area、洛杉矶和圣地亚哥）。从欧洲1000多年历史名人的成长和生活经历看，创新性人才往往比一般性人口更加集中（Serafinelliy和Tabellini，2020）。

在城市体系和城市规模分布上，或者城市化道路的选择上，中国已经逐步确定以城市群模式，取代基于农村工业化的县域城市化和小城镇模式（付敏杰，2013）。无论从发展中国家的城乡差别还是发达国家的大小城差别来看，大城市比中小城市、城市比农村都有更高的收入、产出或者企业全要素生产率，城市经济学和经济地理文献称其为城市的生产率效应（Duranton，2015）。城市相对于农村、大城市相对于中小城市工资溢价的存在，使得学术界特别关注城市规模及其分布。传统的城市集聚机制强调分享、匹配和学习，其中分享的是专业化的要素投入、不可分割的地方基础设施与公共品供应（indivisible goods）、多样化和劳动专业化分工的收益和风险；匹配的对象包括企业与劳动力、供求双方等双边交易关系及其匹配质量；学习是知识和技术生产、扩散和积累的过程，即知识外溢（Duranton和Puga，2004）。

城市化的受益者是全民，他们更是推动国民经济增长的持续力量。成功的城市化让城市居民的收入不断上升，更是给了农村居民更多的就业机会。城市化的地理特征是人口和经济活动的空间集聚。作为现代工业和服务业的集中地，城市是收益递增在空间和地理层面的投射，从而把产业层面的收益递增特性转化为城市的空间收益递增特性（Lucas，1988；Krugman，1991；Jones，1999）。大部分实证研究发现，工资或者企业生产率的城市就业（或人口密度）的弹性为 0.02—0.10，即城市人口规模（密度）增加一倍，工资增加 2%—10%（Puga，2010）。[①] 相对于发达国家而言，相关关系中 2 个到 4 个百分点的静态弹性代表了城市规模（密度）对生产率促进的因果效应；相对于发展中国家而言，城市规模对生产率的促进效应要比发达国家高得多，这主要是因为劳动力的空间自选择机制被发展中国家的户口等流动限制措施所抑制，这导致中国的集聚外部性可以达到 10%—12%（Combes 等，2015）。按照发达国家常规 3% 的比例（金融业和知识密集型行业系数更高）来测算，一个从 5000 人的城镇迁移到 500 万人口大城市的劳动力，其收入将增加 23%；按照 10% 来测算，劳动力迁移带来的收入将增加 100%（Duranton，2015）。

第三节　推动中国高质量城市化的公共政策取向

城市是现代经济的基本地理单元，也是全球化时代国家竞争的基本单位。随着世界范围内城市化的不断推进，我们已经进入了一个城市的世界。在这个全新的世界经济体系中，全球化和贸易依托世界交通网络和位于节点上的城市组成，迅捷的信息通信通过降低交易成本和压缩套利空间，消除封闭市场中的地区价格差距，一个无摩擦的新古典主义经济世界正在不断呈现。各个国家以城市为基础，通过可贸易品部门的全球定价机制和不可贸易品的成本加成机制来直接参与全球竞争的时代已

[①] 采用人口密度数据往往能消除"城市"定义所带来的影响，结果更加稳健。例如出于行政改革的原因，两个相近的地区可以被定义为不同城市或者同一个城市，但改革前后的人口密度保持不变。

经到来。随着城市经济功能的更加明确，农村越来越多地明确变成自然环境的一部分和某种形式的历史文化遗产，城市是人类认识自然、利用自然、征服自然的唯一结果。

发展中国家城市化必须强化城市作为经济增长引擎的角色（Duranton，2015）。与产业发展不同，所有的城市和城市发展都呈现出政策密集型（policy intensive）特征：做到的缺失的，成功的失败的，发达的落后的，各个国家都在自己国家能力（或没有国家能力）的范围内各尽所能地推进城市发展。提供基础设施和公共品，政策影响城市运行的制度和法律环境，协调城市增长所需要的方方面面。成功的城市必然有成功的公共政策，失败的城市则是失败公共政策的案例。不是所有的城市化都能促进长期增长，无经济增长的城市化并不罕见。高质量城市化要求国家政策要朝向城市生产和居民福利两个方向集中，聚焦密度、速度和连通性。

一、提高中国城市的密度、速度和连通性

城市是空间均衡的结果。既包括集聚成本与集聚收益的均衡，也包括集聚力量和分散力量的均衡，而城市和大城市的存在与繁荣，恰恰说明集聚的收益高于成本，集聚力量大于分散力量，从而使得城市足以产生净福利（Desmet 和 Rossi-Hansberg，2013）。集聚收益和集聚力量的存在，使得城市作为集聚现象得以在地理空间上存在；而集聚成本和分散力量的存在，又使得城市不会收缩成一个点（例如城市模型中最常见的 CBD）。分散到农村的程度或者收缩到一个点，都不是我们看到的城市现实。近年来城市经济学家将城市促进生产、消费、创新和福利增长等经济增长机制，归结为密度（density）、速度（speed）和连通性（connectivity）等描述生产率空间维度和时间维度特征的物理特征变量

上，深化对城市经济增长机制和高质量城市化的理解。[①] 城市规模是迁移人口对密度带来的"阳面"和"阴面"均衡测算的结果。促进生产率、减少成本，增加城市和密度净收益（福利），是所有城市政策的共同目标。发展中国家的城市公共政策应当更加集中于"密度"的阴面——拥堵、传染病、犯罪和高房价，这些都在影响生产率和宜居性。

增加城市经济密度，促进（特别是非就业）人口集中。尽管人口稠密，东亚和东南亚1/4的人口居住在97%的最低密度区域，而欧洲和北美全部人口几乎集中在不到3%的土地上。经过四十多年的城市化发展，中国自然村的数量已经大幅度缩减，这些趋势未来不会改变。随着整个国家发展中心的集中，大部分的行政村、自然村已经不具备基本的经济功能（尽管其可能具有某种文化价值），"合村并居"从长期来看势在必行。很多交通不便的地区，易地搬迁和乡镇集中也会促使人口进一步集中，这是提高建筑用地使用效率、改善国土空间分布的重要措施。从国际比较看，中国百万以下人口的城市基本存在密度不足的问题，而主城区人口不足百万的城市占据了中国城市的主体。大城市也存在密度不足的情况，例如中国第一人口大市重庆，常住人口超过3000万人，但城区人口只有2000万人，九城区人口不足千万。很多城市主城区人口规模的扩大是通过行政再定义（例如县改区）来实现的，其相应的经济密度、经济功能还远远没有达到应有的指标。

通过宏观微观网络建设，加强城市内外连通性。历史经验证明，随着城市交通立体化建设的推进，内部速度的改善空间是无限的。非洲城市目前的缺陷是未结构化：拥堵（crowded，缺乏经济密度），分割

---

① 在城市化发展的目标和路径上，国务院发展研究中心和世界银行联合课题组 (2014) 提出了一个包含土地、户籍、财政和地方政府激励机制四大领域在内的全面改革方案，以促进中国2030年城镇化高效、包容和可持续发展。

（Disconnected，细小碎片化的邻里），大幅度增加了居民生活成本和企业生产成本。在宏观微观网络共同推进的情况下，要在城市微观内部网络上多下功夫，切实改善内部路网、人流网的完整性和通达性。打通城市内部的断头路，确保所有道路闭环，行人、机动车、非机动车各行其道。加强对交通毛细血管功能的关注，通过建设开放式街区和设置单行道到改善小区内部连通性。逐步用流量控制来取代城市管理中大量采用的限购限行等存量控制措施，征收拥堵费，把城市拥堵对经济增长的负面影响降到最低。美国的经验证明，建设新公路并不能从根本上缓解拥堵（Duranton 等，2011），应当把疏导交通的重点放在流量控制上。

推进制度型开放，建设通用制度，提高资本市场和信息的连通性。目前我国资本市场和信息市场的连通性明显不如产品连通性，从而意味着要素市场配置效率改善的空间巨大。这一方面自然是加大硬件通达性，特别是信息技术和交通基础设施改善；另一方面也要通过制度建设，特别是国际通用制度建设，推动资本市场的法制化、国际化，减少要素、信息跨国流动的制度障碍，不断提高要素领域对外开放水平和驾驭、管理和服务高水平开放型经济体的核心能力。

推动城市紧凑型发展和精明增长（smart growth）。紧凑城市是全球城市政策讨论最重要的概念之一，同时兼顾了集聚效应带来的高生产率促进、城市可持续发展和城市健康（减少生态足迹）。与美国从无到有的城市不同，中国大部分城市（特别是大城市）具有悠久的历史，可能会在一定程度上遵循以增量空间开发为主、高密度开发的欧洲紧凑城市模式（compact city form）。紧凑城市的特征是高密度、贴近城市发展、都市区有公共交通网络连接和本地服务与工作可及性，强调职住平衡，功能性都市区的空间单元强调经济密度、形态密度（morphological density）和混合土地利用。各个城市可以因地制宜地采用适合本地的政策，以实现节约土地、节约通行时间、推动公共空间高效利用和防止城市蔓延的目的（Ahlfeldt 等，2018）。要实现紧凑型发展目标应该要做到：设定明确的紧凑城市目标、鼓励城市边缘高密度开发、更新已有建筑区域、提高城市中心多样化的生活质量、减少负面效应等（OECD，2012）。这对中国当前城市化过快、城区人口密度下降的趋势具有重要的政策导向作用。

二、重塑空间效率，减少空间错配，逐步发展消费城市

从理论上讲，至少可以通过两种方式来实现公共福利均等化。第一种是把所有人口都固定在特定区域上，然后按照人头来平均分配公共资源。第二种是鼓励人口迁徙，通过高公共福利地区人口迁入、低福利地区人口迁出来做到公共福利均等化。前一种的静态平等更加符合福利国家特征，后者则对应自由迁徙。两种模式不可兼得，所以弗里德曼说"你不可能同时拥有自由迁徙和福利国家"（Razin 等，2012）。福利均等化模式对经济增长影响的最大区别，就是城市收益递增机制下的不同经济密度和增长路径：前者更加适合农村，后者适合现代都市，鼓励人口流动、鼓励人口集聚的政策，会产生更好的增长效果，带来更多的经济繁荣。

中国城乡收入差距比值 2000 年以来一直在 2.6 以上，很多年份还一度超过 3，这意味着持续推进城市化具有极高的规模收益。[①] 按照世界发展指数（WDI）的数据，2010 年中国城乡工资溢价为 45%，而

---

① 数据来自国家统计局年度数据。2013 年以后采用城乡一体化调研数据，采用的指标分别为"城镇居民人均可支配收入"和"农村居民人均可支配收入"；2013 年以前来源于分别开展的城镇住户抽样调查和农村住户抽样调查，采用的指标分别为"城镇居民家庭人均可支配收入"和"农村居民家庭人均纯收入"。

印度和巴西的城乡工资溢价则分别达到了创纪录的 122% 和 176%。对比而言，2010 年美国城市居民收入只比农村居民高 30%，这在很大程度上反映了城乡之间空间均衡（Chauvin 等，2017；Glaeser 和 Xiong，2017）。这在很大程度上意味着发展中国家的城市规模收益要高于发达国家，例如非高收入国家（non-high-income countries）的密度工资弹性平均为 8%，是高收入国家的两倍。德梅和罗西 - 汉斯伯格（Desmet 和 Rossi–Hansberg，2013）对城市福利分解反事实研究发现，去除城市间效率差距，中国城市福利就可以增加 47%，而美国城市只有 1.2%，这表明中国城市间生产率差距明显过大：美国最高生产率地区比最低生产率地区的生产率高 50%，而中国（包括巴西和印度）最高生产率城市比最低生产率城市要高 170%，揭示出巨大的空间不均衡性。在边际报酬递减效应下，这意味着中国城市的人口比重和人口总体规模是远远不够的：即使扣除城乡人力资本差距和生活成本差别，任何从农村向城市、从小城市向大城市的移民也会增加国民产出。

高质量发展下的城市公共政策，应当逐步向推动空间均衡和减少空间资源错配，鼓励劳动者以效率为导向的自由流动，进一步推进产业政策与城市政策相结合。世界各国普遍存在空间错配，主要的根源是国家税制、住房和公共服务体系（例如进行到一半的子女教育），这些政策会作为巨大的成本因素影响劳动力的空间流动和空间收入效应的发挥（Hsieh 和 Moretti，2019；Fajgelbaum 等，2019）。重塑经济效率的核心，是把工业化时代依靠外需的产业效率，转化为城市化时代依靠内需驱动的空间效率，把全球市场的规模效率转变为单个城市的规模效率，把产出效益逐步转向密度带来的收入效益和消费效应。这样才能实现"大城市，大市场"的有效组合，把中国城市相对较强的生产功能逐步转向生产城市、消费城市并重，是发挥"超大规模市场"的关键。

三、以土地制度改革为核心，全面控制生活成本和生产成本，推动城市宜居宜业

城市化的主要成本表现在住房和土地价格上（Combes 等，2019）。随着城市规模的扩大，城市成本往往上升得更快。发达国家如法国，城市居民用于市场住房支出的比重已经超过 1/3，用于交通的比重为 13.5%。我国 2019 年城镇居民住房消费支出已经达到年均 6780 元，占城镇居民消费支出的 24.16%，农村居民消费支出比重也已经达到 21.54%。在北京、上海等一线城市，租房一族的房租支出比重往往会超过可支配收入的 1/3，甚至达到 1/2，与发达国家的城市无异。

降低生产、生活成本和控制密度，是各国城市化政策的长期导向。虽然租金支出也会变成出租者收入从而形成消费和市场，但如此带来的收入差距会成倍增加。发达国家的历史经验表明，并不是所有的租金收入都会变成消费，对资源租金征税、打击地主利益，是现代税制的基本价值导向和现代文明的共同特征。相对于中国来说，控制生活成本、生产成本更重要的内容是通过土地管理制度改革，控制土地价格上涨过快。通过《中华人民共和国土地管理法》立法改革：明确土地出让的目标为稳定土地价格，制定土地价格上涨的年度目标和五年限额。对于超过涨价限额的城市，或者涨幅位列全国前 10 名的城市，率先开展房产税试点。决不能以管制和行政调控代替税收，考虑到所有市场存在的价格—质量对应关系，推动城市化高质量发展必须让住房市场领域的价格机制发挥作用。

2020 年，《中共中央、国务院关于构建更加完善的要素市场化配置体制机制的意见》提出通过"建立健全城乡统一的建设用地市场""深化产业用地市场化配置改革""鼓励盘活存量建设用地""完善土地管理

体制"四个方面内容来推动土地要素市场化配置。其中对产业用地市场
化配置方式放宽了很多，提出健全长期租赁、先租后让、弹性年期供
应、作价出资（入股）等供应方式，从而形成了一整套的"出让、出租、
入股"定价方式，对抑制土地价格和地价成本过快上涨有积极意义。但
相对城镇居住用地的改革则明显滞后，应当逐步推动公有制下土地永久
租赁制度，有效解决出让年限的限制。除国家和公共需要外，其他市场
主体的土地租赁权一律平等，通过建立利益协调机制来解决土地纠纷的
市场化机制。同时要以土地供应来增强城市的公共性，不断增加城市公
共品供应，特别是大城市公共用地供给，提高城市中心等高密度地区的
居民生活质量。发达国家的经验证明，城市密度对于城市周边居民的重
要性远远高于核心区居民，所以要增强对城市边缘区域的规划能力，防
止城市蔓延和无序发展，增加公共交通覆盖率，让居住在城市边缘的居
民有更好的空间连通性。

四、以高质量城市化来美化生态，建立安全的城市边界

城市安全首先是公共卫生安全（和生物安全）。密度、速度和连通
性会增加生产率，但人与人之间的地理距离可以有多近，一般情况下是
由卫生技术和卫生条件决定的。城市曾一度是中下层和流浪者的集中
地，病毒滋生、细菌蔓延、污水遍地、臭气熏天，传染病造成的人类灾
难大多集中暴发在城市，医院最早就是社会（特别是平民，因为富人有
家庭医生和家庭诊所）控制疾病传播的场所，1854 年约翰·斯诺（John
Snow）追踪伦敦霍乱疫情时发现水泵传播疫情（Glaeser，2013），流行
病学就此诞生。城市人口聚集导致的高频率、高强度人际交互，导致
个体往往无法内部化其决策的全部后果：传染病、流行病所对应的外部

性，与人力资本、知识和技术外溢一样，共同构成了城市集聚效应。所有便利知识、信息、技术传播的因素，都潜在地极大地方便了病毒传播。随着现代交通技术的进步和城市密度、速度、连通性的增加，公共卫生安全的重要性自然也要不断提升。除了加大公共卫生投入，提高检测、诊断、控制、治疗能力之外，更需要在重要的全国交通节点城市上增加公共卫生资源，更要随着人口密度和人流数量不断调整公共卫生应急能力分布，而不是简单地按照行政配置资源。①

城市安全的重要内容是生态安全，即人类抵抗自然灾害风险的能力。除了常规的地震、火山、洪水、干旱等不可预测的风险之外，21世纪至关重要的环境问题：低碳发展、全球气候变暖、巨灾风险、水平面上升等所导致的巨灾风险，无一例外地在强化城市作为人类安全边界的作用。人类活动在城市空间的大幅度集中，有利于缩小生态足迹，集约化处理各种排放，并在城市边缘建立起人类与自然之间的生态安全边界。这种生态安全边界的安全性，自然离不开大城市和城市化进程中公共财政所抽取的不断增加的公共资源，也来自人口集中所带来的防灾面积下降，二者共同导致了单位面积防灾投入强度、技术和装备水平的不断提高。这是城市化时代人类安全的基本保障。从目前阶段来看，国内地质灾害（洪水、泥石流、山体滑坡等）频繁发生的地区基本上都是农村，由于人口居住分散，基层政府财力薄弱，投入效益相对不高，防灾投入强度很难保证；而大城市的相对自然灾害风险要小得多，城市财力雄厚，公共卫生投入有保证，具有明显的生态安全、自然安全优势。在生态安全上离不开政府发展理念的变化，从新中国成立之初的毁林开荒到今天的封山育林，对应着发展理念的根本性转折。从目前来看，涧泽

---

① 2020年中国发行了1万亿元抗疫特别国债，要求尽快实现每个省份都有一个P3实验室。

而渔、焚林而猎、不顾一切发展经济的观念已经被各级政府明确舍弃，未来的生态安全通过不断推进城市化来实现。

城市安全离不开国家安全。人口集中可能会导致更多的犯罪、恐怖主义和战争行为，因为攻击的目标更加集中，犯罪行为的收益可能会更高，针对大城市的战争威胁往往比农村更加致命，更容易成为暴徒和敌方军队袭击的目标。美国大城市曾经一度有更高的犯罪率，恐怖主义、邪教组织往往会在大城市造成更大的伤亡（例如 2001 年纽约的"9·11"事件和 2015 年巴黎的恐怖袭击事件）。在目标杀伤力更大的同时，人口集中也促进了日常警力、反恐防御目标、军力保护对象的地理的集中。人口集中的国家安全效应，取决于战争威胁和安全能力的力量、分布和反应速度对比。考虑到国家安全的高质量城市化，应当统筹考虑国家安全功能空间分布和城市生产率边界的空间分布。

五、推动城市治理和城市财政，提高社会流动性

依法确立城市的市场主体地位，强化城市内部产业和消费关联。经济发展的过程，就是劳动力流动性不断加强、城市内部投入产出联系不断强化和城市作为市场经济主体不断凸显的过程。尽管发展中国家的城市内部联系非常松散，发达国家的城市内部投入产出体系要强烈很多（Amiti 和 Cameron，2007），高科技企业受益于部门内（同门类企业间）集聚（本地经济），成熟行业受益于部门间（不同门类企业间）集聚（城市经济）（Henderson 等，1995；Henderson 等，2001）。

（一）做实城市财政，推动空间税制重构

城市经济时代的要素高速流动需要匹配的城市公共财政（Glaeser，

2013）。第一，因为城市作为一个生产、消费和创新的空间主体，会产生重要的生产外部性政策溢出，从而成为一个实际意义上的财政支出主体。第二，因为发达国家的现代经济竞争，基本上就是城市之间的竞争，而城市财政是城市自主性的基本财政保障。第三，城市公共品的大量出现及其受益范围的稳定性，特别是大量的城市基础设施建设融资及其维护，土地财政、市政债券等融资方式的不断发展，要求城市作为一个财政主体提供连续的中长期预算保证。第四，作为对城市竞争所导致的城市优胜劣汰的奖励或惩罚，城市公共财政才能更好地匹配城市自主性和支出责任。[①]

美国的城市政府的形式（地方政府、城市政府、县政府、学区和特区）、功能、收支结构都是高度多样化的，显示出悠久的分权和自治传统，对建筑环境和商业形成干预也非常严重。城市公共财政的第一大特征是必须面对流动税基的威胁，从而比联邦政府和州政府更加倚靠不动产融资（所有城市财产税平均比例为40%，35个大城市平均比例不到20%），同时地方的事务性特征也导致其极少受到党派政治色彩影响（Ferreira 和 Gyourko，2009；Glaeser，2013），也更加注重收支平衡（Brulhart 等，2015）。美国的城市政府是由州政府创造的，州政府通过立法和公投限制了城市政府的征税、借贷和功能。典型特征是分权化和有限权威、城市外部性和选择性迁移。

城市财政要与空间税制相匹配。现有的空间税收文献首先强调税收空间中性原则，减少生产要素的空间错配，即税收制度不能扭曲企业、

---

① 格莱泽（Glaeser，2013）认为美国地方财政相对于州财政和联邦财政的三大特点是：财产税作为税收主体、政府间转移支付占地方支出的1/3和相对预算平衡。布鲁哈特等（Brulhart 等，2015）提出的城市税收的三大特点是：（横向和纵向）依存性、非对称性（一个较大的中心管辖区和几个周边辖区）和集聚效应。

工人和消费者的空间选址，从而造成全国范围内的效率、产出和福利损失。其次要像所有的单一制国家（和联邦制国家的地方税改革方向，例如美国 2017 年联邦和地方税税改极大地消除了地方税制差异）一样，做到全国税制和征管统一，通过清理税收优惠努力消除地方实际税制差异，防止区域税制扭曲（和产业税制扭曲）造成空间错配，这是造成（国家和城市层面）资源空间错配的重要原因。[①]

推动空间中性原则下的空间财政分权，壮大城市政府本级财力，保障城市财政支出自主能力。强化城市政府的市场独立性和基础设施建设责任。中国现行行政管理体制下的城市大部分都是地级市，属于中间层级政府，行政和财政自主性有限。来自中央和省级层面的大量专项转移支付项目，对城市政府具有很强的时间和空间不确定性，也会影响地方财政的完整性和城市公共品的网络化配置，甚至导致城市公共品依据不同项目而实际形成基础设施碎片化。很多地级市主干道每年一修，往往是因为年复一年地承接不同的转移支付项目：路面维护、综合管廊、海绵城市、统一供暖，既浪费资金，又增加拥堵，有些城市还喜欢几条主干道一起开工，治理水平低下。根源就在于当前财政体制改革并没有把完善城市财政体制和提高城市财政自主性作为基本目标。[②]

除了基础设施建设责任下移之外，推动城市政府的事权分工也是非常必要的。中国目前的公共福利偏重社会支出而轻视劳动支出，在福

[①] 法吉鲍姆等（Fajgelbaum 等，2019）对 1980—2010 年美国地方税制与空间错配的反事实分析表明，单独消除地方税制差异及其造成的空间错配能够使每个工人的福利增加 0.6%。如果考虑到税制统一对地方财政支出的影响，则工人福利会增加到 1.2%。

[②] 党的十八届四中全会通过的《中共中央关于全面推进依法治国若干重大问题的决定》提出：强化省级政府统筹推进区域内基本公共服务均等化职责，推进各级政府事权规范化、法律化，完善不同层级政府特别是中央和地方政府事权法律制度，强化中央政府宏观管理、制度设定职责和必要的执法权，强化省级政府统筹推进区域内基本公共服务均等化职责，强化市县政府执行职责。

利支出分权上应当推动初次分配领域的工作福利（lalfare）和再分配领域的社会福利（welfare）协同并进，大小福利平衡发展，通过劳动福利来矫正社会福利对劳动供给动机的抑制。考虑到城市正在成为越来越独立的经济竞争单元和财政单元，城市政府应当更多关注城市竞争力和城市生产率方面，中央政府关注社会公平（虽然所有城市层面也会有一个形式性的公共福利预算，但在发达国家，个体公共福利预算是在国家层面平衡的，再按照标准支出乘以权益人口数减去地方本级财力得到地方财力缺口进行转移支付），从而客观上产生了"城市政府聚焦劳动福利（满足 Mirrlees 最优个人所得税的劳动供给激励相容问题）、中央政府承担社会福利（满足全国范围内的社会公平和国家建构问题）"的需要，从而同时保证城市体系内的生产率多元性和全国社会福利的统一性。

（二）增强政府能力，夯实国家治理现代化的城市基础

政府公共能力建设是推动城市生产率和创新能力增长、减少城市病、推动城市持久繁荣和高质量发展的根本保障。政治发展和政府现代化对城市发展的决定性作用，特别表现在授权环境（authorizing environments）上。城市政府需要巨大的权力集中，包括一个足够大的控制空间跨度来涵盖城市未来的经济领域和管理基础设施长期规划，以及一个足够的控制功能跨度来协调多种不同类型活动（Collier 和 Venables，2017）。作为城市化重要目标的紧凑城市政策要求聚焦作为"功能性都市区"的空间单元，强调城市多级政府治理：全都市区的一体化的长期视角、所有参与方角色和责任的清晰表述、水平和纵向协作下的网络状政府治理，以及衡量上述目标进展和调整政策的责任、透明和报告机制。对于居民和流动人口来说，城市意味着更好的公共服务：即使在非

洲这些没有多少正规产业和正规就业、城市里充斥着大量农民的地方，城市也提供了更好的安全用水、卫生条件、学校教育和疫苗接种（Henderson 和 Turner，2020）。

从历史上看，地方政府发展经济的积极性如果发挥不出来，中国经济就会缺乏活力。基层政府干预经济（特别是工商业），也是各国城市政府的基本特征。新时代地方政府发展经济的角色不会完全消失，而是会被限制在"合理"范围之内（合理发挥两个积极性），但是其推动经济发展的手段必须现代化，适应现代市场经济的需要。

第一，不断增强城市发展能力和创新能力，提高城市化的就业创造和生产率促进功能。（1）按照发达国家城市化和经济发展的基本轨迹，中国很可能已经进入了就业政策与生产率政策分离的时代，技术进步和就业创造会逐步成为两个不同问题。一个越来越明显的事实是：处于技术前沿的那些企业，由于人均资本水平非常高的关系，企业本身的就业创造功能会越来越弱。这一点从美国金融危机后的无就业复苏（美国劳动力市场的极化）或者 2020 年新冠肺炎疫情冲击后中国经济增长与就业的表现中可以看出来。一个多少带有规律性的现象是：尽管城市是创新的集中地，但高人力资本的创新似乎对地域要求远没有就业创造那么严格。现阶段应当按照（动态）特定比例原则（例如 1/3 生产率、2/3 推动就业）来安排公共政策强度，同时推动城市的就业创造功能与生产力促进功能。（2）消除就业歧视至关重要。很多城市还在进行劳动力选择，排斥低端就业岗位，这可能是盲目追求高档化（gentrification）的表现。从制度上积极推进全国劳动力要素市场一体化，消除劳动力市场的二元特征：农村与城市、非正规就业与正规就业、民营与国有，淡化所有制差别。（3）城市化的消费创造功能也是拉动就业和经济增长的重要保障。城市化带来巨大的财富效应，一方面要严格抑制财富效应对生产率的侵蚀；另一方面财富对消费的跨期影响，有助于促进消费者从无消费信贷支持下的传统预防性储蓄动机和凯恩斯主义比例消费情形，向以财产为依托的跨期资源配置的生命周期—持久收入者转变。

第二，不断更新城市财政抽取能力。（1）已经完成城市化的国家，城市化率的持续上升和人口的空间集中都伴随着宏观税负和财政能力的持久上升，这有助于满足人口空间交互所带来的巨大公共需求。但这种抽取能力的现代化必须以现代税制、现代预算制度作为保证。（2）推动现代财政制度建设，要通过立法补齐中国所欠缺的财产税等直接税种，尽量按照"税制平移"原则，实现现有税种的立法工作，逐步扭转间接税、流转税比例过高、企业税负过重的情况。（3）更要促进已有税种征管理念、征管技术、征管途径和征管能力的法制化、现代化，特别是摆脱对传统代扣代缴渠道的依赖，强化对"网红"直播带货、短视频、"UP主"等新经济、新就业形式和房地产税的面对面直接征管能力，不断增强税务纠纷、税收复议、税收诉讼应对能力，提高公民税收遵从和税收道德（付敏杰，2019）。

第三，不断增强城市司法能力。现代城市是国家法治的中心和典范。鲁滨逊·克鲁索的小岛并不需要法治，因为涉及人与自然之间的关系。（1）法律是现代国家规范人际关系的重要方式，人与人之间的集聚和交互导致产权（特别是不动产产权）的清晰界定，比以往任何时候都更加重要。非洲城市发展缓慢的重要原因，是没有建立有效、可交易的土地和不动产市场（Cain，2017；德·索托，2017）。（2）作为全面依法治国的重要方面，城市司法能力应当是营商环境塑造和政府服务能力的主体，城市依法治理、多元共治的基本格局应当是现代城市的标配，城市本地立法权的使用，应当更多考虑本地化和历史因素，通过民主立法规范政、商、民三个主体的双边关系。（3）加强城市间法律协定。立法统治是第二次世界大战后世界司法统治的主要趋势，也是今天全球司法体系中心—外围结构的驱动力量。关于国家司法起源的研究，揭示了今天看似多元化的政治格局背后，基本可以划分为英美普通法体系和大陆条文法体系两个集团［（有一些法律起源的实证研究中，除了英国法律传统外，还涉及斯堪的纳维亚法律传统、德国法律传统和社会主义法律传统，参见（Besley 和 Persson，2011）］。因此，城市司法能力的外围，必须涉及不同法律体系之间的衔接问题。

不断增强城市公共服务能力，建设服务型政府。（1）现代城市服务集中于教育、医疗、卫生、基础设施等主要方面。城市作为现代化的先行者，应当利用本地信息优势，满足市民对公平、正义、民主、法治、安全、环境等基本公共服务的本地化、多样化需要，不断提高城市的宜居宜业水平（付敏杰，2020）。通过改革公共服务供给主体和供给方式，不断提高公共服务质量。这也应当是赢得城市间国内、国际竞争的重要途径。实行学区制就近入学的地区，要特别注意学校竞争程度和长期教育质量下降。这已经在 2019 年部分城市的高考中开始显现，应当注意及时总结评估。（2）打造多终端多平台的公共服务一体化系统，不断推进政府、政务、财务公开，明确公开本身就是一种公共服务。（3）推进人民问责制度，提高政府响应性，完善政府与个人、政府与企业之间的信息连通。推行各种一站式办结、网络化处理方式，不断提高公共服务的信息化水平。

（三）推动城市和城市体系治理，增强社会流动和代际公平

城市是空间均衡的结果，但城市的成本和收益不但随时空而变，而且往往因人而异。城市内部居民和新进入者看待密度成本和收益的态度有很大差别，而具有很强冒险精神的新进入者，又是城市活力和创造性

的重要因素。这就意味着城市政府必须在本地居民和新移民之间居中处理公共政策，不能完全被本地居民的利益所捕获，才能推动城市持久繁荣。20 世纪 80 年代以后美国城市社会流动性逐步丧失的重要原因，就是城市政策被内部居民利益所垄断，抗拒政策改革（Glaeser，2020）。很多大城市整体上对新移民不太友善甚至产生排斥，这导致美国的城市空间结构固化、城市更新迟缓，进而让阶层固化、社会流动性丧失，各个城市间的名义工资差距越拉越大（Hsieh 和 Moretti，2019）。

虽然中国的传统文化讲究"安土重迁"，排斥大范围人口流动。但发达国家的历史经验证明，地理流动是促进社会流动的重大机遇（Chetty 和 Hendren，2018）。[1] 城市化及其带来的人口空间的流动，就成为增加社会流动性的最好机遇，因为居住重新选址，邻里、社区和社会关系的重新固定，很大程度上意味着社会财富重新分配和社会流动窗口的重新开放（World Bank）。通过城市化过程和城市发展模式选择，树立起一个具有较高代际流动性的收入分配格局，对于防止阶层固化和财富过度集中，增强社会活力与维护国家长治久安具有决定性意义。

大城市的包容性和多样化，对外来移民往往更加友好，也支持了居民偏好多样化环境公共服务差别化供给。应支持城市基层政府形式多样化发展，除了一般政府模式外，发展开发区模式、公司制模式、社区模

---

[1] 切蒂和亨德伦（Chetty 和 Hendren，2018）的两篇文章分别探讨了儿童成长期的邻里环境对长期收入和代际流动的影响。在童年接触效应（Childhood Exposure Effects）中，针对 1996—2012 年美国联邦税务局的"1040 表"数据，家庭迁移到更好社区的儿童（与已经生活在那里的儿童相比）成年后收入会随其在该社区的成长时间按照每年 4% 速度线性增长；如果儿童在 9 岁时流动到更好社区，23 岁时的收入将平均增加（23-9）×4% =56%，23 岁后迁移基本不影响收入。县域数据估计（County-Level Estimates）中发现，低收入家庭长大的儿童，童年期间每年多接触 1 倍标准差的更好县，能使成年后收入增加 0.5%。男孩的结果差别大于女孩，大都市区内各个县的因果效应也存在差异，产生更好结果的地区平均房价更高。

式、街区模式、物业模式、工业（高科技）园区模式、公园区模式、河
长委员会等多种形式的事务性导向型、生态导向型基层治理模式创新，
更好地实现国家发展目标和本地化的公共服务供给。[①] 推动空间政治力
量整合和重构，即增加高密度区域、人口流入区域的政治代表性，使得
政治资源配置更能反映以人民为中心的社会发展动态变化。

推动城市体系功能性分群，完善城市体系。依照国际经验逐步建立
起一整套面向国际竞争力和国家安全的城市空间体系。在城市体系规划
功能性分类上，要避免城市定位过于同质化，消除一哄而上的"世界
城市"建设，推动城市多样化发展。逐步推动特色城市、专业城市建
设，聚焦大城市的空间政策和中小城市的产业政策，大城市集中于管理
服务业发展和中小城市集中于专业化生产，建设 10 个左右具有全球功
能的世界中心城市，50 个国家城市和 200 个特色产业城市。便利大城
市向周边城市的技术输出和技术辐射，防止地方制度性分割。发展中国
家的大城市往往技术辐射不足，自身承担了先进品和成熟品的制造全过
程，这使得城市规模过大，对中小城市技术输出严重滞后。推动大城市
不断增强辐射力，向巨型区域（megaregions）发展，从单个城市向城
市群功能演进。实践证明，发展中国家的城市体系在城市间的功能差异
（functional differentiation）远小于发达经济体，还没做到像发达国家那
样不同城市在城市体系中承担不同的经济角色：大城市集中于创新和管
理，中小城市集中于专业化生产。

粤港澳大湾区是中国城市化高质量发展的先行区，也是中国城市治

---

① 按照经典的财政分权定理，更加分散的基层政府将能够更好地迎合当地偏好差异。
美国城市往往会设置很多提供教育、火警和公共交通的特区（例如学区），实质性提供公共
服务的私人公司和企业，以及需要为额外警力和公共空间改善付费的商业改善区（business
improvement districts）等来满足本地化的公共服务需要。

理改革的前沿。应当以城市治理现代化为先导：适时从三方政策协调机构起步、建设大湾区政府作为大湾区内部的权威机构，建立起统一的公共服务供给平台，防止管辖权碎片化带来的公共品供给规模效率损失（Besley 和 Coate，2003）。以此为先导，推动长三角、京津冀等主要城市群和经济带的公共服务供给一体化整合，改变政府内部的条块设置模式，成立更多的跨行政区协调机构和委员会，减少政府内部层级、重复建设和机构重复设置，推动城市政府扁平化治理，提高政府对公民需求的政治响应性，建设服务型政府。推动城市间交往，特别是城市外交。各国的政治体制虽然差别巨大，但政策的政治性往往随行政层级上升而上升加，政策的事务性却随行政层级的下降而不断上升。各国城市政府的收支和管理非常接近，具有良好的事务性交往基础。

城市代表着未来和希望。进城追梦是每一代理想青年建功立业的必然之路。中国的高质量城市化，是中国人民通向家庭幸福、民族复兴和人类大同的康庄大道。推进高质量城市化，应当立足于全球视角和时代背景，通过分析现代城市推动经济发展的基本机制，不断提高密度、速度和连通性，实现企业生产率与居民福利的双重改进，才能推进中国城市化的高质量发展。

小　结

城市就是未来。城市化是中国高质量发展的空间载体，是率先实践"创新、协调、绿色、开放、共享"五大发展理念的实验场。高质量的城市化是经济高质量发展的必要条件，城市治理体系和治理能力现代化是推进国家治理的关键。

本章采用全球视角，分析面向 2050 年的世界城市体系中的中国高质量城市化。一个完整的城市功能，包括生产率、宜居性和城市体系三个方面（Bryan 等，2019）。本章对城市高质量发展立足于三个层面：第一是建立城市经济竞争力的持续提升机制；第二是建立以城市为基本预算单位的公共财政分享体制；第三是城市消费的扩大与升级。这三个层面分别关注城市的生产功能、消费功能和福利特征。笔者认为，高质量的深度城市化应当立足于实现经济效率（全要素生产率和劳动生产率）和居民福利的双重改进，由此，对高质量城市化分析必须立足于生产视角和消费视角、初次分配视角和再分配视角。

第九章

对外开放中的价值链升级与高质量发展

价值链包含一个产品从概念到终端使用所涉及的全部生产活动，这些生产活动通常由设计、生产、营销、分销、售后服务等环节组成（Fernandez–Stark 等，2011）。价值链作为一种全新的分工形式，不仅描绘了产品内部各环节垂直分离的"碎片化"现象，也蕴含着高附加值环节和低附加值环节的空间配置问题（Krugman 等，1995）。

价值链发展经历了三个阶段：初步形成期、高速增长期和缓慢发展期。第二次世界大战结束后至 20 世纪 80 年代，马歇尔计划和关贸总协定的实施促进全球贸易自由化，随着分工的深化，价值链在全球范围内形成。90 年代后，全球化的发展和新兴经济体的崛起，为价值链深化和广化提供了基础，各国参与度持续提高，价值链链条快速延伸。在此阶段，中国嵌入价值链成为"世界工厂"，并开始逐渐变为价值链的核心。受全球金融危机影响，发达国家经济增长乏力，全球经济结构性问题显现，贸易保护主义浪潮逐渐兴起。并且，随着中国大规模工业化结束以及区域开发战略形成梯度，价值链趋于国内化、区域化。

对外开放以来，中国通过劳动力优势承接国际产业转移，同时，对内改革激发了市场和企业活力，获得了巨大的全球化红利。在经济高速发展过程中，中国不断融入全球价值链分工体系，对中国经济的要素配置能力、竞争优势和空间结构变化产生了重大影响。中国经济经历了近四十年的工业化规模扩张后，逐渐从工业化的高速增长阶段向城市化的高质量发展阶段迈进。随着这种经济结构变化，经济增长速度进入"换挡期"，人口转型以及经济服务化，从根本上削弱了劳动力比较优势基础。这种阶段和条件变化，对提升中国在全球价值链中的影响力和控制力、构建中国主导下的价值链提出了新要求。中国实现高质量发展的关键，在于通过价值链攀升突破现有分工格局下的低端锁定，通过主导国内价值链循环和区域价值链循环，完成要素转变、产业结构升级和区域协同，最终实现高质量消费和高质量生产。

第一节　价值链分工模式下的特征事实

价值链主导的分工模式，颠覆了传统的国际分工模式，基于产品间的分工使生产的不同环节遍布全球。发达国家的跨国公司掌握着核心技术和拥有先进管理能力，聚焦于高附加环节，引领价值链的全球布局。发展中国家主动或被动地卷入价值链分工，以从事技术含量较低的生产环节为主，在一定程度上促进了就业和经济增长，也面临着被锁定在价值链低端的困境。二元结构下处于价值链下游的发展中国家想要进行价值链升级并不容易，培育创新能力是实现跃升的关键。

一、从产业间分工到产品内分工

传统的国际分工模式（产业间分工）形成了中心—外围，普雷维什在《外围资本主义：危机与改造》一书中将世界经济分为"大的工业中心"和"为大的工业中心生产粮食和原材料的外围"两个体系，掌握技术的"中心"出口工业制成品，拥有资源的"外围"出口初级产品。由此出现的贸易剪刀差造成中心国家和外围国家的差距不断加大、分配不均日益严重，国际贸易争端此起彼伏。

第二次世界大战结束后到 20 世纪 80 年代，发达国家陆续完成了从工业化向城市化的转变，劳动力、土地等生产要素价格不断上涨，生产成本增加、利润率下降成为困扰其制造业发展的拦路虎。一方面为了安抚发展中国家的抵触情绪，另一方面为了降低制造业成本、调整国内产业结构，发达国家通过资本输出（以 FDI 为主）将生产线转移到发展中国家，外围国家也开始生产和出口工业制成品，产业内分工模式取代了产业间分工模式。

20 世纪 80 年代以来，互联网技术的应用、通信和信息技术的高速发展以及全球经济一体化程度的不断加深，推动着国际分工的深化变革。跨国公司借助投资和贸易的便利化，依托自身的技术和资本实力，在全球范围内进行资源配置。随着跨国公司的发展，形成了基于跨国公司的国际贸易和国际投资新格局，专业化分工程度进一步深化，同一产品的不同生产阶段、不同工序也开始进行国际分工（朱燕，2018）。产品内分工模式下，生产过程中附加值较低的环节（如：加工、装配等以劳动密集型为主的工序）被以外包的形式配置到发展中国家，而发达国家则专注于从事高附加值的环节（如：研发、营销和设计等以技术密集型和资本密集型为主的工序）。

二、二元结构与低端锁定

价值链分工模式下，全球范围内的资源配置得以充分实现，形成了发达国家集聚于高附加值环节而发展中国家集聚于低附加值环节的二元结构（张少军、刘志彪，2009）。与产业内分工不同，价值链分工只需要转移不具备优势的生产环节，因此发达国家在转移的过程中可以避免产业空心化。德弗尔（Defever，2006）对欧盟国家价值链集聚情况进行了统计，从生产环节来看，5216 个环节中有 3912 项保留在发达国家，比例高达 75%。价值链分工对发达国家来说并不意味着去工业化或者制造业外流，而是提供了更多在全球范围内进行生产资源配置，选择低成本、高效率的机会。

低附加值生产环节对技术和资金的要求不高，进入壁垒较低，这也加剧了发展中国家之间的过度竞争。竞争的结果是发达国家实现更低的成本和更高的生产率，而发展中国家在价格竞争中获得"悲惨的增长"，梅尔（Myaer，2002）称此为"合成谬误"式的困境，这也是阻挡发展中国家进行价值链升级的主要障碍。当一国的竞争优势丧失时，发达国家可以通过价值链将该生产环节转移到其他具有优势的国家。如果该国不能及时进行产业升级融入价值链的其他环节，则很可能被剔除出价值链，在经济增长与繁荣后一度陷入长期的衰落（田文等，2015）。

在价值链的全球化配置过程中，代表发达国家利益的跨国公司掌握着价值链的核心，即关键技术、专利和品牌等部分，发展中国家在标准化的外包生产环节被锁定在价值链低端，在"瀑布效应"（Nolan，2001）的作用下，很难改变其边缘地位（Frobel 等，1980；Cramer 等，1999）。全球化背景下，价值链的主导者——跨国公司通过价值链向购买者、供应商传递压力，渗透价值链上下游产业影响着附属公司的生产和经营，并提高了供应链高端环节的集中度。主导型企业对下级购买者、供应商的"俘获"，不仅增强了系统竞争力，也增加了进入壁垒的难度。依赖自然比较优势（如低成本的劳动力）参与国际分工的发展中国家，在面临劳动力成本上升和更低成本国家的出现时将丧失价值链升级的可能，这也是拉美国家落入"中等收入陷阱"的原因所在。

三、促进经济增长和就业

各国在全球价值链中的获益程度大小，取决于该国处于价值链的高端还是低端。由于价值链所处地位的不同，在全球价值链上增加值与就业的创造和分配方面，发达国家和发展中国家存在差异。但不可否认的是，从发展经济学的观点出发，全球价值链对经济增长和就业产生了积极的作用。

参与全球价值链可以通过五个主要传输渠道带来高产出、高生产力和高附加值（Daria Taglioni，2017）。这五个主要传输渠道包括：前后向产业关联、创造有利于竞争的市场结构调整、技术溢出、能够扩大促进竞争效应的最小规模成就，以及劳动力市场效应。

价值链显著提高了全球的潜在经济增长。在价值链配置下，发展中国家的劳动力和发达国家的资本被充分整合，劳动和资本的生产率提高。此外，价值链带来集聚和专业化所产生的规模效应以及创新会促进全要素生产率的提高。价值链使得生产碎片化，发展中国家只需要集中于特定生产环节的生产活动，不再需要建立覆盖所有生产环节的完整产业链，融入全球化生产的成本、时间和难度都大幅下降，加速了发展中国家的工业化进程，带来了大量的就业机会和更快的经济增长。全球化的资源配置降低了发达国家企业的生产成本，同时为产品提供了更加广阔的市场，企业利润增加可以投入更多的科研经费，促进创新人才培养和科技创新。

四、创新能力决定价值链地位

创新成为决定一国国际分工地位的关键因素。创新不仅可以提高服务业部门所包含的知识密集度，培育和发展现代服务业，还通过溢出效应将创新传导到工业部门，体现为制造业的技术知识含量得到提高。同时，创新还有助于减少资本效率递减所造成的负效应：一方面提升资本质量，提高生产效率，产出更多的最终品来用于消费和贸易；另一方面提升通用技术部门的结构化升级，通过延长产业链，增加中间品复杂度来过滤掉低层次的生产环节，并借助全球价值链分工进行产业漂移，将相对处于低效率的环节转移到后发国家，利用后发国家的劳动力和自然资源优势。

美国和日本分别提供了价值链分工模式下创新发展的两种成功范式。美国模式下采取了垂直开放式网络，企业有较大的自主权、较高的市场灵活性、海外生产的附加价值较高。占主导地位的厂商愿意向东道国企业提供较多的指导和技术支持以提高供应商的能力，通过生产外包，使自身转向附加值更高的产品研发、系统集成和软件等环节。日本"供应商"模式下价值链结构是层级型的垂直封闭一体化模式。以日企为主导的跨国生产网络一般由占主导地位的企业率先将低附加值的生产环节转移到发展中国家，然后日本供应商跟进投资。对东道国当地的采购仅限于附加值低的原材料和简单零部件，技术要求较高的零部件一般由日本供应商提供或从母国采购。日本国内则主攻单一制造业升级，最终形成"知识—技术创造型"效率模式。

图9-1展示了不同国家在价值链中所处的地位以及进入下一阶段的跃升路径。处于最低端的是自给自足的农业国家，依靠国际援助发展经济。这些国家大都自然资源禀赋充裕，因此吸引了少量FDI流入。FDI

带来的资金和技术促进了农业国向初级工业国转变，通过从事简单的制造业环节嵌入价值链体系。工业化进程中基础设施得以改善，FDI 在该阶段大举进入，随着技术外溢效应和集聚效应的作用，某些行业将得到较快发展成为支柱行业。如果具备了吸收先进技术的能力和条件，则有望跨越"中等收入陷阱"，通过掌握先进管理技能和科学技术占据价值链高端，从事复杂的高级生产环节。价值链最高端的国家引领全球技术创新，创新能力是核心要素。

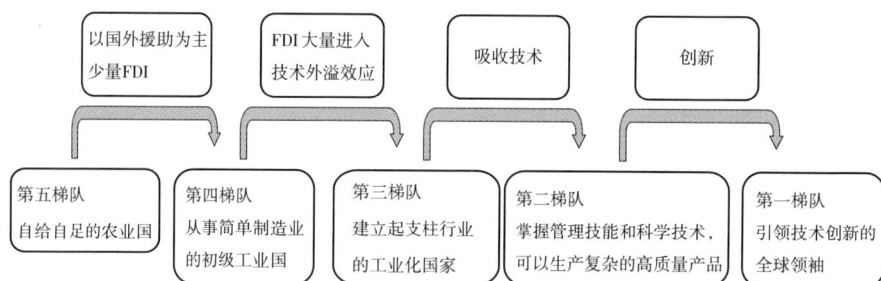

图 9-1 不同国家在价值链中所处的地位以及跃升路径

第二节 价值链促进高质量发展的理论逻辑

从参与价值链分工到进行价值链升级的过程中，经济中的要素配置、竞争优势和空间结构将发生根本性改变（见图 9-2）。价值链分工的目的是实现资源高效配置，价值链升级实际上是沿着微笑曲线从对低级要素转变为对高级要素的需求，将生产各个环节放置到最有效率的国家或地区。静态的外生竞争比较优势是参与价值链分工的基础，随着分工的专业化，生产环节不断细化，价值链链条加长，创新、学习以及知

识积累形成的动态内生比较优势成为价值链升级的动力，在升级中这种
竞争优势又得到提升，两者形成良性互动循环。分工从形态上看是分散
的链条，而链条的网络化带来集聚，集聚效应创造更高的生产效率。基
于全球价值链某一生产环节的分工，在高端化之后（表现为延长生产链
条、外包非核心环节）将衍生出国内价值链或区域价值链，实现国内国
外两个循环。

高质量发展的核心目标是提高生产效率，这正是价值链升级的必然
结果。价值链分工的演进，一方面将驱动经济增长的作用机制从需求侧
扩展到供给侧，通过影响生产促进生产率提高；另一方面这种作用机制
通过消费领域产生循环，经全球投入产出传导机制驱动经济增长。价值
链已经成为连接"创新—生产—消费"的循环介质和组织全球化大生产
的纽带。因此，在价值链分工体系下，通过升级价值链提升知识生产配
置能力和建立内生增长机制，是实现高质量发展的关键。

图 9-2　价值链升级的作用流程

一、价值链与要素配置

互联网和全球化促进了生产要素跨界流动，但不同要素的可流动程
度不同，如资本和劳动力的可流动性强于土地；不同级别的同种要素可

流动性也不同，如人力资本的可流动性强于普通劳动力。价值链分工的实质是进行产业内分工，即根据不同的生产效率，将生产环节按照竞争优势进行全球布局，充分利用一国或地区的特殊禀赋（如生产要素优势）。一国在全球价值链上进行攀升是为了成为全球网络控制中心节点，实现资源再配置和创新。

从价值链低端到高端的攀升，本质上是低级生产要素配置向高级生产要素配置的转变。发达国家通过外包将生产环节转移到发展中国家，专注于产品的开发、销售和升级等环节，在此过程中发达国家获得劳动力成本节约型的生产率提升；发展中国家则专注于产品的生产环节，其他中间品和技术可以通过进口获得，因此发展中国家获得技术提升型的生产率提高（Egger 等，2001；Rinò，2009；Amiti 和 Wei，2009）。参与价值链分工有利于要素结构升级（苏杭，2016），生产要素的质量与参与价值链的程度相关，随着一国在价值链地位上的攀升，其生产要素的配置质量也在不断提升，并相互促进（刘梦、戴翔，2018）。

微观层面来看，梅里兹（Melitz，2003）的新新贸易理论解释了价值链通过"自选择效应"和"要素重新配置效应"使生产要素在产业内或相同工序的生产企业间重新配置，有利于生产要素向更高生产率的企业转移，从而提高生产要素利用效率，最终促进经济增长。价值链使得企业改变了传统的外包、内部交易和国际贸易形式，扩大了贸易模型中的企业边界，基于价值链的组织效率提高进一步提高了资源配置效率（Melitz 和 Ottaviano，2008）。

宏观层面来看，随着价值链分工模式的全球化，通过各国产业和部门间的相互渗透以及全球消费和生产之间的互动，借助这种循环互动可以实现更深程度的资源优化配置和乘数放大的经济增长绩效（刘梦、戴翔，2019）。在经济服务化时代，发达国家通过占据价值链高端，利用全球要素再配置，以提高经济效率最终获得效率补偿（陆江源等，2018）。

二、价值链与竞争优势

一国参与价值链分工，首先立足于资源分配和流向等变化所产生的要素禀赋等外生比较优势，这是一国参与国际竞争的核心竞争力。在现有的这种分工模式下，欧美等发达国家和地区通过在全球范围内进行生产资源的配置，来利用发展中国家和地区的自然资源和劳动力要素，从而使外生比较优势失去意义，这也是发展中国家成为代工厂和原料输出地的原因所在。因此，发展中国家的价值升级和协调依赖于分工网络模式等经济组织的变化产生的内生比较优势（如规模经济、范围经济、人力资本和创新）。张定胜和杨小凯（2003）提出内生比较优势理论，认为通过后天的专业化学习、技术创新和经验积累可以人为地形成比较优势，该理论强调了比较优势的内生性和动态性。当一国参与价值链的程度加深，要实现价值链升级的根本在于能否将外生比较优势向内生比较优势转化。

价值链分工模式下，一国的比较优势不再完全转化为其企业的竞争优势，而是表现为某个特定产品在某个价值链生产环节上的竞争优势（张二震，2003）。在价值链升级的过程中，外生比较优势的丧失，驱动企业进行创新，企业在可见的瓶颈、明显的威胁面前为提高自己的竞争优势而奋发努力，最终使国家在获得性要素上更具竞争力，从而创造出动态的竞争优势，进而优化本国的产业结构，不断提高本国在国际分工体系中的地位（张二震、安礼伟，2002）。

从企业和行业角度来看，价值链升级产生"推动效应"显著影响其技术竞争优势（王玉燕等，2014）。一是倒逼机制，外包企业的高标准迫使代工企业改进技术以达到质量、款式、环保等要求；二是技术转移和溢出效应，细致的专业化使得代工企业可以低成本地学习和吸收外包企业已有的技术，从而实现技术进步；三是传递效应，价值链使得代工企业参与到全球分工体系，国际标准、准则、管理模式通过价值链分工从外包企业向代工企业传递，促进其组织方式、管理能力、制度体系的发展。中国融入价值链全球分工体系之后，在一定程度上促进了中国出口品的技术升级（倪红福，2017）。

三、价值链与空间结构

价值链模式下的产业集群出现，纵向扁平化的链条结构正在向立体的网状平台结构转变，不同产业链之间交汇融合，呈现出复杂的多维度、开放式复杂网络结构。产业集群也基于这种分工模式进行聚集，在产业集聚的地区衍生出产业链条和供应体系。规模效应下，企业的生产效率随之提高，增加一国在全球价值链中的竞争力，而集群中企业竞争力的提升会导致价值链向高端环节转移，最终形成良性循环。

集聚理论指出，集聚经济有三个外部来源：人、物和知识。首先，集聚有助于集中人力。厂商集聚吸引劳动力集中，扩大厂商选择范围的同时有助于降低成本。价值链分工模式下要求生产企业富有生产弹性，能够随着创新随时作出调整，充裕的劳动力市场为厂商根据产品变化获得专门的劳动力提供了可能。其次，集聚实现了中间品的规模经济。一方面降低了中间品的生产和运输成本，另一方面促进了中间品的多样化和创新。最后，集聚带来知识技术溢出效应。同一行业厂商大规模集聚不仅为厂商之间进行"示范—模仿"和科研协作，而且为厂商专业技术人才间进行正式或非正式接触、交流提供了平台，进而促进知识共享和技术溢出（Marshall，1920；Ellison 等，2010）。集聚区企业通过匹配、共享和学习获取集聚经济效应进而促进生产率提高（Duranton 和 Puga，2004；Combes 等，2012）。

基于价值链，一国专门从事特定的生产环节，相应的专业化投资增加、专业化知识和技术积累、熟练度和标准化程度增加，将有利于生产环节规模效应的发挥（Humphrey 和 Schmitz，2002；巫强、刘志彪，2009）。同时，生产空间集聚有利于降低交易成本，促进生产效率提高和产出增长。此外，类似于产品生产的集聚，生产环节的空间集聚同样能够降低交易成本，提高生产效率和要素利用率，促进经济增长（孙浦阳等，2012；陈启斐等，2018）。

价值链对空间结构的影响还体现在区域平衡发展中的协同作用。在参与全球价值链分工的过程中，整体低端化与局部区域的差异化发展并存，使得中国整体的价值链升级战略对局部区域并不适用，张杰和刘志彪（2009）提出构建以本土市场需求为基础的价值链，实现东、中、西部地区的协调发展。张少军和刘志彪（2009）指出，将价值链模式的产业转移内涵的竞争方式与自身的国情和优势相结合来发展国内价值链，缩小地区发展差距。中国区域性发展层次的差异（技术差异、人力资本差异、资金积累差异、区域贸易差异等），使得各地区在价值链分工中居于不同的地位，具备了价值链跨区域重组的可能性。通过价值链重组充分利用不同地区的比较优势，从而获得分工优势，在有效承接国际产业转移的同时，加快东南沿海地区产业向中西部地区转移，形成更加合理的区域产业分工格局，促进区域协调发展（刘友金、胡黎明，2011；刘志彪、郑江淮，2012；崔向阳等，2018）。

第三节　中国参与价值链的现状、问题及对策

一、中国参与价值链的现状及问题

(一) 参与程度加深但整体地位偏低

按照增加值供给者和使用者的不同角色可以将价值链分为上游和下游。当一国作为供给者参与价值链分工，即出口中间品，如果该部分增加值占总增加值的比重大，则表明参与度高。当一国作为使用者参与价值链分工，即进口中间品，同理增加值比重越大参与度越高。简单分工与复杂分工的区别在于跨境次数，当跨境次数超过一次，即为复杂价值链分工。

总体来看，中国在价值链中的地位呈现上升趋势，但是参与上游价值链分工的程度低于参与下游价值链分工 (见图 9-3)。在全球价值链分工体系中，中国更多地以下游生产者角色存在而非上游供应者。加入世界贸易组织显著地加速了中国参与价值链的进程，受国际金融危机的影响，2008 年之后中国的价值链参与度有所下降。同时，中国参与简单价值链分工的程度高于参与复杂价值链分工的程度 (见图 9-4)，在价值链分工中的整体地位偏低。

从参与价值链的行业来看，虽然中国参与全球产业链比较全面，但一个明显的缺陷就是大多数行业处于下游 (接近成品装配位置)，技术程度稍高的行业 (如电子、计算机、电气设备等) 国内增加值占比又偏低，而国内增加值占比较高的行业往往是劳动密集型行业和资源密集型行业，存在价值链结构扭曲。

（单位：%）

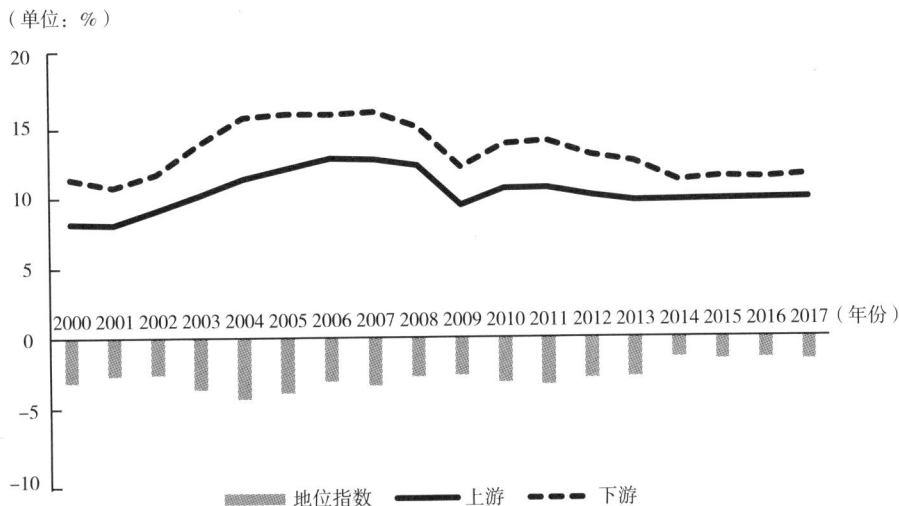

图 9-3　2000—2017 年中国在价值链中的地位

资料来源：根据 UIBE—GVC 数据计算。

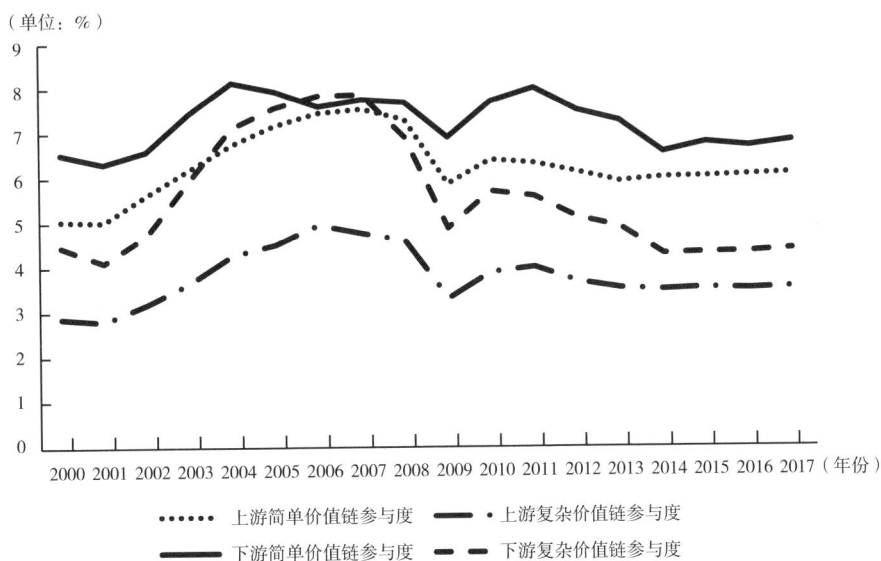

（单位：%）

图 9-4　2000—2017 年按简单和复杂价值链分工区分的参与度

资料来源：根据 UIBE—GVC 数据计算。

（二）参与发达国家主导的价值链但面临去中国化

分国别和地区计算中国中间品出口和进口的国内附加值比重，可以发现，欧盟（包括英国、法国、德国等 27 国）、美国、东亚（包括日本、韩国）和新兴经济体（包括巴西、俄罗斯、印度、印度尼西亚、墨西哥和土耳其）是中国的主要参与国，累计占比超过 50%。中国作为价值链的供给者，与欧盟的依赖关系最为稳定，呈现缓慢上升后下降的趋势；其次是美国和东亚，但是比例在不断减少；新兴经济体承接了大部分下游环节，对中国的上游依赖度快速增加。从价值链使用者的角度，中国的中间品进口附加值主要来自日本、韩国，平均占比超过 25%，东亚地区的区域性价值链正在形成。

总体来看，美国、欧盟、日本、韩国等发达国家和地区是中国中间品进出口附加值的主要来源区域，说明中国以参与发达国家主导下的价值链分工为主，并且在价值链中作为下游使用者，这使得中国在价值链中处于从属地位，一旦发达国家减少中间投入品输出，中国的生产环节将受到影响，给经济增长带来压力。从变化趋势来看，中国与发达国家和地区的中间品进出口附加值比重呈现逐年下降的趋势，而与新兴经济体的占比逐年上升，一方面体现了发达国家在价值链中的去中国化，另一方面也说明中国正在积极建立新的价值链关系进行结构平衡，避免对发达国家的过分依赖，增强抵抗国际风险的能力。

表 9-1　2000—2017 年分国别 / 地区中国中间品出口 / 进口国内附加值比重

（单位：%）

年份	欧盟		美国		东亚		新兴经济体	
	出口	进口	出口	进口	出口	进口	出口	进口
2000	17.5	15.2	15.6	8.7	20.5	30.2	5.5	7.1
2001	17.4	16.2	14.7	8.9	19.9	29.6	6.5	7.6

续表

年份	欧盟		美国		东亚		新兴经济体	
	出口	进口	出口	进口	出口	进口	出口	进口
2002	16.1	16.9	14.3	8.6	18.5	29.8	6.7	8.6
2003	17.3	17.4	14.1	8.1	19.0	29.9	6.9	9.1
2004	17.9	16.8	14.4	8.2	18.9	29.5	7.5	9.2
2005	18.6	15.5	15.0	7.7	18.3	27.7	8.1	10.4
2006	18.6	15.2	15.0	8.1	16.7	25.6	8.7	10.8
2007	19.7	16.7	13.0	8.1	15.1	25.1	9.2	10.0
2008	19.7	16.0	12.5	7.9	14.8	21.9	9.6	10.5
2009	20.2	16.3	11.2	8.5	12.8	22.0	9.3	11.3
2010	20.0	14.3	10.8	7.8	12.9	19.9	10.4	11.9
2011	18.8	13.0	10.5	7.2	13.4	17.0	11.2	13.1
2012	16.5	12.5	10.6	7.3	12.6	16.1	10.7	12.8
2013	16.7	13.0	12.1	7.2	11.8	15.5	10.8	11.9
2014	16.7	13.0	12.1	7.3	11.8	15.6	10.8	11.9
2015	16.6	12.6	12.0	7.3	11.8	15.3	10.9	12.2
2016	16.5	12.5	11.9	7.2	11.7	15.3	10.9	12.4
2017	16.5	12.4	11.7	7.4	11.7	15.2	10.9	12.4

资料来源：根据 UIBE—GVC 数据计算。

（三）成为价值链的核心但低端化地位未改变

无论是简单价值链网络还是复杂价值链网络，中国都取代日本成为核心，并基于中国形成了双循环结构（于向东、施展，2013），即以下游中低端环节嵌入发达国家的高端制造业和服务业，以上游中高端拉动发展中国家的价值链延伸。

发达国家的创新经济促成了中国在价值链中核心地位的形成。正如杰奥瓦尼·阿锐基在《漫长的 20 世纪——金钱、权力与我们社会的根源》中所描述：大规模托拉斯绕过贸易壁垒寻找成本洼地，将产业链从上游到下游横跨多国布局，在"短缺经济时代"它们通过流水线生产大量同质化产品占领市场，进入"后短缺经济时代"后将制造业外包，自己专注于创意和品牌，通过不断创新占据价值链顶端。中国的改革开放正好耦合了发达国家跨国公司大规模外包的需求，大型制造业企业进驻中国，中国成为"世界工厂""装配车间"；与之配套的中小民营企业自发成长，专业化生产各自零部件，形成庞大的价值链网络。

中国想要摆脱"低端锁定"的局面，需要参与和主导更多的复杂价值链分工。当前逆全球化势头凶猛，再加上新冠肺炎疫情蔓延，导致各国封闭隔离，阻碍着全球商品和服务的跨国流动，不利于中国在全球范围内进行生产要素的有效配置，增加了打造复杂全球价值链的难度。就当前国际形势来看，中国想在短期内获得更多的国际市场准入，为中国企业参与复杂全球价值链提供市场通道并非易事。

二、高质量发展阶段中国优势的转变

（一）从人口大国向人才大国转变

工业化过程中持续的人口控制政策使中国过早地完成了人口转型过程，出现"未富先老龄少子化"（王钰、张自然，2019），粗放的资本和劳动驱动模式未能将人均收入水平送到既定高度，即进入高收入国家行列，就提前衰减了。"人口红利"消失使得中国劳动密集型产业的竞争力下降。

但中国巨大的人才储备和持续增长的研发投入正在将"人口红利"向"人才红利"转变，而这一优势是其他单纯依赖低端劳动力的新兴经济体所无法比拟的，也是推动未来中国价值链升级的巨大动力。教育部的数据显示，2019年中国普通高校本科毕业人数为834万人，研究生毕业人数为64万人；根据世界银行的统计，2018年中国的科学家和工程师人数为 152 万人。庞大的高校毕业生、科学家和工程师群体，为中国的人力资本积累提供了数量储备，使得中国"高知识含量的劳动力"具有比较优势，吸引知识密集型部门（如研发、设计等）进入中国，同时降低了中国的研发成本和提高了研发效率。为中国价值链升级、走向高附加值环节奠定了人力基础。

（二）从生产大国向消费大国转变

世界银行的数据显示，中国仅次于美国成为全球第二大消费市场。庞大的市场和需求空间是中国各类产业发展的温床，是各类制造业依托发展的第一大优势，足以支撑起大规模的生产。在高速发展的工业化阶段，中国大力投资扩产能，对原材料的需求激增；在高质量发展的城市化阶段，中国经济由外向型、投资驱动型向内需、消费驱动型转变，对消费品的需求扩大。

"深化要素市场改革助推新型城镇化"将进一步释放中国的内需潜力。在当前百年不遇疫情冲击中国外需、外围市场萎缩的环境下，找准有效内需以实施需求提振与纾困，不仅在短期而且在中长期对中国进一步的发展、应对国际形势都具有战略意义。新型城镇化正是中国最大的内需之一，其所涉及的需求体量足够大且需求迫切，为中国构建国内价值链、实现生产—消费循环提供了市场基础。

（三）从制造大国向服务大国转变

2000 年，中国服务业对 GDP 的贡献率第一次超过制造业，2015 年之后，服务业对 GDP 的贡献率持续在 60% 以上，服务业对经济增长的作用日益重要，中国步入服务经济时代。服务业成为中国参与价值链竞争、融入国际经济一体化的重要媒介，发挥着重要作用。

发达国家和地区已经承担了高附加值、知识密集型技术性服务环节。从服务业增加值来看,中国的服务业产出比重虽低,但附加值创造能力与发达国家差距不大。中国的相对劣势在于服务业比重低,所以整体行业增加值差距较大。政府出台了《中共中央、国务院关于加快发展第三产业的决定》《国务院关于加快发展服务业的若干意见》《国务院关于加快发展生产性服务业促进产业结构调整升级的指导意见》等系列文件以促进服务业的发展,党的十八大以来,服务业扩大开放,北京和上海等城市成为服务业扩大开放的综合试点城市,内地与香港、澳门服务业基本实现自由化。服务业的发展为中国价值链升级奠定了产业基础。

(四)从贸易大国向投资大国转变

从吸引外商投资到实施境外投资,体现了中国从被动卷入全球经济一体化向参与和引领制定规则转变。中国作为全球最大的发展中国家、最大的商品生产基地和最大的国际贸易参与者,通过改革开放获得了全球化经济红利,也存在如引进外资水平不高、造成环境污染、浪费资源等问题。

"走出去"战略的实施标志着中国企业从被动接受全球价值链分工向主动配置全球价值链、实现全球范围内的资源利用转变。世界银行的统计数据显示,自 2015 年开始,中国成为世界第二大资本输出国(仅次于美国)。企业通过"走出去"参与国际市场竞争,有助于提高企业的国际化视野,培养全球经营能力,使企业直接利用发达国家丰富的知识储备来提高创新能力进而增强在价值链中的核心竞争力,也有助于减少国内低端环节的生产,减少环境污染,实现可持续发展。

三、中国价值链升级的对策

(一) 利用国内市场建立多层次价值链体系

庞大的国内市场为中国企业提供了培育品牌的空间。根植于内需、激发按需研发的创新活力，获得市场反馈的补偿机制，获得价值链的主导权和话语权，将俘获型网络扭转为均衡型网络。实现俘获关系向均衡乃至主导关系转换的关键在于高级生产要素(人力资本、创新) 的积累。基于国内市场的生产者驱动价值链，能激励和扶持高附加值环节本土企业的技术创新能力；购买者驱动价值链则有利于规模较小、定位雷同的代工企业重组兼并，成为具备自主品牌和销售渠道的终端集成企业。

建立良性互动的多层次的国内价值链分工体系，是实现价值链升级的关键。从产业角度来看，发达国家的实践证明，在生产系统梯度进入深加工度化之后，高效的服务业效率才能导致更高的制造业效率。只有加快发展研发、金融和营销等现代服务业，让它们跟上并超前于制造业升级的步伐，才能让制造业朝着高端智能、智慧方向发展，实现中国经济的高质量发展。

降低市场分割，延伸和扩展价值链环节，构建基于国内市场的国家价值链，实现价值链在空间结构上的合理配置。一是以长江经济带为纽带，利用其空间张力和产业纵深，发展以研发、设计、金融、物流、营销、品牌等为代表的现代服务业，使这些从外向型经济战略中先富起来的地区成长为聚集跨国公司的"总部经济"。二是推动北方城市群建设，实现沈阳—大连、济南—青岛、京津冀一体化，通过虹吸效应实现创新要素聚集。三是发展东北和中部地区老工业基地，推动投资驱动的重化工价值链分工链条升级，承接沿海地区制造业转移，成为制造中心。四是加快建设粤港澳大湾区，发挥其世界级城市群优势，使之成为中国参与全球竞争的重要空间载体。

（二）推进与周边国家的区域价值链建设

主导区域价值链同样有利于积累高级生产要素和营造空间优势。区域价值链是以产业升级和中高端化发展为目标，联合周边产业互补性强的新兴国家和地区，为实现商品或服务价值而连接生产、销售、回收处理等过程的区域性跨企业网络组织（魏龙、王磊，2016）。中国通过推动与周边新兴国家组成区域价值链，将有机会从价值链的技术落后方转换为技术相对先进方，接触甚至控制价值链的中高端环节，通过主导价值链，实现中国经济发展向中高端水平迈进的目标。

利用"一带一路"倡议实施的契机，基于内需主动构建中国主导的价值链，重塑全球经济增长新机制。具体来说，即以"一带一路"建设为契机和基点，构建以中国为主的包容性的全球价值链治理体系，以此促进全球经济的结构均衡，促进中国经济内生化发展，加快国内制造业转型升级，培育中国参与新一轮全球竞争的新的动态竞争优势（刘志彪，2017）。在这条价值链上，中国的内需优势、产能优势和资本优势支撑中国成为价值链的上游供应者，企业主要从事研发、设计、营销、物流、金融等高端环节的活动。通过价值链向"一带一路"沿线国家输出中国的产能和资金，也通过价值链引进国外的资源和产品。

利用区域全面经济伙伴关系和中日韩自贸区谈判契机，加强构建东亚区域价值链和环渤海经济圈。目前中国的角色更多是在中间品加工贸易上，而日本和韩国则更靠近价值链上游研发设计环节。中国应当加强先进技术研发、培育，吸收日本、韩国发展的成功经验，保持自身比较优势的同时不断创新，通过产业升级建立自己的技术优势，占领价值链制高点。

（三）扩大中间品贸易和服务贸易

全球价值链分工将生产的各个环节散布于世界各地，中国提升全球价值链地位、增加国际竞争力的关键在于从价值链的低端向中高端迈进。结合国内的产业升级，增加产品的复杂程度（延伸产业链链条长度），加大从国外进口中间品的力度，有助于提升中国出口商品的竞争力，也有助于平衡进出口贸易逆差减少贸易争端。

服务业已经取代制造业成为经济增长的核心力量，未来价值链竞争的核心在于培育高端服务业优势、开展服务贸易。从当前世界经济的发展情况来看，全球服务贸易比重迅速上升，已经明显超越货物贸易，并且这种趋势将长期延续。与欧美等发达经济体相比，中国的服务业贸易起步晚、发展慢、竞争优势不明显，只有借助服务贸易开放，在激烈的国际竞争中逐渐成长，培育新优势，实现服务业的价值链升级。需要注意的是，服务贸易逆差可能会长期存在。

（四）构建创新价值链体系

创新价值链是指从创新源的获取到创新源转化为新产品、再到市场化的创新价值实现的过程（谢青、田志龙，2015）。创新价值链是一个循环流动的动态过程：知识创新是前提，为整个创新过程提供知识积累和储备；科研创新是创新过程的试验发展阶段，用来检验知识创新的可行性，同时为产品创新提供技术支持；产品创新是创新价值链的产出阶段，是创新的实现过程，且通过市场反馈机制，对知识创新投入形成新的引导和影响（余泳泽、刘大勇，2013；余泳泽，2015）。

构建创新价值链体系需要从四方面着手：第一，加快创新活动的成果转化、提高创新产品的应用、保持信息沟通畅通，加强"产学研"结合力度，着重提高创新成果质量，结合市场需求，开展问题导向性和市场需求性的科研活动。第二，增加研发投入，鼓励企业重视新产品开发经费支出，加强对自主研发的企业补贴，发挥好研发资本的导向作用。第三，鼓励企业从发达国家和地区进口具有高质量中间品的数量，通过中间品进口获取技术溢出；鼓励企业通过吸引优质的外商直接投资以及进行对外直接投资，获取更多的国外研发资本和技术溢出，通过学习模仿，转化为新的创新推动力。第四，储备高质量的人力资本，加大对高等教育和科研机构的财政支持，建立科技创新与转化的投融资体系，提升高校、科研机构、企业、政府之间的互动与连接。

小　结

　　全球价值链分工模式下，商品和服务的生产消费不再是简单的国际交换，而是全球的流转循环。价值链成为连接各国"创新—生产—消费"的循环介质和组织全球化大生产的纽带。全球价值链分工的演进，将驱动经济增长的作用机制从需求侧扩展到供给侧，通过影响生产促进经济增长。更重要的是，这种作用机制通过消费领域产生循环，经全球投入产出传导机制驱动经济增长。

　　美国和日本提供了两种占据价值链高端的创新发展模式：美国模式的核心是通过积累高端劳动力，扩大消费循环促进经济增长，这种模式下需要塑造一整套的服务业创新，并以服务业支撑创新体系的构建；日本模式则基于自由贸易，主攻单一制造业升级，最终达成"知识—技术创造型"效率模式。

　　中国实现高质量发展的关键在于突破现有全球价值链分工格局下的低端锁定，通过价值链攀升来实现中国经济转向高质量消费和高质量生产。当前工作的重心是加大对现有经济管理体制的改革，特别是借助高水平对外开放，切断诸多传统体制的羁绊，形成一个可参与全球竞争的新体制。通过要素转变、产业结构升级和区域协同发展，提升效率，促进结构优化，最终实现经济转型增长。

服务业部门提升的关键是实现广义人力资本升级，提高现代服务业生产效率。通过现代服务业可贸易体系的建立，提升产品复杂系统技术创新，在全球价值链中占据高端地位，提高劳动生产率，实现经济增长。制造业部门提升的关键是实现零部件自给，提高中间品贸易的比重。跨国公司居于价值链上游，通过控制零部件的生产来掌握下游厂商，因此中国制造业就是要通过价值链升级，从根本上突破跨国公司的统治地位，摆脱简单制造和零配件加工的分工格局。

此外，遵循全球价值链的"雁阵"格局，可以通过产业转移，利用中国的大国优势构建中国国内价值链和区域价值链（如基于"一带一路"建设）。发挥国家价值链的整合能力和网络效应，增进国内不同地区和行业之间的关联。改变中国"出让市场换取技术"，转变为"既要市场也要技术，两手抓两手都要硬"；改变中国重视国际市场，转变为提振国内消费；改变出口导向型贸易战略，转变为从出口向资本再到进口的循环发展；改变工业化发展道路，转变为重视服务业发展的新型城市化发展道路。区域价值链的建立是中国由遵守和顺应现有的国际投资和贸易规则，转变为主动参与和维护国际治理规则的制定和严格执行。这将成为中国进行高水平对外开放的新动力、新基础和新规则，也是实现中国经济增长高质量发展的关键所在。

第十章

制度韧性与包容性发展

近年来，中国相继迎来改革开放四十周年、中华人民共和国成立七十周年，国民经济建设取得了举世瞩目的成就。事实证明，中国现有的制度经受住了国内外各种复杂形势的考验，在一穷二白的经济基础上建成了世界第二大经济体，中国经济崛起成为世界上最引人注目的、超大规模后发国家建成中等收入国家的经济奇迹，体现出了超强的制度韧性。党的十九大报告指出，中国特色社会主义进入新时代，我国社会主要矛盾已经转化为人民日益增长的美好生活需要和不平衡不充分的发展之间的矛盾。为了应对这一新的社会主要矛盾，中国需要从粗放式经济发展模式转向高质量发展，并建立适应高质量发展的现代经济体系。

要实现中国经济的高质量发展，就要继续发挥制度韧性。中国经济取得伟大成就的一个重要原因就在于其具有强大的自我完善的制度韧性，既能保持稳定性和连续性，又能不断改革创新（刘军，2018）。因此，中国的制度不仅具有抵御各种风险的刚性，而且具有应对内在问题和外在冲击时始终坚忍不拔、不会断裂的韧性（李君如，2015）。新中国成立以来的中国实践证明，中国社会主义制度不仅能历经曲折而不倒，还能够发挥制度作用力，保障并增强其物质基础和精神基础（宇文利，2015）。

在新的经济社会发展条件下，要继续发挥制度韧性，就是要实现包容性发展。包容性发展是一个多学科的综合性定义，从经济学角度来看，包容性发展是对包容性增长的拓展，在经济增长的基础上更多地考虑了在经济社会环境下的发展模式问题，考虑了经济社会体系的可持续性和公平性等问题（Pouw 和 Gupta，2017）。从包容性发展的要求来看，要实现包容性发展，就是要努力转变发展理念，从唯 GDP 论转向经济社会协调发展，着力解决经济社会发展中的结构性矛盾，解决经济社会发展不平衡不充分的问题。具体说来，未来我国经济社会发展过程中，要进一步处理好发展速度和质量之间的关系、公平和效率之间的关系，全面处理好经济、政治、文化、社会、生态文明等五大发展之间的关系，满足人民对美好生活的需要，更好推动人的全面发展、社会全面进步。

随着中国逐渐转向包容性发展和高质量发展，在新的形势下，现有的经济制度也将面临新的考验。因此，在回顾和剖析新中国成立以来经济社会发展过程中所表现出来的制度韧性，总结中国制度韧性的根本原因，探讨如何应对新形势考验，促进包容性发展和高质量发展的实现，具有重要的理论和现实意义。

第一节　经济学视野下的制度韧性

一、制度与制度变迁

根据新制度经济学的研究范式，制度是一个社会运行的规则，或者更为正式地说，制度是人为设计的通过改变人的激励和行为的各种规则限制（North，1990）。制度是指人们为减少不确定性和控制其环境而设计的书面和非书面规则、规范和约束，其中包括：（1）管理合同关系和公司治理的书面规则和协议；（2）较广泛地管理政治、政府、金融和社会的宪法、法律和规则；（3）不成文的行为准则、行为规范和信仰（Ménard 和 Shirley，2008）。从博弈论的角度来看，制度是一组自我维持的有关社会运行规则的共享信念，其实质是一组对均衡路径的突出和不变的压缩表达，这种表达被这个场域中几乎所有人视为与自己所有用的战略选择密切相关，在这种情况下制度就以一种自我强化的方式决定了参与者的战略互动，且又在一个连续演进的环境中由参与者的事实行为所重新生产出来（Aoki，2001）。因此，制度是一种社会建构，在同一场域还可能存在其他社会建构的情况下，它代表了参与人内生的、自我实施的行动决策规则的基本特征，从而决定了参与人在重复性博弈的策略互动。青木昌彦用多个博弈论术语首字母组成的 COASE 模型来表示制度体系，其中 CO 表示环境的影响结果 consequence，A 表示行动action，S 表示策略 strategy，E 表示期望 expectation，从而形式化地反映了制度的五个特征：内生性、信息浓缩、能够经受环境连续变化和参与人微小偏离的耐久性、与所有参与人的相关的普遍性以及均衡的多重性（Aoki，2001）。

如果将制度理解为各种规则限制，那么制度就不是一个完全确定的范畴，而是一个根据环境而不断变化的产物。正如高培勇等（2019）所指出的，社会主要矛盾的性质决定了资源配置方式的选择，资源配置方式决定产业体系特征，产业体系特征与经济增长阶段一致，高速增长引起社会主要矛盾转化。那么，在我们所说的新制度经济学体系中，当经济社会环境发生变化时，人们所制定的各种制度也必须进行相应的调整，而制度变革反过来又会通过重塑经济中各参与主体的行为而影响经济社会发展条件，这种经济社会发展与制度变迁之间的相互关系已成为新制度经济学的重要研究内容。在青木昌彦的 COASE 制度变迁机制框架中（见图 10-1），当制度所处的环境发生巨大变化，或是技术条件、开放环境等导致参与者可选择集出现外生性的变化，现有制度就将遭遇外生冲击。而在给定某种制度环境中，参与者不断重复博弈的累积性后果也将造成参与者不同的利益分化，或是参与者行为变化或能力变化积累到一定程度，从而导致参与者的激励和期望也将遭遇内生的冲击。如果这些冲击未能导致制度的调整，许多参与人就将自行修改策略集，制度的共同信念逐渐遭遇挑战，就出现了制度危机。为了克服这种制度危机，制度设计者就要通过各种方式提供未来博弈规则的新信息，激活一些新的策略集，并展示这些新的策略集将更好地满足参与者利益要求，参与者才会参与到制度变革中来，新的制度和相应主观博弈模型才能顺利地演进。

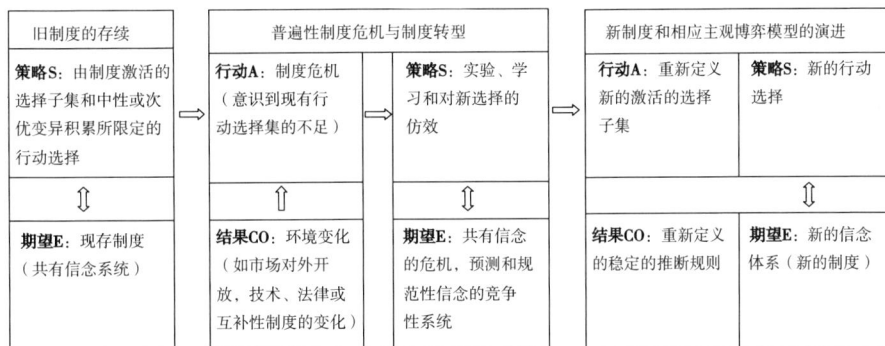

旧制度的存续	普遍性制度危机与制度转型		新制度和相应主观博弈模型的演进	
策略S：由制度激活的选择子集和中性或次优变异积累所限定的行动选择	**行动A**：制度危机（意识到现有行动选择集的不足）	**策略S**：实验、学习和对新选择的仿效	**行动A**：重新定义新的激活的选择子集	**策略S**：新的行动选择
⇕	⇕	⇕	⇕	⇕
期望E：现存制度（共有信念系统）	**结果CO**：环境变化（如市场对外开放，技术、法律或互补性制度的变化）	**期望E**：共有信念的危机，预测和规范性信念的竞争性系统	**结果CO**：重新定义的稳定的推断规则	**期望E**：新的信念体系（新的制度）

图 10-1　制度变迁的 COASE 分析框架

注：笔者根据 Aoki, Masahiko, *Towards a Comparative Instiutional Analysis*（Cambridge, Massachusetts: The MIT Press, 2001, p.242）图 9.2 编译修订。

二、制度目标的确定

制度设计和制度研究的第一步是确定制度的目标。在新古典经济学的假定下，居民作为个体具有效用最大化的目标，企业组织往往有直接的制度目标，那就是利润最大化，这两个目标特别是居民效用最大化的目标往往是新古典经济学用以评价制度绩效的福利指标，即在居民个体效用最大化和厂商利润最大化的基础上引入帕累托最优准则和其他一系列假定，从而得出瓦尔拉斯均衡配置条件下的福利经济学原理。此后的新古典经济学逐步放松各种假定，考虑各种市场失灵的情景，探讨了微观市场干预的合理性，从而逐步引进了制度的作用。在这种新古典的设定下，政府被视为全能的社会计划者，从而探讨在这种福利标准下的各种制度和政策设定问题。新制度经济学则进一步引入交易成本等概念，深入探讨各种制度的规则差异及其对政策目标影响，但新制度经济学中仍然以制度目标为给定。

设定何种制度目标是制度研究的一个重要但并未得到足够重视的问题。在新古典经济学和新制度经济学中，经济机制的目标函数往往被假定为某种理想的结果。赫维茨和瑞特（Hurwicz 和 Reiter，2006）在博弈论和机制设计的框架中探讨了社会政策目标函数的要求，提出如果这个目标函数即理想的结果能在这个给定的环境下与博弈的纳什均衡或其他均衡一致，那么就可以认为这个既定的目标函数能够在这个博弈中实施。但是，目标函数与博弈均衡只有在信息都能观测的条件下才能保持一致，而这一条件在很多情况下并不能满足，从而使得制度目标偏离理想的目标函数。因此，设定正确的制度目标，是设计制度机制从而形塑激励和引导参与者行为的第一步。

就本章所探讨的宏观政策问题而言，公共选择理论和社会选择理论深入探讨了设定制度目标或社会选择函数问题的困难。由于效用不能人际比较的通行法则和帕累托最优准则大幅限制了新古典经济学中社会选择函数的选择范围，信息不对称和公共政策议题的多维度又通过阿罗不可能定理而否决了在一般条件下社会选择函数的存在性。此外，由于现实中的经济人并不完全符合理性人的假设，现实环境也不符合完全信息的假设，因此博弈的纳什均衡求解也变得困难，制度设计者要找到具有操作性且与纳什均衡一致的政策目标函数就更加困难。

三、实现制度目标的国家能力

当设定制度目标之后，国家（the state）作为制度设计的主体，实施制度、引导参与者实现制度目标则成为制度绩效的关键。国家运用各种资源实现政策目标的能力则被称为国家能力（state capacity）。一般认为，国家能力包括财政能力，即征收财政资源以保证自身运转的能力；法治能力，即以法律制度保证法治和创新的能力。汉森和辛格曼（Hanson和Sigman，2019）则将治理能力区分为三类，即抽取能力（extraction capacity）、威慑能力（coercive capacity）和行政能力（administrative capacity）。抽取能力即从经济中获得财政收入以支持自身运转和国家目标的能力，可用财政或税收占GDP的比重来衡量；威慑能力即组织军事安全力量以维持治安和政权稳定的能力，可用军事、准军事和警察力量的人数或支出来衡量；行政能力即对国家和社会的行政管理能力，一般采用国家统计数据的精准程度、收入税占财政收入的比重等来衡量。贝克里和克里斯蒂娜（Berwick和Christia，2018）对后两种能力进行了扩展：将威慑能力扩展为协调能力，即协调组织国家参与者（state agents）进行集体行动，这就需要处理官僚体系内部和官僚体系与居民之间的关系；将行政能力扩展为遵从能力，即国家领导遵从自己目标的能力，具体说来，就是包括选拔、激励和监督官僚阶层以达到国家目标的能力。

国家能力不仅对制度目标的实现至关重要，而且也会影响所有参与者的行为。国家或政府作为公共制度的设计者，同时也是制度的参与者，要维持或提升国家能力，就必须根据现有的经济社会条件设计适当的制度，引导其他参与者的预期和行为，在参与约束和激励相容的条件下，通过追求自身利益最大化来实现国家制度目标，从而实现国家设计制度博弈的纳什均衡。在此过程中，随着其他参与者的利益变化，国家能力也能得到进一步强化，这才是国家进一步推进制度绩效实现国家政策目标的良性循环。

四、制度变迁过程中的制度韧性

制度韧性本来是工科用来分析工程系统对外生干扰能否恢复系统稳定性的探讨，后被广泛引进至生态学和社会科学中。斯坦伯格（Steinberg，2009）进一步明确提出，一种制度如果能在外部条件不断变化的同时仍然保持其有效性则这种制度就被称为有韧性的，这种有效性是指这种制度仍然能履行其建立者所设想的核心职责。一种制度安排只要能继续履行这项职责，即便他的具体规则、组成部分、战略方针都随着时间发生变化，仍能被称为具有韧性的。伯克斯、科尔丁和福克（Berkes，Colding 和 Folke，2002）将制度韧性的内容定义为三个特征：一是在相同的吸引力范围内，系统可以经历并保持对功能和结构的相同控制，或仍处于相同状态的变化量；二是系统能够自我组织的程度；三是建立和提高学习和适应能力的能力。福克等（Folke 等，2010）将这三种特征定义为持续性（persistence）、适应能力（adaptive capacity）和可转型性（transformability）。

制度韧性与制度耐久性密切相关。制度耐久性来自制度作为一系列信念集合的特征，制度与参与人所具有的物质和人力资产构成互相强化的反馈机制，特别是许多从维持现状中获益的参与人会试图延长制度的维持时间，基于上述因素，制度变革往往表现为系统性的突变，而非连续平滑的缓慢变化（Aoki，2001）。因此，不同制度之间的韧性差别就表现为制度通过自身变革，在维持制度目标不变的条件下，为了更好地适应外部环境的变化及其对参与者的影响，通过重塑制度规定的参与者策略可选择集，引导参与者选择符合政策目标的具有可操作性的博弈均衡解，形成新的信念和期望，才算是符合了制度韧性所要求的持续性、适应能力和可转型性。具体来说，持续性要求根本性的制度目标应当保持稳定且具有足够的可操作性，适应能力要求制度对参与者的行动集限制应当适应环境、技术和参与者的行为特征，可转型性要求制度变革后通过行动集的修正使所有参与者能够产生新的共同信念。只有这样，我们才可以说这个制度实现了从一个纳什均衡转移到一个新的纳什均衡，而这个制度的目标并没有发生变化。

第二节 中国工业化阶段的制度韧性

虽然工业化在中国可以追溯到洋务运动，但中国经济真正意义上的工业化阶段从 1949 年以来才真正开始（金碚，2014）。1949 年新中国成立后，工业化阶段就开始全面且持续地发展起来。中国的工业化进程表现出在坚持制度目标根本不变的条件下，对制度体系根据现实状况进行了调整，使得制度体系所反映的博弈结构从原有的社会计划者最优均衡解逐渐过渡到建立分散式的市场经济均衡解，显示出了中国的制度韧性。

一、中国经济社会发展的制度目标

中国经济社会所构成的经济社会生态系统是一个经历过长期状态调整变迁的演化体系，也是存在于世界政治经济秩序中的开放生态体系。1840年以来，中国经济相对封闭的体系被打破，中国经济社会受到西方主导的全球化体系的挑战，遭遇了五千年未有之大变局。无数仁人志士为了实现国家富强民族复兴的目标，付出了艰辛的努力。中国共产党带领全国人民实现了新民主主义革命的胜利，建立了新中国，使得中国经济社会生态进入了独立自主的新阶段。我们将以新中国的成立为起点进行讨论，因为有了民主革命的胜利才有了"为人民服务"的政治家加强国家能力制定国家目标建设社会主义制度的可能。

新中国成立伊始，就将工业化作为中国经济发展的主要目标，通过发展生产繁荣经济以实现国富民强这个根本目标。《中国人民政治协商会议共同纲领》明确提出了新中国的国家目标，那就是"为中国的独立、民主、和平、统一和富强而奋斗"。虽然新中国成立后前三十年中国经济社会发展经历了曲折的探索和波折，但这一主要国家目标并没有发生根本性改变，中国的工业化进程仍在不断发展，即便是在"文化大革命"十年间，我国工业交通、基本建设和科学技术方面仍然取得了一批重要成就，其中包括一些新铁路和南京长江大桥的建成，一些技术先进的大型企业的投产，等等。前三十年计划经济阶段的积累和快速工业化，使我国逐步建立了独立的比较完整的工业体系和国民经济体系。党的十一届三中全会以来，国家在坚持制度目标的前提下，对经济发展模式和组织方式进行了调整，通过改革开放激活了新的参与人策略集，更好地顺应了新形势，从而在三十年积累的基础上实现了更好的发展，充分展示了中国的制度韧性。

二、格申克龙式的工业化

为了实现国家富强的根本目标，共同纲领还规定了当时阶段性的目标，在经济方面就是要"稳步地变农业国为工业国"。至此，实现工业化就成为中国至关重要的阶段性国家目标。中国作为后发国家，其实现工业化也必须遵循格申克龙（2009）所列举的六条事实，而这六条事实就构成了中国工业化系列场景中的自然属性和社会属性。许多人将格申克龙的六条事实理解为后发优势，其实深入探讨可以发现，这些事实所列举的环境特征，隐含的是后发国家更加不利的环境特征，更可能表现为后发劣势，试探讨如下。

（一）一个国家的经济越是落后，其工业化的起步就往往越缺乏连续性，从而呈现出一种由制造业的高速成长所致的井喷式突然启动

之所以后发国家呈现出井喷式的启动，可能是因为只有井喷式启动才能打破因为更大技术差距所导致的困难。在英美国家早期工业化的过程中，由于后发国家距离技术前沿并不太远，技术差距不是太大，制造工艺不太复杂，因此后发国家的工业化难度不是太大。而随着蒸汽机革命、电力革命、福特制流水线生产等技术革命出现后，后发国家的工业化难度就大幅提升，各生产部门之间交互的中间品投入成为重要的生产特征，从而形成一个"大推动"的机制。如果没有所有行业同时发展，工业化不可能出现，而市场并不存在提供"大推动"的机制，所以工业起步的过程中，需要政府扮演重要的角色。

（二）一个国家的经济越是落后，在其工业化的过程中就越强调要重视工厂与企业的大规模

在这种条件下，由于需要对能源、中间品、基础设施等大量生产投入进行协调，才能满足"大推动"的要求，因此后发国家光靠小企业是不可能快速实现工业化的，大企业的出现才能迅速满足快速工业化的要求。如果本地企业不出现大企业来满足快速工业化的需求，那么就会给外国企业机会，以更高的技术和更低的成本挤压本国幼稚产业的发展空间。东南亚、非洲和拉美有非常多的案例可以证明这一点。

（三）一个国家的经济越是落后，就越强调生产者物品而不是消费品的重要性

换言之，一个国家的经济越是落后，就越强调生产资料而非消费资料的生产。

由于技术进步，后发国家的工业化日益需要借助大量机器，因此，生产这些机器设备及中间品的重工业成为发展中国家工业化的主要瓶颈。在资源有限的条件下，发展中国家不得不侧重于发展重工业提供发展工业所需的机器和中间品。所以，在后发国家范围内，并不存在重工业并未达到足够发展基础的条件下，光靠轻工业就能实现发展的案例。

（四）一个国家的经济越是落后，对人民消费水平的压制就越严重

虽然提高人民消费水平是经济发展的最终目的，但在相当长一段时期内必须要牺牲消费才能有所积累，才能在未来提供更高的消费水平。后发国家可能不存在不勒紧裤腰带过苦日子就能实现发展水平提升的可行路径，积累与消费是互相矛盾的，所以必须通过积累人均资本才能通

过生产函数实现更高的人均收入。

（五）一个国家的经济越是落后，其工业所需资本的筹集越集权化和带有强制性

用格申克龙的表述来说，"一个国家的经济越是落后，由旨在增加新生的工业部门的资本供给（此外，还为它们提供更少分权化的以及具有更丰富信息量的企业指导）的特殊的制度因素所发挥的作用就越大。一国的经济越落后，就越是宣称这些因素的强制性与综合性"。

为了尽快实现工业化，促成"大推动"的实现，后发国家不得不依靠财政和金融手段进行强制储蓄来迅速筹集快速工业化发展所需的资金。这是因为在后发国家，由于产业瓶颈的存在，投资机会及其回报率非常明确，几乎没有市场风险，因此后发国家依靠强制储蓄实现资本积累，或者通过银行来汇聚资金并进行集中投放，是能够比较有效地满足资金需求的方案。而在已处于技术前沿的发达国家，由于技术创新的不确定性导致的投资风险，必须依靠资本市场（直接金融）的发展来分散风险。

（六）一个国家的经济越是落后，其工业化中农业的发展就越抑制，发展就会相对缓慢

用格申克龙的表述来说，"一个国家的经济越是落后，其农业就越不可能通过向日益增长的工业提供一种扩张的工业品市场（这种市场反过来要以农业劳动生产力的提高为基础）所带来的好处来发挥任何积极的作用"。

由于后发国家大都是从农业国家起步实现工业化，农业人口占总人口的大多数，因此为了尽快实现工业化，后发国家不得不通过压制农业实现资金积累。如果不借助贸易等手段提供巨大的市场，就只能通过压

低农业向工业部门输送的农产品价格、抬高工业部门向农业部门输送的工业品价格以获取工业发展的资金。如果不是这样，一个相对封闭的发展中国家如果不压制农业的发展，要实现高速增长的难度就更大。

上述事实都是格申克龙对于除英国、荷兰等最早实现资本主义发展的先发国家之外的后发经济体工业化过程的描述，其观测的对象包括1881—1913 年的意大利、1878—1939 年的俄罗斯 / 苏联、1878—1939年的保加利亚等国家，以及德国和美国等。由于该书出版于 1961 年，当时东亚的日本仍未完全从战败中实现经济恢复，韩国的汉江奇迹还没有开始，东亚模式尚未成形，但我们今天很容易看出，以日本、韩国和中国为代表的东亚模式都很好地契合了格申克龙事实。

三、工业化阶段中国制度韧性的表现

按照通常的中国经济史叙事方式，新中国的经济发展显然以 1978年党的十一届三中全会的召开分为计划经济和改革开放两个阶段，从经济学角度来看，这两个阶段确实存在较大的经济发展规则的差异，但从制度结构和制度演变的视角我们可以看出，这两个阶段呈现出一脉相承的制度特征，改革开放前后都以突破工业化时期的后发劣势为阶段性目标，并根据环境和参与者状态调整了激活的行为集合，从而使得我国的制度体系经受住了外生的环境冲击和内生的结构变化的考验。

例如，为了突破"大推动"对大规模资本和技术投资的瓶颈，改革开放前后我国先后于 20 世纪 50 年代初、70 年代初和 1978 年三次大规模向苏联和欧美大举引进先进技术：50 年代初的"156 项工程"、70 年代初的"43 方案"和 1978 年的"78 计划"，引进了大量国外先进技术设备（陈东林，2006），为中国工业化发展提供了重要的资金和技术"大

推动"。在新中国成立初期，第一代领导人设法引进了苏联技术援助，迅速为中国的工业化提供了必要的"大推动"，通过组建大型国有企业，打下了主要的重工业基础，在第一个五年计划就建立了比较完备的工业体系。"43方案"促进了中国与欧美的经贸往来，在中苏交恶的情况下降低了对苏联的技术依赖，促进了我国冶金、化肥、石化行业的技术升级和产业发展，为改革开放打下了基础。"78计划"引进了大量大电站、大工厂和成套设备，成为改革开放的第一波"大推动"的来源。

为了实现快速工业化这一阶段性目标，在基础极为薄弱的新中国成立初期，我国迅速认识到必须充分利用所有物资和人力资源，从而仿照苏联模式建立了全面的计划经济体系。在这个体系中，通过统一计划、兴修水利、加大化肥农药投入等提升农业的劳动生产率，通过统购统销和工农业"剪刀差"实现压制农业以获取发展工业化资金，通过生活物资计划配给制和强制储蓄压制消费和积累发展资金，通过国有企业和指令计划实现资金的集中充分利用。在这些措施的作用下，三十年的经济建设打下了较为完备的工业体系基础。随后在改革开放阶段，由于我国采用的是渐进式改革模式，上述制度规则并没有完全消失，而是逐渐被市场化规则所替代。

在早期物资严重匮乏时期，所有参与者的禀赋、能力和期望都高度统一，那就是集中力量发展国民经济，因此采用计划经济体系是充分利用物资和人力资源减少协调和交易成本的制度安排，是为了突破后发劣势所不得不采用的规则设定。随着工业化的不断提升，国内生产能力不断提升，计划经济就逐渐过渡到市场经济，改革开放逐渐激活更多领域的市场交易，其他经济参与者的行动选择集不断增加，市场参与主体发挥作用的领域不断增加，使得经济发展不断得到推进，经济制度表现出鲜明的持续性、适应能力和可转型性。

在此过程中，制度也是比较符合参与者的预期和信念的。新的社会主义制度建立伊始，就迅速实现了社会经济的发展，第一个五年计划取得了令人瞩目的成就，经济社会面貌焕然一新。基础设施建设、工业化项目都取得了重要进展，人们都感受到了新制度蕴含的力量，从而以巨大的热情参与生产建设。在广大农村，通过以"赤脚医生"为代表的公共卫生体系建设、以乡村学校为代表的普及教育政策快速提升了居民的身体素质和人力资本，从而为后续经济发展打下了坚实的基础。而后，由于社会情境的变化，过于侧重发展重工业和压制消费使得居民福利水平难以提升。改革开放放松了计划经济体系下对农业的征购力度，解散了过于束缚劳动力流动与劳动积极性的人民公社—生产队体制，以增量改革的形式逐渐建立了竞争性市场，使得经济活力迅速上升。

我国经济的制度韧性在改革开放后也有突出表现。在汇率并轨的基础上，特别是加入世界贸易组织之后，中国经济情境逐渐从供给不足的短缺经济转向供给旺盛、买方市场主导的物质繁荣，中国前期积累的高素质劳动力和不断流入的资本相结合，迅速通过"干中学"机制从外资那里学到了市场经济的组织、经营管理和应用技术，并以更高的劳动生产率和更低的人工成本赢得了世界市场，成为世界工厂，从而快速将农业人口吸引到城市实现城镇化。巨大的海外市场盈余进入企业，为企业提供了产业升级和技术研发的重要支柱，进而推动了工业部门的资本深化和技术进步，使得中国经济快速成长为工业主导的经济，从农业国向工业国的转变基本完成。

在新中国成立之后的七十多年间，我们经历过多次重大的经济社会挑战。在应对每一次挑战过程中，中国的社会经济制度都经受住了考验，通过调整政治经济运行规则，改革社会经济制度，调整对科层体系和居民的激励机制，保证了社会经济状态仍然在可控状态范围内，在经受外生冲击后也能迅速调整回到最优值，国家政策也基本没有偏离主要的经济建设目标。特别是在改革开放以来，由于明确以经济建设为中心，坚持改革开放，中国社会经济体制经受住了东欧剧变、东南亚金融危机、国际金融危机等重大考验，完成了从计划经济向市场经济过渡的各项改革，经济长期持续增长，GDP 稳定快速上升，人民生活水平和综合国力不断提高。

在上述过程中，中国经济结构发生了翻天覆地的变化，从一个落后的、依赖以小农手工业为主的农业经济体迅速成长为具有国际领先地位的、先进工业主导的经济体，就业结构从以原有的传统小农经济的家庭劳动为主迅速转变为以现代工业和现代服务业的企业雇佣为主，城镇化水平从 1949 年的 10% 左右迅速提高到 2019 年的 60% 左右。经济参与者的禀赋、能力、信息、位置、偏好和所拥有的财富和人力资本也发生了巨大的变化。在传统的计划经济体制中，所有个体都是计划当局设计的生产机器上的一个生产单位，国家体系与个人之间的关系主要是要求个人按照国家目标完成既定任务，而在改革开放之后，国家体系与个人之间的关系就变成国家通过货币政策、财政政策、产业政策和区域政策等引导个人通过个人意志、供需匹配、市场调节以满足个人的效用最大化、利润最大化需要的同时实现个体目标，在此过程中政治家还需要充分调动具有科层制结构的地方政府和不同部门（"条条块块"）的激励问题，使他们按照理性化方式在激励相容的框架下采取行动。由于经济发展环境的变化，所有参与者的行动、收益和最终结果都发生了变化。特别是改革开放以来，中央政府通过放权让利和分税制改革，成功用地方财政收入调动起地方政府发展经济的动力，使得地方政府官员千方百计招商引资扩大投资创造就业，使得工业化进程迅速加快，从而在东欧剧变、东南亚金融危机和国际金融危机中都能迅速及时进行调整，牢牢把握住经济建设这个中心，继续深化改革扩大开放，不断推进中西部地区经济发展，很好地满足了居民"日益增长的物质文化的需要"。

第三节　工业化后期的经济社会挑战

在完成农业经济向工业经济转变之后，中国经济逐渐进入工业化后期和后工业化时期，国民收入进入中等收入阶段。从世界各国经济发展历史来看，中等收入阶段的国家都可能面临许多重要挑战，这也是我国经济社会未来即将应对的重要问题。

一、中等收入陷阱

经济学家早就发现，世界上从低收入国家成长为发达国家的案例除了西方早期资本主义国家之外，其他类型的只有寥寥几个东亚经济体：日本、韩国、新加坡和中国香港、中国台湾地区。其余经济体，如拉美国家和东南亚国家，虽然在历史上都曾先后出现过高速增长，但无一例外都因为各种原因出现经济增长停滞，进而衍生出各种社会经济问题，导致社会动荡。学者们大都认为其原因在于这些经济体未能根据发展水平提高而实现增长转型（张德荣，2013；郑秉文，2011；蔡昉，2013）。"中等收入陷阱"可能的原因及其机制可简述如下。

（一）增长减速

增长减速是"中等收入陷阱"的首要表现。以拉美国家、东南亚国家为代表的典型"中等收入陷阱"经济体虽然人均 GDP 已经突破了 2

万美元大关，但经济增长率长期保持较低水平。这使得这些国家成长为发达国家变得难以实现。更重要的是，这种增长减速在原来长期保持高速增长的东亚国家也有出现，这些国家经历数十年的高速经济增长后也快速出现经济增速放缓（Eichengreen，Park 和 Shin，2013）。这种经济增速放缓在部分国家更加显著，那些国家往往劳动力受教育程度相对较低，科技产品出口比重更低，因此增长减速的主要原因是这些国家无法实现技术升级，当资本存量的差距因赶超阶段结束而消失（龚刚等，2017），仅依靠创新和全要素生产率的提升将不可避免地降低经济增长率。

经济增长率的下降将带来一系列问题，首先是未来经济增长一部分即资本收益的折现、资本回报率和资产价格将迎来一轮调整。原有的建立在工业化阶段高速增长基础上的预期资本回报和资产价格将不可避免地面临重新调整，从而带来实体经济和金融部门的进一步冲击。未能有效应对这种增长减速造成的系列问题，是许多"中等收入陷阱"国家的主要问题。

（二）收入分配恶化

当经济进入中等收入阶段以后，经过多年的经济增长，居民的财富因为积累而不断增加，财富收益的累积效应会拉开经济收入的差距。根据库兹涅茨收入分配的倒"U"形曲线，在赶超阶段，居民的收入差距可能会促进经济增长，但在经济进入中等收入阶段以后，如果不对收入分配进行适当干预，采取积极的社会保障制度改革，在经济增长率下降时必然会因为居民收入分配恶化带来一系列严重的问题。例如收入分配可能造成企业家的创新不足，造成自主创新能力的下降（程文和张建华，2018）。更为可怕的是，这种收入分配的恶化，将造成更为严重的社会问题。这是拉美和东南亚许多中等收入国家政治经济高度不稳定的经济原因。

就全世界范围而言，只有日本和韩国等东亚经济体成功跨越了"中等收入陷阱"。东亚经济体的一个重要成功经验是"雁行模式"，即日本、韩国等东亚国家的产业结构遵循一种阶梯式的产业结构升级路径。但这种"雁行模式"是否对跨越"中等收入陷阱"有重要影响，仍有待学者的进一步研究。

（三）经济去工业化

经济去工业化和服务业化是经济增长的必然，所有的发达国家都是以服务业为主导的国家。但是，许多中等收入阶段的发展中国家过早服务业化，经济就会遭遇很多问题。这是因为，许多发展中国家的过早服务业化所形成的服务业大都是落后的传统服务业，不具有规模经济优势，从而其劳动生产率要远低于工业，经济服务业化的后果就是经济的全要素生产率进一步下降，拖累经济增长绩效（袁富华，2012）。经济服务业化还会造成就业的非正规化，因为大规模工厂就业逐步被小型服务业企业提供的岗位替代，就业零工化、非正规化的比重不断加大，使得劳动者就业与收入风险加大，收入分配进一步恶化。

二、经济社会转型的挑战

中国经济社会正在面临重要的转型，这些转型也将意味着未来的重要挑战，这些挑战包括以下几点。

（一）全球化及其波折

自加入世界贸易组织以来，中国成为名副其实的世界工厂，向世界提供了大量物美价廉的商品。经过多年的开放和融合，中国从国际贸易中不断提升增加值率和推进产业升级，逐渐开始从输出商品转型为输出资本、技术和金融投资，通过"一带一路"倡议、中非合作等国际合作构建服务中国生产和消费的价值链，取得了突出进展。可以预计，随着中国资本存量的提升和资本回报率的回落，随着中国技术的对外输出和对外投资的增长，随着中国金融开放的深化和人民币的国际化，中国经济的全球化程度将不断提升。

全球化带给中国的不只有机遇，也有较为突出的挑战。发达国家陷入长期增长停滞，民粹主义和逆全球化思潮抬头，将给中国经济的全球化带来较大不确定性。特别是特朗普上台以来对中国采取的贸易战，在未来可能还将进一步发展深化。但对于中国而言，全球化不仅是顺应世界潮流，也是中国国内经济发展的需要。全球化还意味着中国经济将面临更大的全球风险，意味着全球金融危机、全球流行病、全球政治经济变局等都将对中国经济社会发展产生更大的影响。

（二）城镇化

随着就业的去农业化和后期的去工业化，人口的城镇化将成为重要的社会经济转型。城镇化会带来居民生活的巨大变化，从原来的依靠土地谋生、依靠各种自然资源为生、依靠村庄熟人社会生活的生活方式，迅速转变为依靠市场、依靠政府提供的基础设施、依靠正式社会组织和现代社会交往来谋生的方式，这使得居民将会期待政府承担更多的公共服务责任、提供更多公共品和公共基础设施建设的功能，这也使得社会人群的交往、社会治理的方式等都将发生较大的变化。

（三）生育率降低和人口老龄化

随着社会经济的发展，人口也将迅速发生结构性变化。随着生活水平的提高和医疗条件的改善，人口死亡率将大幅下降，居民预期寿命将大幅提高。接下来，随着居民对个人效用水平的重视和对子女教育质量的关注，养育子女的数量也会大幅减少，特别是因为社会保障体系的发展，家庭作为风险保障的功能逐渐弱化，少生、不生甚至不婚家庭数量不断增多，使得人口年龄结构逐渐老化，我国将进入老龄化时代。

由于老年人口的储蓄率低、对风险的耐受能力较低，因此老龄社会往往意味着更低的储蓄率、更低的投资活动、更低的创新，要求国家提供更加完善和更高的社会保障体系。随着福利支出的刚性化和经济活动的低迷，老龄化社会在外生冲击条件下会面临更加紧张的财政金融问题。

（四）养老金危机

老龄化危机很自然地就会引发养老金危机。现收现付制的养老金取决于缴费人口，随着人口老龄化，养老金的支付压力就必然越来越大，养老保险体系就只能采取推迟养老金领取年龄和降低养老金待遇来应对。但这两种方法显然会降低老年人的福利水平，因此许多国家争相把现收现付制养老金改为基金积累制。改为基金积累制其实并不能解决老年人养老金不足的问题，因为基金积累制的养老待遇水平取决于本金和投资水平，而后往往根据一个固定的年限发放待遇，发完为止，因此只是将人口老龄化造成的聚合长寿风险从养老金体系转移给老年人个体。更为重要的是，这种风险转移还将更加脆弱的居民个体暴露在金融风险之下，而发展中国家的金融部门投资收益率往往受到各种因素的冲击，其市场稳定程度和风险管理能力远不如发达国家。因此发展中国家往往会出现较为严重的养老金危机，如曾经以养老金改革大幅提升效率而在国际上享有盛誉的智利，最终不得不又改回了改革之前，智利老年人因为养老基金公司投资失败而遭受巨大的资产损失。

三、经济与金融危机

随着经济的去工业化和增速减缓，经济与金融危机的出现也可能使得工业化后期经济体出现经济和金融危机，从而使得经济发展成果功亏一篑。后工业化阶段出现经济金融危机的重要原因是工业化向服务业化转型过程中出现的银行危机、金融市场危机，以及由此衍生出的国际收支平衡危机。莱因哈特与罗格夫（2012）整理了五百年来历史上的各种金融危机，发现中等收入国家面临比发达国家更大的金融危机风险。由于经济体量和时代特征，第二次世界大战以后的大型中等收入国家主要面临如下类型的金融危机。

（一）主权债务危机

中等收入国家的主权债务问题非常突出。这是因为中等收入国家往往需要参与金融全球化，但由于国内经济发展水平尚未达到新古典经济增长理论所指的稳态水平，经济增长速度相对发达国家而言往往会更高，其方差也会越大，因此这些国家的经济增长面临的风险也就越大，基于国内经济基本面及其波动的主权债务在国际主权债务市场上的定价会有更大的波动。在一些外生或内生因素的作用下，这些波动就可能引发中等收入国家的主权债务危机，20世纪80年代的拉美债务危机，2008年之后肆虐希腊、塞浦路斯等国多年的债务危机，都是这种类型的债务危机。

（二）国内债务危机

国内债务危机主要是政府债务和企业债务所带来的影响。从全世界范围来看，包括发达国家在内的世界许多国家的债务杠杆率不断上升，从而引爆国内债务危机。特别是由于城镇化和人口老龄化将带来福利支出的刚性难以调整，而社会保障缴费收入和财政收入往往受到人口老龄化和经济增长活动的下滑而可能出现趋势性下降。因此在经济出现负的外部冲击时，财政收入难以覆盖必要的支出，就会导致一系列经济变量出现问题，进而引发较为严重的债务危机。当政府部门面临的债务达到一定程度，政府就可能通过通货膨胀超发货币的形式把债务危机转化为通货膨胀危机。

（三）国际收支危机

国际收支危机的主要原因是不可能实现三角机制，即不可能同时实现独立的货币政策、资本的自由流动和固定汇率。对于收入较低的发展中国家而言，一般实行的都是固定汇率和资本管制加上相对独立的货币政策，这种机制能够较好地维持国内经济增长。但随着经济发展水平的提升，这些国家往往就必须更加重视金融部门，更加注重将积累下来的居民资产特别是养老金资产等投入到金融市场中，从而就会逐渐整合到金融全球化中去，因而就会逐渐放宽对资本自由流动和固定汇率的管制。因此，国际收支就会经历一次典型的机制转换，在此过程中遭遇一些外生冲击就会引发发展中国家的国际收支危机。

（四）银行危机

银行危机是中等收入国家和发达国家都可能出现的金融危机。这种金融危机的产生大都是金融创新所导致的金融风险失控带来的。金融机构为了追求更高的利润和效率，往往会开展大量金融创新活动，这些金融创新能够在一定程度上解决金融机构内部风险管理和金融市场上高风险融资等问题，但也会因为金融监管的不足和金融市场上部分参与者的

非理性行为而造成各种各样的泡沫，最后这种危机往往会因为居民部门
难以承受更高的杠杆而破灭，从而造成银行部门的危机。

第四节　制度韧性要求包容性发展

制度韧性即在社会环境发生变化的条件下，制度规则进行适应性的
调整但仍然保持制度目标的稳定持续。在中国现阶段如何适应经济社会
发展形势和经济参与者主客观形势变化状况，更好地推进实现人民生活
幸福和国家繁荣富强。从上述分析可以看出，现有的制度环境已经发生
了变化，制度目标有了新的表现形式，即中国经济当下的社会矛盾已经
从"人民日益增长的物质文化需要同落后的社会生产之间的矛盾"转变
为"人民日益增长的美好生活需要和不平衡不充分的发展之间的矛盾"。
因此，为了克服工业化后期的经济社会挑战，中国经济应当实现包容性
发展。

一、社会发展条件与环境更加开放多元

（一）服务业化意味着多元化

据世界银行世界发展指标（WDI）数据，中国的人均 GDP 从 1960
年的 191 美元（按 2010 年不变美元价格计算）增长到 1978 年的 307 美元，
而后在改革开放以来迅速增长到 2018 年的 7752 美元。中国的 GDP 总
额已成为世界第二，社会生产的落后状况已经得到根本性的改观。

由于物质短缺、生产力水平落后的状态已经结束，此前围绕物质生
产的规则就要作出相应调整，围绕激励物质生产的制度规则就要转换为

满足美好生活的需要的制度规则。从美好生活的角度来看，根据广义恩格尔法则，随着收入水平的提升，居民在物质商品消费的支出比例将逐渐下降，而服务品的消费比重将不断上升。物质生产力水平提升的结果就意味着要发展现代服务业，发展科教文卫等有助于带来美好生活的行业。但是很容易看出，与大规模工业相比，现代服务业生产呈现出小型化、精细化、个性化的特征，传统的大规模工业生产供给模式并不适用于现代服务业。在现代科技的帮助下，服务品的不易运输贮藏和不具有规模优势的劣势已经逐渐被解决，现代服务品能够更好地满足消费者的需要，因此物质生产力水平的提高必然要求现代服务业的快速发展。

（二）全球化意味着全方位开放

随着多年的改革开放，中国经济已经成为经济全球化中的重要一环，中国成为在目前发达国家兴起的反全球化浪潮不断涌动的背景下坚持国际贸易和全球整合的重要力量。在中国成为世界上大多数国家的贸易伙伴国，中国经济已经通过"一带一路"和中非合作等国际合作机制，向欧洲和东南亚、中亚及拉美进行大规模的对外投资，人民币国际化也取得显著进展。这些事实都表明中国经济已经逐渐成为一个全面开放的全球经济，中国制度设计必须在开放的环境中进行。这意味着制度设计也必须考虑国际参与者和国际市场的作用和影响，从而许多新的行动集可以激活，而很多过去可以采用的封闭条件下的选择变得不再可行。

二、参与者变得日益多元化

（一）行动者变得更加异质化

经过了七十多年的经济社会发展，中国的民众变得更加多元，从而使得预测行动者如何行动变得更加困难。从社会结构来看，居民从原有的农民、工人和干部的简单划分，已经变成了不同行业和职业的劳动者、投资者和消费者，居民的类型划分和统计变得越来越复杂。具体说来，居民的偏好变得更加多元化，并且这种多元化的趋势仍然在不断深化，要加总和预测变得更加困难。从信息处理能力来看，由于社会生产率的极大提升和分工的进一步细化，居民的信息处理能力变得日益重要，而随着互联网和移动互联网的普及发展，信息爆炸让居民的信息处理能力出现巨大差异，媒体操纵、社交媒体、大数据算法进一步强化了有限理性的影响。个人的选择标准差异和所拥有的资源分化强化了个人的选择行为的异质性，从而要解释参与者在特定情境中的行为选择变得日益困难。

在这一背景下，以往的自上而下的社会管理机制变得更加困难，激励和引导也变得更有挑战性。"对美好生活的向往"本身就更加强调主观的幸福感、安全感、获得感，以及居民对社会事务的参与热情和对自主性的推崇迅速高涨。这意味着居民在经济和社会事务中有了越来越高的兴趣，自上而下的社会管理日益转变成上下联动的社会治理。

（二）参与者相互影响变得更为重要

随着新型城镇化的深化发展，中国社会结构已经基本转型为以城镇为主的社会结构了。计划经济时代的单位制及其之上的人际关系也已经被大量分散的各种高度异质性的经济组织所代替，而且雇主机构不再扮演社会管理职能，只提供岗位并承担一定的社会保障责任（缴纳社会保险），社会管理职能全部归口到政府机构，社区的功能得到强化。通过这种方式，以基层管理为标志的国家能力得到进一步加强。从区域来看，原有的以不同行政区管理组织经济活动的方式，也逐渐改为以经济中心辐射周边地区的中心—外围模式，以中心城市协调组织产业、物流、金融、就业等活动逐渐成为新的区域经济关系。

社群属性的变化，使得国家、社会和个人之间的关系发生了重要变化。居民养老和应对各种风险不再依赖家庭，而更多地依赖社会福利和保障体系。国家也不再直接通过计划来组织企业和个人实现国家目标，而是要通过制度规则设定和激励机制设计来引导企业和个人参与国家目标的实现过程。在此过程中，中央政府需要调动地方政府的积极性，根据经济规律引导各种资源向更符合国家目标的领域流动。

（三）行动情境更加复杂

后工业化时期的行动情境面临许多经济社会挑战，因此参与者特别是希望实现国家目标的政治家必须认真进行分析研究，处理好每个情境中的挑战。根据上一节的讨论，后工业阶段的经济增长情境将更多强调技术研发、收入分配、现代服务业的发展，而这些行业的发展需要个人和企业发挥更多主观能动性，根据市场需求进行各种主动创新，这对于个人、企业和国家都有更高的信息获取能力和信息处理要求。由于市场主体的异质性和不确定性增强，赶超阶段结束后市场风险开始增大，政府主导的经济发展模式面临突出的风险过于集中的问题，因此投资和许多市场行为的主体就应当逐渐转向个人和私营经济主体，以便分散风险。

后工业阶段的经济社会转型还将带来城镇化、人口结构变迁和养老金危机等情境，在这些情境中家庭和传统家族的作用都将逐渐淡化，居民对社会保障和福利体系将更加依赖。从世界范围来看，社会保障体系主要有以美国为代表的自由竞争市场模式、以北欧为代表的福利国家模式以及其他位于这两种模式之间的各种混合模式。不同的制度规则将带来不同的潜在结果，也会给其他宏观经济变量带来不同的后果。例如，东亚国家如日本和韩国普遍强调对子女的教育，养育子女的成本非常高，但原有的依靠子女进行医疗和养老风险管理的功能被社会保险制度所替代，从而使得家庭养育子女成为向社会提供纯公共品，因此家庭就减少了子女的数量，使得东亚国家成为世界上生育率最低的地区。因此，中国应当高度重视生育政策、家庭政策和养老保险等经济变量之间的关系，深入了解家庭的决策方式、信息处理方式和收益关系，做好社会与家庭政策的调整，应对经济社会的挑战。

在应对金融危机的情境中，中国应当充分理解金融部门在信息处理能力、风险偏好与承受能力方面对宏观经济的影响，在深入研究跨越"中等收入陷阱"和融入金融全球化的基础上，厘清金融经济服务实体经济和金融创新之间的联系与相互作用，理解金融创新的作用与风险机制，在金融深化和金融全球化的基础上构建现代金融风险监管机制，规避经济金融风险，及时应对各种金融危机的苗头，确保金融发展服务中国经济社会发展的大局和国家目标的实现。

三、后工业社会的资源配置

（一）市场化的资源配置

在后工业化社会，由于参与者在禀赋和偏好等方面的高度异质性，识别经济社会发展瓶颈变量变得日益困难，因此后工业阶段的资源配置模式也将有显著的变化。在工业化阶段，由于国家目标是围绕实现工业化展开的，因此很容易通过计划经济模式进行资源配置，主要的规则都是自上而下由国家颁布要求各级单位和所有个人接受并遵守的，都是围绕国家目标进行制定和细化的。但在后工业社会，由于偏好的多元化、信息的复杂化，就只能采用市场化分散决策的方式进行资源配置。从实现制度目标角度考虑，后工业社会的资源配置的机制设计就应当包含更多互动过程，更高层面的规则制定过程需要更多的互动以达到更多人能够接受并遵守的状态，而较低层面的资源配置方案就需要居民和社会团体更多地依赖协调处理，以兼顾更多人的偏好和社会习惯，从而达到社会治理、分散决策的效果，使得规则能够更加具有适应性、兼容性、活跃性，提高经济社会的活力。通过这种方式，在外生冲击出现时，更有韧性的社会治理规则就能够更好地调动各方积极性，迅速调整行动，尽快回到正常经济状态上来。

（二）面向城市化的资源配置

与工业化阶段的资源主要配置在工业生产领域不同，后工业化阶段的资源配置主要应围绕以要素升级和创新激励为中心（张平、袁富华，2019）。这是因为人口和经济行为的城市化带来巨大的城市基础设施(物质基础设施和社会基础设施）和公共服务的需求，这些需求都具有显著的外部性，是典型的公共产品或公共资源，只有政府才能有效提供。密集的人群造成的人际间的密切交往，也使得贫困、流行病等公共问题具有重要的外部性，个人的信念和期望也很容易通过社会网络在社会上迅速传播，从而从个体效应迅速集聚成社会效应。因此，资源配置更倾向于城市居民和社会发展，是后工业化阶段城市社会的重要特征，也是包容性发展的要义。

第五节 包容性发展的制度要求

许多研究表明，要突破"中等收入陷阱"，应对未来各种风险挑战，最重要的就是要突破"制度高墙"（张军扩、罗雨泽、宋荟柯，2019）。从国家治理角度来看，在后工业社会，国家应充分了解各参与者的分布状态、偏好结构、信息处理、资源分配等状况，完善法治环境，设计并执行符合参与约束和激励相容的政策机制，培育与激励民众与社会主体的参与意识，在实现各参与者目标函数的同时达到制度目标。

一、中国制度目标的调整

由于工业化阶段解决了中国经济长期广泛存在的生产率不足的问题，满足居民物质生活需要的各种商品供给都已经得到很好的解决，但是人民对于美好生活的向往除了物质生活需要之外，还有大量且不断提升的服务需求，因此满足人民对美好生活的向往，为人民提供各种高质量的服务品，是实现国家富强人民幸福的总体制度目标在后工业化阶段的延伸，与之前各个阶段的制度目标一脉相承。

但是，如何满足人民对美好生活的向往，是一个非常复杂的问题。由于多年的发展积累，居民的禀赋、能力、偏好和期望的异质性不断加大，从消费品角度来看，共同的瓶颈性质的消费品供给已经日益难寻，更多的消费品都是个性化的、不断细分的，因此效用函数的不可比较性、投票的阿罗不可能定理、社会福利函数的复杂性都使得国家设定具体的制度目标变得更加困难，制度变迁要求激活新的策略集，调整激励机制、信息流通方式和激励模式，调动所有参与者的积极性，充分发挥我国国家治理能力强的优势，构建适应后工业发展阶段的发展模式。

根据后工业化阶段的现实情况，我国需要以包容性发展的思路推进深化改革。从发展的角度来看，居民物质和精神生活的供给得到基本满足，而需求高度异质性，因此应充分发挥经济参与者的主动性和积极性，在法律允许的框架内鼓励经济参与者充分探索满足自身目标函数开展各种创新和其他经济活动，从而构筑包容性发展和创新型增长的动力。从风险角度来看，国家构建各种社会保障制度，为所有经济参与者提供足够有利的托底安全网，保障经济参与者的需求。因此，包容式发展应当成为中国在后工业化阶段的制度目标。

二、"里斯本战略"和"欧盟 2020 战略"发展的启示

作为后工业化经济的代表，在全球化和欧盟一体化的冲击下，许多欧洲国家出现了一些经济社会问题，包括失业特别是劳动市场结构性不匹配。为了应对这种情形，致力于实现完全就业和区域整合，欧洲理事会推出了被称为"里斯本战略"的经济社会发展规划，提出了要使欧盟在 2010 年前成为以知识为基础的、在世界上最有竞争力的经济体。除了促进知识经济发展方面外，"里斯本战略"还提出了对教育培训、就业、社会保护和包容性发展方面的 2010 年政策目标，包括要将只有初中教育水平的 18 岁到 24 岁年轻人口的人数降低一半，大力提升对年轻人的教育和培训；将就业率从 61% 提升到 70%，将女性就业率从 51% 提升到 60%；加强社会福利建设以应对人口老龄化，促进包容性社会政策以应对贫困和帮助弱势人群（Lisbon European Council，2000）。

"里斯本战略"的政策目标并没有成功。2005 年欧盟对"里斯本战略"进行了中期评估，发现前五年的进展微乎其微，因而建议以更加务实的方式"重启"（relaunch）"里斯本战略"，将重点转移到经济增长和就业方面，重点强调经济增长率和失业率，试图通过重振经济增长创造就业来推进欧洲经济社会发展（Commission of the European Communities，2005）。但随后受到国际金融危机的影响，这两个核心指标也并未实现。

2010 年，欧盟进一步提出了欧盟 2020 年的发展目标，即"欧盟 2020 战略"，包含 7 项核心目标，除 3 项气候指标外，另有 4 项社会发展指标，包括：20—64 岁人口就业率达 75%；3% 的 GDP 投资于研发；提前完成学业（即初中毕业不再继续学习）的年轻人占世代比例低于 10%，且 30—34 岁年轻人拥有高等教育经历比例高于 40%；贫困人口减少 2000 万人（European Commission，2010）。

从 2019 年 11 月欧盟自己组织的初步评估报告来看，"欧盟 2020 战略"这 4 项核心指标并未全部完成：2018 年提前完成学业的年轻人占比为 10.8%，年轻世代拥有高等教育经历比例达到 40.7%；20—64 岁人口就业率为 74.3%，接近核心目标的指标；研发投资没有统计；但由于国际金融危机，贫困人口减少目标并未完成，与 2008 年相比贫困人口只减少了 420 万人（European Commission，2019）。

欧洲从"里斯本战略"到"欧盟 2020 战略"的过程对中国后工业社会的制度转型很有启发。在后工业化社会，由于居民的偏好、信息、资源禀赋、资本和人力资本等各种主客观因素都出现了突出的差异，要形成完全一致的共有信念就变得日益困难。因此，在这种条件下，制度变革、提高制度绩效的努力都变得更加艰难。欧盟作为一个超国家实体，并不是主要的制度设计者，欧盟成员国虽然让渡了货币政策和其他许多政策决定权给欧盟，但仍然享有财政政策和其他大多数经济政策的决定权，因此欧盟并不具有足够的国家能力来实施其方案。更重要的是，由于成员国发展水平的差异，欧盟的责权利分配机制本身就已经包含了一种激励机制，欧盟能够调整的空间并不大。经济增长、教育政策和就业政策等不仅受制于外在的经济变量的影响，还主要由各成员国的激励机制所决定，所以欧盟的发展战略很可能并不满足激励相容条件，从而造成这些政策目标并不能被各国很好地实施。

尽管如此，欧盟对于包容性发展的强调，非常值得已进入后工业发展阶段的中国学习。欧洲已经建立了完善的社会保障制度，建立了完备的婴幼儿福利、生育保险、老龄照护、医疗等社会保障制度，提供（远比美国）慷慨的实物和金额待遇，能够确保遭受因偶然外生几率造成各种风险的居民安然度过风险。不仅如此，从"里斯本战略"到"欧盟2020战略"，欧盟仍继续强调包容性发展，划定更高的贫困线，为贫困线以下的人口提供更多的援助，特别是发起"欧洲消除贫困平台"计划，通过技能培训、就业创造等方式努力降低贫困发生率，对我国的政策实践有较为重要的启示。

三、激励机制的转型

中国经济在进入后工业化阶段之后，由于居民和企业的异质性不断提升，大规模的商品供给短板已经不复存在，个性化的服务品需求逐渐成为居民满足对美好生活向往的重要内容。因此，原有的为了促进物质资料生产的激励机制不能满足发展的需要，就必须转型为促进满足居民对个性化服务品需求的激励机制上去。为了实现这些目标，从国家治理角度来看，就应当调整激励机制的设计，将国家发展目标与各参与主体的激励结合起来，让各参与主体通过实现自身目标函数促成国家目标的实现。

与企业相比，居民是后工业化阶段最重要的制度参与者。由于经济增长减速和收入分配差距拉大，居民的异质性不断提高。虽然在分散决策体制和包容性发展理念下不应当对不同居民赋予不同权重，但从社会活力方面而言，保持中下阶层向上流动渠道的畅通对于经济社会发展非常重要。因此激励相容的制度就要尽可能符合参与约束和激励相容条件，鼓励中下阶层居民诚实劳动、勇于尝试、勇于创新，努力实现阶层提升，促进中间阶层的扩大，从而为社会增添新活力，摆脱"中等收入陷阱"。同时要支持中上阶层持续创新、扩大投资和消费，做大增量，提高社会经济发展的上限。加大对教育、培训、创新和创业的支持，是包容性发展的重要内容。

在中国现有制度体系下，地方政府是贯彻实施中央决策和实现制度目标的主要参与者，也是需要在制度设定时认真考虑激励机制的对象。工业化阶段中央政府通过税收分权将工业化进展与地方财政收入直接挂钩，是中国工业化取得成功的重要制度原因（陆明涛，2014），因此在后工业化阶段也需要重新设计财政分权制度以激励地方政府通过贯彻包容性发展理念，实现地方财政收入的持续稳定增长。包容性发展要求继续推进财政体制改革，加强中央与地方之间的财权和事权的分配，工业生产规模的分税制调整为服务后工业社会的现代服务业发展和人力资本创新的分税制，通过直接税体制改革构建让地方政府积极发展现代服务业和激励人力资本创新。加大地方财政来自直接税的比例，包括收入所得税、企业所得税、消费税、房产税、遗产税等，从而将居民而非企业作为地方财政收入的主要来源，使得地方政府有更大动机努力改善公共服务水平，吸引和培育中等收入阶层发展壮大，提升居民获得感、幸福感。

企业仍然是后工业化阶段的重要参与者，但与工业化阶段地方政府依靠企业扩大物质资料生产水平不同，在后工业阶段的分散决策体系中，企业主要承担创新和满足居民个性化需求的任务，从而避免了政府过多干预市场供给导致资源错配和供需错配的现象。居民在市场上通过价格信号与企业互动，满足自身多元化异质性需求，而企业也为了生存和盈利的需要，不断创新和开发新产品和服务，更好地满足居民需要。

因此，包容性发展要求完善创新制度，构建企业研发、员工培训、产业升级、节能环保、对外投资等创新技术活动的激励机制，为企业增添内生动力。企业以满足居民需求为主要目的，地方政府也以居民幸福感为重要政策目标（以获得更多地方财政收入），则整个社会就建立了包容性发展的激励机制。

四、更加重视社会投资与社会保障

由于后工业化阶段经济参与者的高度异质性，和个人对生活质量的更高追求，包容性发展要求加强社会投资和社会保障建设，为个人和家庭管理好各种可能的风险，降低居民的预防性储蓄，从而让居民能够有更高的效用水平。从这个角度来看，包容性发展要求社会保障体系能够提供居民整个生命周期中各种风险防护的选择，包括养老保险、医疗保险、失业保险、生育保险、工伤保险等常规社会保险，还应包括低保、优抚、残疾救助、救灾等转移支付，以及生育补贴、幼儿照护、老年照护等以实物和金钱支付的社会福利支出。更重要的是，还要建立更加符合参与约束和激励相容条件的社会投资和社会保障制度，让所有人都能从中受益，如完善税制改革，构建基于家庭的税收政策，加强对居民消费、投资、养育子女、养老和医疗的支持，构建稳定生育率、子女教育投资、女性劳动参与率，延迟退休以更充分发挥劳动者自身价值的社会保障政策体系；以及为有更高风险管理需求的居民或企业提供各种市场化的高保障水平的风险管理方案，建立健全商业保险体系，充分发挥商业保险在社会治理和社会风险管理中的作用。通过这些社会投资支出，可以确保居民得到更好的风险防护，从而使得居民可以抛开后顾之忧，专心致力于创新创业活动，促进经济增长和社会活力。

五、国家治理能力的体现

要在经济增长、劳动就业、包容性发展等关键方面都得到福利提升，就需要制度的设计者拥有更多的资源和能力（国家能力），需要制度设计者找到参与者的激励和期望，并根据这些因素进行机制设计，从而引导参与者选择制度设计者所希望达到的模型纳什均衡解。但是，这些工作都要求有强大的国家能力作为保障，国家拥有足够人力物力进行调配，才能提升国家治理能力。因此，要深入研究后工业化阶段的财政收支问题，不仅要考虑中央政府与地方政府的财权事权的分配问题，还要深入研究财政资源的可持续发展问题。这是因为随着经济增长放缓，原有的依靠土地财政和工业生产相关税收的财政体制亟待改革，而社会保障和公共服务的刚性财政支出增长趋势明显，找到稳定的税基非常重要。因此，我国要深入研究西方发达国家的税收体制，逐步降低间接税的比例，不断加大直接税的比例，发挥收入税、财产税和消费税在稳定财政收入中的作用，用好国债发行手段，确保后工业化阶段的国家能力。

为了应对后工业化阶段可能出现的经济与金融危机，包容性发展也要求完善风险管理体系，提升国家治理能力。要关注经济社会发展矛盾，建立社会安全网应对收入分配恶化、贫困等社会风险；加强经济安全管理，加强对重要行业、重点领域、重要物资的管理和监控，提升经济应对外生冲击的能力，做好经济风险的防护；加强金融市场和金融机构的监管，加强对金融创新的引导，加强对金融危机的预警和压力测试，及时排查金融市场隐患，妥善应对可能出现的金融危机。

小　结

综上所述，新中国成立至今已经七十多年，取得了令世人瞩目的伟大成就，从一个农业国建成为享誉世界的现代化工业国家，在国内外重大外生冲击的影响下一直保持着稳定的社会经济发展态势，充分证明中国现有体制的制度韧性，表明现有制度在各种内外部挑战的条件下都能坚持以经济社会发展为主要任务，努力实现国富民强的制度目标。随着中国工业化阶段的基本完成，中国经济社会发展进入了新的篇章，高质量发展成为后工业时代的重要内容，满足人民对美好生活的向往成为新的国家目标。因此，在深入阐释中国工业化阶段制度韧性和后工业阶段经济社会挑战的基础上，我们认为，在后工业化阶段，中国要进一步深化改革，工作重心转移到通过贯彻包容式发展理念，加强现代服务业和人力资本发展，注重收入分配、提升消费体验，充分发挥居民和私人经济部门在经济社会事务中的作用，引导和鼓励社会治理，充分调动各方积极性，在满足参与约束和激励相容的基础上实现国家目标，并做好风险管理与危机防范，确保制度韧性和包容性发展。

参考文献

1.[英] 安格斯·麦迪森：《世界经济千年史》，伍晓鹰等译，北京大学出版社 2003 年版。

2.[英] 爱德华·格莱泽：《城市的胜利》，刘润泉译，上海社会科学院出版社 2012 年版。

3.[英] 埃里克·霍布斯鲍姆：《工业与帝国：英国的现代化历程》，梅俊杰译，中央编译出版社 2016 年版。

4.[英] 安东尼·吉登斯：《现代性与自我认同：现代晚期的自我与社会》，赵旭东、方文译，生活·读书·新知三联书店 1998 年版。

5.[美] 阿尔伯特·O.赫希曼：《退出、呼吁与忠诚——对企业、组织和国家衰退的回应》，卢昌崇译，经济科学出版社 2001 年版。

6.[英] 杰弗里·M.霍奇逊主编：《制度与演化经济学现代文选：关键性概念》，贾根良等译，高等教育出版社 2005 年版。

7.白重恩：《中国的经济结构出了问题》，《经济界》2015 年第 5 期。

8.蔡昉：《理解中国经济发展的过去、现在和将来——基于一个贯通的增长理论框架》，《经济研究》2013 年第 11 期。

9.蔡昉：《四十不惑：中国改革开放发展经验分享》，中国社会科学出版社 2018 年版。

10.蔡昉、王德文：《比较优势差异、变化及其对地区差距的影响》，《中国社会科学》2002 年第 5 期。

11.程建华、武靖州：《我国公共物品低效供给的表现与对策》，《农村经济》2008 年第 2 期。

12.朱佳木主编：《当代中国与它的外部世界：第一届当代中国史国际高级论坛论文集》，当代中国出版社 2006 年版。

13.程文、张建华：《收入水平、收入差距与自主创新——兼论"中等收入陷阱"的形成与跨越》，《经济研究》2018 年第 4 期。

14.迟福林、夏锋：《城乡二元结构能否实现历史性突破》，《人民论坛》2010 年第

17 期。

15. 迟福林主编：《市场决定——十八届三中全会后的改革大考》，中国经济出版社 2014 版。

16. 迟福林：《城乡二元结构矛盾焦点在城乡二元土地制度》，《农村工作通讯》 2017 年第 6 期。

17. 陈启斐、王晶晶、黄志军：《参与全球价值链能否推动中国内陆地区产业集群升级》，《经济学家》2018 年第 4 期。

18. 崔向阳、袁露梦、钱书法：《区域经济发展：全球价值链与国家价值链的不同效应》，《经济学家》2018 年第 1 期。

19. ［美］J.S.Duesenberry：《所得、储蓄与消费者行为之理论》，侯家驹译，台湾银行经济研究室，1968。

20.［秘鲁］赫尔南多·德·索托：《资本的秘密》，于海生译，华夏出版社 2017 年版。

21.［美］弗朗西斯·福山：《政治秩序与政治衰败：从工业革命到民主全球化》，毛俊杰译，广西师范大学出版社 2015 年版。

22. 付敏杰、张平、袁富华：《工业化和城市化进程中的财税体制演进：事实、逻辑和政策选择》，《经济研究》2017 年第 12 期。

23. 付敏杰：《新时代高质量发展下的税制改革趋向》，《税务研究》2019 年第 5 期。

24. 付敏杰：《中国有多少结构问题？》，《经济学动态》2013 年第 5 期。

25. 傅春杨、张平、陆江源：《产业要素价格扭曲的效率损失与校正之策——基于全球投入产出表的视角》，《现代经济探讨》2018 年第 3 期。

26. 傅春杨、陆江源：《服务业的扭曲是否挤压了制造业？》，《南开经济研究》2019 年第 3 期。

27. 冯晶、王润北、汤健：《新旧动能转换背景下中国现代产业体系的优化》，《未来与发展》2018 年第 4 期。

28. 付保宗、周劲：《协同发展的产业体系内涵与特征——基于实体经济、科技创新、现代金融、人力资源的协同机制》，《经济纵横》2018 年第 12 期。

29. 范子英：《土地财政的根源：财政压力还是投资冲动》，《中国工业经济》2015 年第 6 期。

30.［美］高柏：《经济意识形态与日本产业政策》，安佳译，上海人民出版社 2008 年版。

31. 高帆：《破解中国区域经济差异难题——基于二元经济结构的剖析》，《探索与争鸣》2012 年第 6 期。

32. 高培勇主编，刘霞辉、杜创副主编：《现代化经济体系建设理论大纲》，人民出版社 2019 年版。

33.高培勇、杜创、刘霞辉、袁富华、汤铎铎：《高质量发展背景下的现代化经济体系建设：一个逻辑框架》，《经济研究》2019 年第 4 期。

34.高培勇：《理解、把握和推动经济高质量发展》，《经济学动态》2019 年第 8 期。

35.高培勇、袁富华、胡怀国、刘霞辉：《高质量发展的动力、机制与治理》，《经济研究》2020 年第 4 期。

36.[瑞典] 冈纳·缪尔达尔：《亚洲的戏剧——对一些国家贫困问题的研究》，谭力文、张卫东译，北京经济学院出版社 1992 年版。

37.干春晖、郑若谷：《中国地区经济差距演变及其产业分解》，《中国工业经济》2010 年第 6 期。

38.龚强、张一林、林毅夫：《产业结构、风险特性与最优金融结构》，《经济研究》2014 年第 4 期。

39.国家发展改革委宏观经济研究院市场与价格研究所：《市场决定的伟大历程：中国社会主义市场经济的执着探索与锐意创新》，人民出版社 2018 年版。

40.国务院发展研究中心农村部课题组、叶兴庆、徐小青：《从城乡二元到城乡一体——我国城乡二元体制的突出矛盾与未来走向》，《管理世界》2014 年第 9 期。

41.国务院发展研究中心市场经济研究所：《改革开放 40 年市场体系建立、发展与展望》，中国发展出版社 2019 年版。

42.国务院发展研究中心和世界银行联合课题组：《中国：推进高效、包容、可持续的城镇化》，《管理世界》2014 年第 4 期。

43.[美] 亚历山大·格申克龙：《经济落后的历史透视：论文集》，张凤林译，商务印书馆 2009 年版。

44.龚刚、魏熙晔、杨先明、赵亮亮：《建设中国特色国家创新体系 跨越中等收入陷阱》，《中国社会科学》2017 年第 8 期。

45.[美] 戴维·哈维：《后现代的状况——对文化变迁之缘起的探究》，阎嘉译，商务印书馆 2003 年版。

46.[德] 哈贝马斯：《公共领域的结构转型》，曹卫东等译，学林出版社 1999 年版。

47.黄群慧：《改革开放 40 年中国的产业发展与工业化进程》，《中国工业经济》2018 年第 9 期。

48.贺俊、吕铁：《从产业结构到现代产业体系：继承、批判与拓展》，《中国人民大学学报》2015 年第 2 期。

49.[德] 哈尔特穆特·罗萨：《加速：现代社会中实践结构的改变》，董璐译，北京大学出版社 2015 年版。

50.侯风云、张凤兵：《农村人力资本投资及外溢与城乡差距实证研究》，《财经研究》2007 年第 8 期。

51.侯永志、张永生、刘培林等：《国际比较视角下的中国发展经验与理论研究》，中国发展出版社 2018 年版。

52.黄群慧、贺俊：《未来 30 年中国工业化进程与产业变革的重大趋势》，《学习与探索》2019 年第 8 期。

53.江小娟：《贯彻落实科学发展观　促进服务业加快发展》，《财贸经济》2005 年第 11 期。

54.蒋震：《土地财政问题再思考——"消费补贴投资"的工业化和城镇化发展模式》，《经济理论与经济管理》2014 年第 8 期。

55.金刚、沈坤荣：《新中国 70 年经济发展：政府行为演变与增长动力转换》，《宏观质量研究》2019 年第 3 期。

56.金碚：《大国筋骨：中国工业化 65 年历程与思考》，广东经济出版社 2015 年版。

57.[英] 杰弗里·M.霍奇逊：《制度经济学的演化》，杨虎涛等译，北京大学出版社 2012 年版。

58.[西德] 路德维希·艾哈德：《大众福利》，祝世康、穆家骥译，商务印书馆 2017 年版。

59.[美] 理斯曼、格拉泽、戴尼：《孤独的人群——美国人性格变动之研究》，刘翔平译，辽宁人民出版社 1988 年版。

60.刘世锦：《推动经济发展质量变革、效率变革、动力变革》，《中国发展观察》2017 年第 21 期。

61.[美] 罗伯特·K.默顿：《社会理论和社会结构》，唐少杰、齐心等译，译林出版社 2015 年版。

62.[美] 莱因哈特、罗格夫：《这次不一样：八百年金融危机史》，綦相、刘晓锋、刘丽娜译，机械工业出版社 2012 年版。

63.李海峥、梁赟玲、Barbara Fraumeni、刘智强、王小军：《中国人力资本测度与指数构建》，《经济研究》2010 年第 8 期。

64.李扬、张晓晶：《"新常态"：经济发展的逻辑与前景》，《经济研究》2015 年第 5 期。

65.李扬：《"金融服务实体经济"辨》，《中国经济报告》2017 年第 6 期。

66.李扬：《如何理解金融供给侧结构性改革》，《中国银行保险报》2019 年 11 月 5 日。

67.林毅夫、蔡昉、李周：《论中国经济改革的渐进式道路》，《经济研究》1993 年第 9 期。

68.刘培林：《后发国家的"追赶周期"》，《经济日报》2014 年 2 月 25 日。

69.刘向东：《从量变到质变——中国经济的现代化理路》，中国经济出版社 2018 年版。

70.刘志彪、陈启斐主编：《市场取向改革的胜利——纪念中国改革开放 40 周年》，中国财政经济出版社 2018 年版。

71.刘志彪：《深化经济改革的一个逻辑框架——以"政府改革"推进供给侧结构

性改革》，《探索与争鸣》2017 年第 6 期。

72. 刘志鹏：《公共政策过程中的信息不对称及其治理》，《国家行政学院学报》2010 年第 3 期。

73. 刘梦、戴翔：《"国际贸易重要性渐减规律"成立吗?》，《数量经济技术经济研究》2018 年第 12 期。

74. 刘梦、戴翔：《价值链贸易如何驱动经济增长——基于全球投入产出机制的新解释》，《国际贸易问题》2019 年第 7 期。

75. 陆江源、张平、袁富华、傅春杨：《结构演进、诱致失灵与效率补偿》，《经济研究》2018 年第 9 期。

76. [阿根廷] 劳尔·普雷维什：《外围资本主义：危机与改造》，苏振兴、袁兴昌译，商务印书馆 2015 年版。

77. 刘友金、胡黎明：《产品内分工、价值链重组与产业转移——兼论产业转移过程中的大国战略》，《中国软科学》2011 年第 3 期。

78. 刘志彪：《"一带一路"倡议下全球价值链重构与中国制造业振兴》，《中国工业经济》2017 年第 6 期。

79. 刘志彪、郑江淮等：《价值链上的中国：长三角选择性开放新战略》，中国人民大学出版社 2012 年版。

80. 李君如：《中国特色社会主义制度具有强大韧性》，《人民日报》2015 年 6 月 12 日。

81. 刘军：《强化自我完善的制度韧性》，《人民日报》2018 年 10 月 19 日。

82. 陆明涛：《结构变迁背景下的地方政府行为激励机制》，《金融评论》2014 年第 6 期。

83. 李桥兴、徐思慧：《基于知识图谱的现代产业体系研究综述》，《科研管理》2019 年第 2 期。

84. 刘文勇：《现代产业体系的特征考察与构建分析》，《求是学刊》2014 年第 2 期。

85. 刘志彪：《建设实体经济与要素投入协同发展的产业体系》，《天津社会科学》2018 年第 2 期。

86. 刘明宇、芮明杰：《全球化背景下中国现代产业体系的构建模式研究》，《中国工业经济》2009 年第 5 期。

87. [美] W.W. 罗斯托：《这一切是怎么开始的——现代经济的起源》，黄其祥、纪坚博译，商务印书馆 1997 年版。

88. 马建堂：《改革宏观管理体制　破除条块分割弊端——评理论界关于打破"条块分割"的讨论》，《南开经济研究》1986 年第 1 期。

89. [英] 尼古拉斯·罗斯：《生命本身的政治：21 世纪的生物医学、权力和主体性》，尹晶译，北京大学出版社 2014 年版。

90. 倪红福：《中国出口技术含量动态变迁及国际比较》，《经济研究》2017 年第 1 期。

91. 楠玉、袁富华、张平：《新时代中国区域协调发展与迈向中高端研究》，《经济体制改革》2018 年第 2 期。

92. 宁吉喆：《建设现代化经济体系　实现新时代高质量发展》，《经济日报》2017 年 11 月 30 日。

93. [美] 内森·罗森堡、L.E. 小伯泽尔：《西方现代社会的经济变迁》，曾刚译，中信出版社 2009 年版。

94. [美] 道格拉斯·C. 诺思：《制度、制度变迁与经济绩效》，杭行译，格致出版社、上海人民出版社 2016 年版。

95. [瑞士] 皮亚杰：《结构主义》，倪连生、王琳译，商务印书馆 2009 年版。

96. [日] 青木昌彦：《比较制度分析》，周黎安译，上海远东出版社 2016 年版。

97. 钱雪亚、王秋实、刘辉：《中国人力资本水平再估算：1995—2005》，《统计研究》2008 年第 12 期。

98. 任保平、吕春慧：《中国特色社会主义市场经济体制改革——改革开放四十年回顾与前瞻》，《东北财经大学学报》2018 年第 6 期。

99. 邵宇、陈达飞：《中国式影子银行的轨迹》，《第一财经日报》2018 年 4 月 18 日。

100. 宋辅良：《要重视调整优化金融结构问题——兼谈金融要与国家结构性改革和经济转型升级战略相适应、相协调、相匹配》，《金融时报》2016 年 10 月 24 日。

101. 孙浦阳、韩帅、靳舒晶：《产业集聚对外商直接投资的影响分析——基于服务业与制造业的比较研究》，《数量经济技术经济研究》2012 年第 9 期。

102. 苏杭、李化营：《行业上游度与中国制造业国际竞争力》，《财经问题研究》2016 年第 8 期。

103. [智] 塞巴斯蒂安·爱德华兹：《掉队的拉美——民粹主义的致命诱惑》，郭金兴译，中信出版社 2019 年版。

104. 盛朝迅：《制约现代产业体系构建的五大瓶颈与应对之策》，《宏观经济管理》2019 年第 6 期。

105. 斯劲：《现代产业体系的形成机理研究》，《经济体制改革》2014 年第 5 期。

106. 唐龙：《产业体系的现代性特征和现代产业体系的架构与发展》，《经济体制改革》2014 年第 6 期。

107. 盛朝迅：《构建现代产业体系的思路与方略》，《宏观经济管理》2019 年第 1 期。

108. 田文、张亚青、佘珉：《全球价值链重构与中国出口贸易的结构调整》，《国际贸易问题》2015 年第 3 期。

109. 吴炳辉、何建敏：《中国土地财政的发展脉络、影响效应及改革方向》，《经济管理》2015 年第 3 期。

110. 吴敬琏：《反思中国增量改革战略三十年的得失》，《中国与世界观察》2008 年第 3、4 期合刊。

111. 吴敬琏：《中国经济面临的挑战与选择》，《中共浙江省委党校学报》2016 年第 1 期。

112. 王钰、张自然：《中国人口结构特征与经济效率、经济转型——基于 1992—2017 年中国分地区面板数据的分析》，《商业研究》2019 年第 12 期。

113. 王国平：《我国现代产业体系优化的标志、条件与实现路径》，《国家行政学院学报》2012 年第 3 期。

114. 王玉燕、林汉川、吕臣：《全球价值链嵌入的技术进步效应——来自中国工业面板数据的经验研究》，《中国工业经济》2014 年第 9 期。

115. 魏龙、王磊：《从嵌入全球价值链到主导区域价值链——"一带一路"战略的经济可行性分析》，《国际贸易问题》2016 年第 5 期。

116. 巫强、刘志彪：《中国沿海地区出口奇迹的发生机制分析》，《经济研究》2009 年第 6 期。

117. 于向东、施展：《全球贸易双循环结构与世界秩序——外交哲学对谈之四》，《文化纵横》2013 年第 5 期。

118. [美] 西蒙·库兹涅茨：《现代经济增长》，戴睿、易诚译，北京经济学院出版社 1989 年版。

119. 习近平：《决胜全面建成小康社会 夺取新时代中国特色社会主义伟大胜利——在中国共产党第十九次全国代表大会上的报告》，人民出版社 2017 年版。

120. 习近平：《深刻认识建设现代化经济体系重要性 推动我国经济发展焕发新活力迈上新台阶》，《人民日报》2018 年 2 月 1 日。

121. 薛暮桥：《关于经济体制改革的一些意见》，《人民日报》1980 年 6 月 10 日。

122. 杨瑞龙：《论制度供给》，《经济研究》1993 年第 8 期。

123. 杨瑞龙：《论我国制度变迁方式与制度选择目标的冲突及其协调》，《经济研究》1994 年第 5 期。

124. 杨瑞龙：《价格双轨制的核心——增量改革》，《当代财经》2012 年第 1 期。

125. 杨永恒、胡鞍钢、张宁：《中国人类发展的地区差距和不协调——历史视角下的"一个国家，四个世界"》，《经济学（季刊）》2006 年第 2 期。

126. 杨伟民：《深入学习习近平新时代中国特色社会主义经济思想 推动高质量发展建设现代化经济体系》，《时事报告（党委中心组学习）》2018 年第 2 期。

127. 殷旭辉：《葛兰西论福特主义和美国主义》，《重庆科技学院学报(社会科学版)》2013 年第 11 期。

128. [美] 约翰·肯尼思·加尔布雷思：《新工业国》，嵇飞译，上海人民出版社 2012 年版。

129. 余红心、赵袁军、李思远：《居民消费结构升级对产业结构升级的影响研究——基于供需失衡的调节效应》，《江汉学术》2020 年第 2 期。

130. 樊纲、易纲、吴晓灵、许善达、蔡昉主编:《50人的二十年》,中信出版社2018年版。

131. 宇文利:《韧性展现制度建设能力和发展空间》,《人民日报》2015年6月12日。

132. 袁富华、张平:《增长非连续、效率补偿与门槛跨越》,中国社会科学出版社2019年版。

133. 袁富华:《经济社会一体化:多目标平衡与治理机制》,《中国特色社会主义研究》2020年第1期。

134. 袁富华、张平、楠玉:《城市化中人口质量提升与数量增长的再平衡——补偿性增长假说》,《经济学家》2020年第2期。

135. 袁富华、张平、陆明涛:《长期经济增长过程中的人力资本结构——兼论中国人力资本梯度升级问题》,《经济学动态》2015年第5期。

136. 袁富华、楠玉、张平:《超越集聚:城市化与知识经济的一类理论认识》,《北京工业大学学报(社会科学版)》2020年第2期。

137. 袁富华、张平:《中国经济大转型:传统结构主义终结与经济结构服务化的组织取向》,《中共中央党校学报》2017年第2期。

138. 袁富华、张平:《宏观调控:产业政策和财政金融政策相互关系的视角》,《中共中央党校(国家行政学院)学报》2019年第5期。

139. 袁富华、张平:《中等收入阶段的增长停滞与增长跨越——兼论中国经济结构的调整方向》,《中共中央党校学报》2016年第5期。

140. 袁富华:《长期增长过程的"结构性加速"与"结构性减速":一种解释》,《经济研究》2012年第3期。

141. 袁富华、张平:《知识技术阶层再生产:效率和发展的一类等价命题》,《经济与管理评论》2018年第6期。

142. 袁富华:《服务业的要素化趋势分析:知识过程与增长跨越》,《中国特色社会主义研究》2016年第6期。

143. 袁富华、张平:《雁阵理论的再评价与拓展:转型时期中国经济结构问题的诠释》,《经济学动态》2017年第2期。

144. 袁富华、张平、刘霞辉:《中国供给侧结构性改革理论探索》,中国社会科学出版社2019年版。

145. 张平:《干中学、要素价格重估与增长方式转变——兼论江苏省发展道路的选择》,《现代经济探讨》2006年第10期。

146. 张平、刘霞辉主编:《经济增长前沿》,社会科学文献出版社2007年版。

147. 张平、王宏淼:《中国转向"结构均衡增长"的战略要点和政策选择》,《国际经济评论》2010年第5期。

148. 张平、王宏淼:《中国经济新发展阶段的重大挑战》,《中国经贸导刊》2010年第 20 期。

149. 张平：《提升人力资本是供给侧改革着力点》，《经济参考报》2016 年 1 月 4 日。

150. 张平：《实体与非实体经济均衡机制的逻辑与政策》，《社会科学战线》2018 年第 5 期。

151. 张平、袁富华：《宏观资源配置系统的失调与转型》，《经济学动态》2019 年第 5 期。

152. 张德荣：《"中等收入陷阱"发生机理与中国经济增长的阶段性动力》，《经济研究》2013 年第 9 期。

153. 张军扩、罗雨泽、宋荟柯：《突破"制度高墙"与跨越"中等收入陷阱"——经验分析与理论研究结合视角》，《管理世界》2019 年第 11 期。

154. 张成思、刘贯春：《最优金融结构的存在性、动态特征及经济增长效应》，《管理世界》2016 年第 1 期。

155. 张治栋、虞爱华、樊继达：《我国条块分割成因及治理分析》，《岭南学刊》2006 年第 1 期。

156. 张卓元：《张卓元教授认为价格改革重点：生产要素价格市场化》，《领导决策信息》1999 年第 1 期。

157. 张卓元、房汉廷、程锦锥：《市场决定的历史突破：中国市场发育与现代市场体系建设 40 年》，广东经济出版社 2017 年版。

158. 张自然：《区域差距、收敛与增长动力》，《金融评论》2017 年第 1 期。

159. 张宗新、李东宪：《融资结构、经济效率与金融稳定性——基于新兴市场国家面板数据的实证检验》，《上海金融》2019 年第 12 期。

160. 张鹏、张平、袁富华：《中国就业系统的演进、摩擦与转型——劳动力市场微观实证与体制分析》，《经济研究》2019 年第 12 期。

161. 张定胜、杨小凯：《具有内生比较优势的李嘉图模型和贸易政策分析》，《世界经济文汇》2003 年第 1 期。

162. 张杰、刘志彪：《全球化背景下国家价值链的构建与中国企业升级》，《经济管理》2009 年第 2 期。

163. 张少军、刘志彪：《全球价值链模式的产业转移——动力、影响与对中国产业升级和区域协调发展的启示》，《中国工业经济》2009 年第 11 期。

164. 张二震、安礼伟：《国际分工新特点与我国参与国际分工的新思路》，《经济理论与经济管理》2002 年第 12 期。

165. 张二震：《国际贸易分工理论演变与发展述评》，《南京大学学报（哲学·人文科学·社会科学版）》2003 年第 1 期。

166. 张伟、胡剑波：《产品内分工、产业体系演变与现代产业体系形成》，《产经评论》2014 年第 4 期。

167. 郑秉文：《"中等收入陷阱"与中国发展道路——基于国际经验教训的视角》，《中国人口科学》2011 年第 1 期。

168.《中共中央国务院关于构建更加完善的要素市场化配置体制机制的意见》，见 http://www.gov.cn/zhengce/2020—04/09/content_5500622.htm。

169. 中共中央宣传部编：《习近平新时代中国特色社会主义思想学习纲要》，学习出版社、人民出版社 2019 年版。

170.《经济学动态》编辑部选编：《与改革开放同行》，中国社会科学出版社 2017 年版。

171. 经济增长前沿课题组：《经济增长、结构调整的累积效应与资本形成——当前经济增长态势分析》，《经济研究》2003 年第 8 期。

172. 中国经济增长与宏观稳定课题组、陈昌兵、张平、刘霞辉、张自然：《城市化、产业效率与经济增长》，《经济研究》2009 年第 10 期。

173. 中国经济增长前沿课题组、张平、刘霞辉、袁富华、陈昌兵：《中国经济长期增长路径、效率与潜在增长水平》，《经济研究》2012 年第 11 期。

174. 中国经济增长前沿课题组、张平、刘霞辉、袁富华、陈昌兵：《突破经济增长减速的新要素供给理论、体制与政策选择》，《经济研究》2015 年第 11 期。

175. 中国宏观经济研究院经济研究所课题组：《科学把握经济高质量发展的内涵、特点和路径》，《经济日报》2019 年 9 月 17 日。

176. 朱燕：《马克思主义"中心外围论"视角下的国际产品内分工研究》，《重庆理工大学学报（社会科学）》2018 年第 3 期。

177. 朱平芳、徐大丰：《中国城市人力资本的估算》，《经济研究》2007 年第 9 期。

178. 左大培、裴小革：《世界市场经济概论》，中国社会科学出版社 2009 年版。

179. Abramovitz M., "The Origins of the Postwar Catch-up and Convergence Boom", *The Dynamics of Technology, Trade and Growth*, Aldershot: Edward Elgar, 1994.

180. Acemoglu, D., Philippe Aghion, Fabrizio Zilibotti, "Vertical Integration and Distance to Frontier", *NBER Working Papers 9191*, 2002, National Bureau of Economic Research, Inc.

181. Ades, A. F., and E. L. Glaeser, "Trade and Circuses: Explaining Urban Giants", *Quarterly Journal of Economics,* Vol. 110, No.1, 1995.

182. Aghion, P., and Howitt, P., "A Model of Growth through Creative Destruction", *Econometrica*, Vol.60, No.2, 1992.

183. Aghion, P., and Howitt, P., *Endogenous Growth Theory*, Cambridge, MA, MIT Press, 1998.

184. Amiti M, Wei, Shang-Jin, "Service Offshoring and Productivity: Evidence from the US", *World Economy*, Vol.32, No.2, 2010.

185. Ahlfeldt, Gabriel M., and Elisabetta Pietrostefani, "The Economic Effects of Density: A Synthesis", *Journal of Urban Economics,* Vol. 111, May 2019.

186. Ahlfeldt, Gabriel, Stephen J. Redding, Daniel Sturm, and Nikolaus Wolf, "The Economics of Density: Evidence from the Berlin Wall", *Econometrica,* Vol. 83, No.6, 2015.

187. Aglietta，M., "A Theory of Capitalist Regulation", *Verso,* 2015.

188. Amable,B., *The Diversity of Modern Capitalism*，Oxford: Oxford University Press, 2003.

189. Aoki, Masahiko, *Towards a Comparative Institutional Analysis*, Cambridge, Massachusetts: The MIT Press, 2001,

190. Ashraf, N., Glaeser, E., and Ponzetto, G., "Infrastructure, Incentives, and Institutions", *American Economic Review*, Vol. 106, No.5, 2016.

191. Au, Chun—Chung, and J. Vernon Henderson, "Are Chinese Cities too Small?", *Review of Economic Studies*, Vol. 73, No. 3, 2006.

192. Bach L., Matt M., *From Economic Foundations to S&T Policy Tools*: *A Comparative Analysis of the Dominant Paradigms, Innovation Policy in a Knowledge—Based Economy*, Springer, Berlin, Heidelberg, 2005.

193. Barro R. J., Lee J. W., "A New Data Set of Educational Attainment in the World", *Journal of Development Economics*, 2013.

194. Barro, R.J., and Lee, J.W., "International Comparisons of Educational Attainment", *Journal of Monetary Economics*, 32, 1993.

195. Beck,U., *Risk Society: Toward a New Modernity,* London: Sage,1992.

196. Becker, G.S., *Human Capital,* New York: Columbia University Press, 1964.

197. Behrens, K., Duranton, G., Robert—Nicoud, F., "Productive Cities: Sorting, Selection, and Agglomeration", *Journal of Political Economy*, Vol. 122, No. 3, 2014.

198. Besley, T., and T. Persson, *Pillars of Prosperity: the Political Economics of Development Clusters*, Princeton University Press，2011.

199. Besley, T., and S. Coate, "Centralized Versus Decentralized Provision of Local Public Goods: A Political Economy Approach", *Journal of Public Economics,* Vol. 87 No.12, 2003.

200. Berkes, Fikret;Colding, Johan, and Folke, Carl（eds.）, *Navigating Social—Ecological Systems: Building Resilience for Complexity and Change*, Cambridge, UK: Cambridge University Press, 2002.

201. Berwick, Elissa, and Christia, Fotini, "State Capacity Redux: Integrating Classical and Experimental Contributions to an Enduring Debate", *Annual Review of Political Science*, Vol. 21, No.1, 2018.

202. Bleakley, Hoyt and Jeffrey Lin,"Portage and Path Dependence", *Quarterly Journal of Economics,* Vol. 127, No.2, May 2012.

203. Boyer, R., and Saillard, Y., *Regulation Theory,* London and New York: Routledge, 2002.

204. Brulhart, Marius，Sam Bucovetsky, and Kurt Schmidheiny,"Taxes in Cities", *Handbook of Regional and Urban Economics,* Vol. 5B, 2015.

205. Cain, Allan, "Alternatives to African Commodity—Backed Urbanization: The Case of China in Angola", *Oxford Review of Economic Policy,* Vol.33, No.3, Autumn 2017.

206. Castelis—Quintana, D., "Malthus Living in a Slum: Urban Concentration, Infrastructure and Economic Growth", *Journal of Urban Economics*, Vol. 98, No.3, 2017.

207. Chattaraj, Shahana, Michael Walton, "Functional Dysfunction: Mumbai's Political Economy of Rent Sharing", *Oxford Review of Economic Policy,* Vol. 33, No. 3, Autumn 2017.

208. Chauvin, J., Glaeser, E., Ma, Y., and Tobio, K., "What is Different about Urbanization in Rich and Poor Countries? Cities in Brazil, China, India and the United States", *Journal of Urban Economics,* Vol. 98, 2017.

209. Chetty, Raj, and Nathaniel Hendren, "The Impacts of Neighborhoods on Intergenerational Mobility I: Childhood Exposure Effects", *Quarterly Journal of Economics,* Vol. 133, No.3, August 2018.

210. Ciccone, Antonio, and Robert E. Hall, "Productivity and the Density of Economic Activity", *American Economic Review,* Vol. 86, No. 1, March 1996.

211. Cohen D, Soto M., "Growth and Human Capital: Good Data, Good Results", *Journal of Economic Growth*, 2007.

212. Combes,P., G.Duranton, L.Gobillon, D.Puga, S.Roux, "Productivity Advantages of Large Cities: Distinguishing Agglomeration from Firm Selection", *Econometrica*, Vol.80, No.6, 2012.

213. Commission of The European Communities, *The Working Together for Growth and Jobs: A New Start for the Lisbon Strategy*, Brussels, Belgium: Commission of the European Communities, 2005.

214. Collier, Paul, "African Urbanization: An Analytic Policy Guide", *Oxford Review of Economic Policy,* Vol. 33, No.3, Autumn 2017.

215. Collier, Paul, and Anthony J. Venables, "Urbanization in Developing Economies: The Assessment", *Oxford Review of Economic Policy*, Vol. 33, No. 3, Autumn 2017.

216. Combes, Pierre–Philippe, G. Duranton, L. Gobillon, D. Puga, and S. Roux, "The Productivity Advantages of Large Cities: Distinguishing Agglomeration from Firm Selection", *Econometrica,* Vol.80, No.6, 2012.

217. Cramer C., "Can Africa Industrialize by Processing Primary Commodities?", *The Case of Mozambican Cashew Nuts*, World Development, Vol.27, No.7, 1999.

218. Crinò R., "Offshoring, Multinationals and Labour Market: A Review of the Empirical Literature", *Journal of Economic Surveys*, Vol.22, No.2, 2009.

219. Denison, E.F., "The Sources of Economic Growth in the United States and the Alternatives before US", *Committee for Economic Development*, 1962.

220. De la Roca, Jorge and Diego Puga, "Learning by Working in Big Cities", *Review of Economic Studies,* Vol. 84, No.1, 2017.

221. Desmet, Klaus, and Esteban Rossi-Hansberg, "Urban Accounting and Welfare", *American Economic Review,* Vol.103, No. 6, 2013.

222. Donaldson, Dave, "Railroads of the Raj: Estimating the Impact of Transportation Infrastructure", *American Economic Review*, Vol. 108, No. 4—5, April 2018.

223. Duranton, G., and D. Puga, "The Economics of Urban Density", *Journal of Economic Perspectives,* Vol. 34, No.3, 2020.

224. Duranton, G., P. Morrow, and M. Turner. "The Fundamental Law of Road Congestion: Evidence from the US Cities.", *American Economic Review,* Vol. 101, No.6, October 2011.

225. Duranton,G., D.Puga, "Micro—Foundations of Urban Agglomeration Economies", Handbook of Regional and Urban Economics, Vol.4, 2004.

226. Ebbinghaus, B., and Manow, P., *Comparing Welfare Capitalism*, London and New York: Routledg, 2003.

227. Egger P , Pfaffermayr M., Wolfmayr-Schnitzer Y., "The International Fragmentation of Austrian Manufacturing: The effects of Outsourcing on Productivity and Wages", *The North American Journal of Economics and Finance,* Vol.12, No.3, 2001.

228. Eichengreen, Barry, Park, Donghyun, and Shin, Kwanho, "Growth Slowdowns Redux: New Evidence on the Middle-Income Trap", *NBER Working Papers,* 2013, Cambridge, MA: National Bureau of Economic Research, No. w18673.

229. Ellison,G., E.L.Glaeser, W.R.Kerr, "What Causes Industry Agglomeration? Evidence from Conglomeration Patterns", *American Economic Review*, Vol.100, 2010.

230. Erhard, L., *WohlstandfürAlle*, Berlin: Econ, 1957.

231. Esping-Andersen, G., *Three Worlds of Welfare Capitalism*, NJ: Princeton University Press, 1990.

232. European Commission, *The EUROPE 2020: A European Strategy for Smart, Sustainable and Inclusive Growth*, Brussels, Belgium: European Commision, 2010.

233. European Commission, *The Assessment of the Europe 2020 Strategy: Joint Report*

of the Employment Committee (*EMCO*) and Social Protection Committee (*SPC*), Brussels, Belgium: European Commission, 2019.

234. Fajgelbaum, Pablo D., Eduardo Morales, Juan Carlos Suárez Serrato, Owen Zidar, "State Taxes and Spatial Misallocation", *Review of Economic Studies*, Vol. 86, No.1, January 2019.

235. Fernandez-Stark, K., Frederick, S., Gereffi, G., Cggc, C., Ahmed, G., Gereffi, G., "The Apparel Global Value Chain: Economic Upgrading and Workforce Development", 2011.

236. Freeman C., *Technology, Policy, and Economic Performance: Lessons from Japan*, Pinter Pub Ltd, 1987.

237. Freeman C., Soete L., *The Economics of Industrial Innovation*, Psychology Press, 1997.

238. Folke, Carl, Carpenter, Stephen R., Walker, Brian, Scheffer, Marten, Chapin, Terry, and Rockström, Johan, "Integrating Resilience, Adaptability and Transformability", *Ecology and Society*, 2010.

239. Frobel F., Heinrichs J., Kreye O., *The New International Division of Labor: Structural Unemployment in Industrialized Countries and Industrialization in Developing Countries*, Cambridge: Cambridge University Press, 1980.

240. Gereffi, G., K. Fernandez-Stark, *Global Value Chain Analysis: A Primer*, Center on Globalization, Governance & Competitiveness (CGGC), Duke University, North Carolina, USA, 2011.

241. Glaeser, Edward L., "A World of Cities: The Causes and Consequences of Urbanization in Poorer Countries", *Journal of the European Economic Association*, Vol. 12, No. 5, October 2014.

242. *Alan J. Auerbach, Raj Chetty, Martin Feldstein, Emmanuel Saezeds Handbook of Public Economics*, Vol.5, 2013.

243. Glaeser, Edward L. and Wentao Xiong, "Urban Productivity in the Developing World.", *Oxford Review of Economic Policy*, Vol. 33, No.3, 2017.

244. Gollin, D., Jedwab, R., and Vollrath, D., "Urbanization with and without Industrialization", *Journal of Economic Growth*, Vol. 21, No.1, 2016.

245. Grossman, G.M., and Helpman, E., "Quality Ladders and Product Cycles", *Quarterly Journal of Economics*, Vol.106, 1991.

246. Hanson, Jonathan K., and Sigman, Rachel, "Leviathan's Latent Dimensions: Measuring State Capacity for Comparative Political Research", Mimeos, 2019, https://qog.pol.gu.se/digitalAssets/1733/1733772_hansonsigman_lld_20190605.pdf.

247. Heblich, Stephan, Stephen J. Redding, and Daniel M. Sturm, "The Making of the Modern Metropolis: Evidence from London", *The Quarterly Journal of Economics*, qjaa014,

2020.

248. Heckman, J., "China's Investment in Human Capital", *Economic Development and Cultural Change*, 2013.

249. Henderson, J. Vernon, Tim Squires, Adam Storeygard, David Weil, "The Global Distribution of Economic Activity: Nature, History, and the Role of Trade", *The Quarterly Journal of Economics,* Vol.133, No.1, February 2018.

250. Henderson，J. Vernon, and Matthew A. Turner, "Urbanization in the Developing World: Too Early or Too Slow？", *Journal of Economic Perspectives*, 2020.

251. Hsieh, Chang-Tai, and Moretti, Enrico,"Housing Constraints and Spatial Misallocation", *American Economic Journal: Macroeconomics,* Vol.11, No.2, 2019.

252. Hurwicz, Leonid, and Reiter, Stanley, *Designing Economic Mechanisms,* Cambridge, UK: Cambridge University Press, 2006.

253. Humphrey J., Schmitz H., "How does Insertion in Global Value Chains Affect Upgrading in Industrial Clusters?", *Regional Studies*, Vol.36, No.9, 2002.

254. Jessop, B., *The Future of the Capitalist State*, Witerwoof Inc., 2008.

255. Johnson, C., *MITI and the Japanese Miracle*, Stanford: Stanford University Press, 1982.

256. Lipsey and Tice, *The Measurement of Saving, Investment,* and Wealth, Chicago: University of Chicago Press, 1989.

257. Kochhar,R. and S. Cornibert, *Middle Class Fortunes in Western Europe*, Pew Research Center, 2017.

258. Krugman, Paul, N .Cooper Richard, T.N. Srinivasan, "Growing World Trade: Causes and Consequences", *Brooking Papers on Economic Activity*, 1995.

259. Lall, Somik Vinay，J. Vernon Henderson, and Anthony J. Venables，*Africa's Cities: Opening Doors to the World*, The World Bank, 2017.

260. Lisbon European Council, *The Lisbon European Council 23 and 24 March 2000: Presidency Conclusions,* Lisbon, Portugal: European Council, 2000.

261. Lindert, P.H., *Growing Public*, Cambridge: Cambridge University Press, 2004.

262. Lucas, R.E., "On the Mechanics of Economic Development", *Journal of Monetary Economics,* Vol.22, No.1, 1988.

263. Lundvall, Bengt-Akeed, *National Systems of Innovation: Towards a Theory of Innovation and Interactive Learning*, No. 50.003 NAT. 1992.

264. Machlup, F., *The Production and Distribution of Knowledge in the United States*, Princeton University Press, Princeton, New Jersey, 1962.

265. Marshall, A., *Principles of Economics*, London: Macmillan, 1920.

266. Mayer,J.A. "The Fallacy of Composition: A Review of the Literature", The World

Economy, Vol.25, No.6, 2002.

267. Meadows, D. H., Meadows, D. L., Randers, J., and Behrens, W. W., *The Limits to Growth*, New York: Universe Books, 1972.

268. Melitz M. J., Giancarlo I. P. Ottaviano, "Market Size, Trade, and Productivity", *Review of Economic Studies*, Vol.75, No.1, 2008.

269. Melitz M. J., "The Impact of Trade on Intra-Industry Reallocations and Aggregate Industry Productivity", *Econometrica*, Vol.71, No.6, 2003.

270. *Ménard, Claude*, and Shirley, Mary M. (eds.), *Handbook of New Institutional Economics*, Berlin, Heidelberg: Springer Berlin N. Heidelberg, 2008.

271. Mitchell, B.R., *International Historical Statistics*, New York: Palgrave Macmillan, 2007.

272. Mulligan, C., and Sala-i-Martin, X., "Measuring Aggregate Human Capital", *NBER Working Paper*, No. 5016, Cambridge, MA:National Bureau of Economic Research, 1995.

273. Nelson, Richard R., ed., *National Innovation Systems: A Comparative Analysis*, Oxford University Press, 1993.

274. Nelson, R., and Phelps, N., "Investment in Humans, Technological Diffusion, and Economic Growth", *The American Economic Review*, Vol.56, No.1/2, 1966.

275. Nolan P., *China and the Global Business Revolution*, London: Palgrave, 2001.

276. North, Douglass C., *Institutions, Institutional Change and Economic Performance*, Cambridge University Press, 1990.

277. N.R.Goodwin, F. Ackerman, D. Kiron, *The Consumer Society*, Island Press, 1997.

278. OECD, "Adult Learning and Technology in OECD Countries", *Proceedings of a Round Table Held in Philadelphia*, United States on 14-16 February 1996, OECD, 1996.

279. OECD, OECD Staff, Organisation de Coopération et de Développementéconomiques, et al., *Policies to Enhance Sustainable Development*, Paris, France: Organisation for Economic Co-operation and Development, 2001.

280. Ohno,K., "Avoiding the Middle-income Trap-renovating Industrial Policy Formulation in Vietnam", *ASEAN Economic Bulletin*,Vol.26, No.1, 2009.

281. Pouw, Nicky, and Gupta, Joyeeta, "Inclusive Development: A Multi-Disciplinary Approach", *Current Opinion in Environmental Sustainability*, 24, 2017.

282. Roca, Jorge De La, and D. Puga. "Learning by Working in Big Cities", *Review of Economic Studies*, Vol.84, No.1, 2017.

283. Romer, P.M., "Increasing Returns and Long Run Growth", *Journal of Political Economy*, Vol.94, No.5, 1986.

284. Romer, P., "Endogenous Technological Change", *Journal of Political Economy*, Vol.98, No.5, 1990.

285. Rosenthal, Stuart S., and William C. Strange, "The Attenuation of Human Capital Spillovers", *Journal of Urban Economics,* Vol. 64, No.2, 2008.

286. Rossi-Hansberg, Esteban, and Mark L. J. Wright, "Urban Structure and Growth", *The Review of Economic Studies*, Vol. 74, No.2, April 2007.

287. Rostow, W. W., *The Stages of Economic Growth: A Non-Communist Manifesto,* Cambridge: Cambridge University Press, 1960.

288. Schultz, W.T., "Investment in Human Capital", *American Economic Review,* Vol.51, No.1, 1961.

289. Simon, C., "The Crisis of Fordism and the Crisis of Capitalism", *Telos*, Vol. 83, 1990.

290. Sklair, L., *Sociology of the Global System*, Baltimore: Johns Hopkins University, 1995.

291. Somik V. Lall, "Renewing Expectations about Africa's cities", *Oxford Review of Economic Policy,* Vol. 33, No.3, Autumn 2017.

292. Steinberg, Paul F., "Institutional Resilience Amid Political Change: The Case of Biodiversity Conservation", *Global Environmental Politics,* Vol. 9, No. 3, 2009.

293. Unger, R.M., *The Knoeledge Economy,* London & New York: Verso, 2019.

294. Uzawa, H., "Optimum Technical Change in an Aggregative Model of Economic Growth", *International Economic Review,* Vol.6, No.1, 1965.

295. Vandenbussche, J., Aghion, P., and Meghir, C.,"Growth, Distance to Frontier and Composition of Human Capital", *Journal of Economic Growth*, Vol.11, No.2, 2006.

296. Venables, Anthony J, "Breaking Into Tradables: Urban Form and Urban Function in a Developing City", *Journal of Urban Economics,* Vol.98, 2017.

297. Burrows R., and C. Marsh, *Consumption and Class, Divisions and Change*, New York: Springer, 1992.

298. Wheeler, C. H., "Local Market Scale and the Pattern of Job Changes among Young Men", *Regional Science and Urban Economics,* Vol.38, No.2, 2008.

299. World Bank, *World Development Report 2009: Reshaping Economic Geography*, New York: Oxford University Press.2008.

300. World Bank,Total GDP, World Bank, Washington, D.C., available at http://www.stiereources. worldbank.org/datastastics/Resources/GDP.pdf. 2005.

301. Xu, Chenggang, "The Fundamental Institutions of China's Reforms and Development", *Journal of Economic Literature,* Vol.49, No.4, Dec. 2011.

302. Zhu, Xiaodong, "Understanding China's Growth: Past, Present, and Future." *Journal of Economic Perspectives,* Vol.26, No.4, 2012.

统　　筹：李春生

策划编辑：郑海燕

责任编辑：郑海燕　张　燕　孟　雪　李甜甜　张　蕾

责任校对：吴容华

封面设计：吴燕妮

图书在版编目（CIP）数据

经济高质量发展理论大纲／高培勇　主编 . —北京：人民出版社，2020.10

ISBN 978－7－01－022560－9

I. ①经… 　II. ①高… 　III. ①中国经济－经济发展－研究 　IV. ① F124

中国版本图书馆 CIP 数据核字（2020）第 198263 号

经济高质量发展理论大纲

JINGJI GAOZHILIANG FAZHAN LILUN DAGANG

高培勇　主编　刘霞辉　袁富华　副主编

人民出版社 出版发行

（100706　北京市东城区隆福寺街 99 号）

中煤（北京）印务有限公司印刷　新华书店经销

2020 年 10 月第 1 版　2020 年 10 月北京第 1 次印刷

开本：710 毫米 ×1000 毫米 1/16　印张：19.5

字数：242 千字

ISBN 978－7－01－022560－9　定价：82.00 元

邮购地址 100706　北京市东城区隆福寺街 99 号

人民东方图书销售中心　电话（010）65250042　65289539